J

HISTOIRE
DE LA CHUTE
DE
L'EMPIRE ROMAIN.
TOME I.

Ouvrages du même Auteur, publiés par la Librairie Treuttel *et* Würtz.

Histoire des Français; in-8°, Tomes I à XX. *Paris*, 1821 à 1835.................................. 160 fr.
— Le même ouvrage, sur papier vélin superfin.. 320 fr.
Julia Severa, ou l'An quatre cent quatre-vingt-douze (Tableau des Mœurs et des Usages dans les Gaules, du temps de Clovis). 3 vol. in-12. *Paris*, 1822.. 7 fr. 50 c.
Histoire des Républiques Italiennes du moyen age; nouvelle édition, revue et corrigée, 16 vol. in-8°. *Paris*, 1826. (Ouvrage complet.).................. 112 fr.
Histoire de la Renaissance de la Liberté en Italie, de ses Progrès, de sa Décadence et de sa Chute. 2 vol. in-8°. *Paris*, 1832................................. 12 fr.
Des Espérances et des Besoins de l'Italie. Brochure in-8°. *Paris*, 1832......................... 60 cent.
De la Littérature du Midi de l'Europe; *nouvelle édition*, revue et corrigée. 4 vol. in-8°. *Paris*, 1829. 28 fr.

HISTOIRE

DE LA CHUTE

DE

L'EMPIRE ROMAIN

ET DU

DÉCLIN DE LA CIVILISATION,

DE L'AN 250 A L'AN 1000;

PAR J. C. L. SIMONDE DE SISMONDI,

Associé étranger de l'Institut de France, de l'Académie impériale de Saint-Pétersbourg, de l'Académie royale des Sciences de Prusse; Membre honoraire de l'Université de Wilna, de l'Académie et de la Société des Arts de Genève, de l'Académie Italienne, de celles des Georgofili, de Cagliari, de Pistoja; de l'Académie Romaine d'Archéologie, et de la Société Pontaniana de Naples.

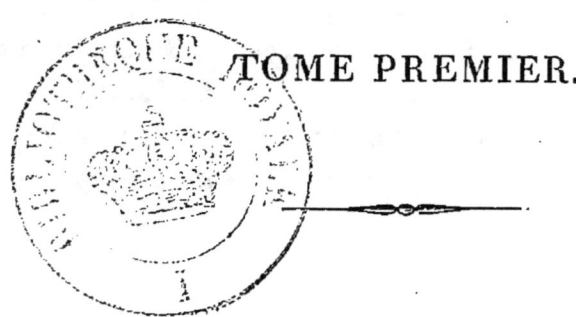

TOME PREMIER.

A PARIS,

CHEZ TREUTTEL ET WÜRTZ, LIBRAIRES,

RUE DE LILLE, N° 17.

A STRASBOURG, même Raison de Commerce, Grand'Rue, n° 15.

1835.

PRÉFACE.

La plus importante, la plus universelle et la plus longue des convulsions auxquelles le genre humain ait été exposé, est celle qui a détruit l'ancienne civilisation pour préparer les élémens de la nouvelle.

Elle a pris les hommes au point le plus élevé de perfectionnement auquel ils fussent encore parvenus, soit dans la carrière de l'organisation sociale et de la législation, soit dans celles de la philosophie, des lettres et des arts, et elle les a précipités, par des accès redoublés et toujours plus effrayans, dans la plus complète barbarie.

Elle a compris dans ses effets toute la partie de la race humaine qui avoit alors la conscience de son existence et la capacité de conserver des souvenirs, toute celle, par conséquent, dont des monumens écrits nous ont transmis les pensées.

Elle a continué au moins pendant huit siècles, en assignant son commencement au règne des Antonins, lorsque les peuples paroissoient parvenus à leur plus haut point de prospérité, et en se prolongeant, par des secousses successives, jusqu'à la dissolution presque absolue de toutes les anciennes associations d'hommes, et au renouvellement de la société dès ses fondemens.

L'empire romain, qui couvroit alors tout ce qu'on croyoit être la terre habitable, fut envahi par tous les peuples barbares qui l'entouroient, ravagé, dépeuplé, mis en pièces. Les nations conquérantes qui s'étoient partagé ses débris essayèrent de fonder sur son antique sol de nombreuses monarchies; toutes, après deux ou trois générations, disparurent. Leurs institutions sauvages étoient insuffisantes pour conserver la vie des peuples. Deux grands hommes s'élevèrent ensuite, Mahomet dans l'Orient, Charlemagne sur les bords du Rhin; et ils tentèrent l'un après l'autre de se mettre à la tête d'une civilisation nouvelle. L'un et l'autre fonda un empire qui, pendant un temps, égala en puissance l'ancien empire romain. Toutefois le moment de la réorganisation n'étoit pas encore venu; l'empire des khalifes et celui des Carlovingiens croulèrent en peu de temps. Les nations alors parurent dissoutes; les races s'étoient mêlées; un pouvoir violent et temporaire étoit saisi par des rois, par des émirs, qui n'étoient point les chefs des peuples, mais les maîtres accidentels d'une fraction de territoire circonscrite au hasard. Personne ne pouvoit plus croire qu'il avoit une patrie ou un gouvernement. Toute protection sociale cessa enfin, et les villes et les communes s'armant pour leur propre défense, le moment vint où les propriétaires de terres bâtirent quelques retraites fortifiées, où les bourgades et les cités relevèrent leurs murs, où tous s'armèrent pour leur propre défense. Chacun dut reprendre le gouvernement dans ses propres mains, et recommencer les sociétés par leurs premiers élémens. Telle est l'effrayante révolution qui s'accomplit du IIIe au Xe siècle de notre ère, et qui cependant, en raison même de son universalité et de sa durée, n'a pas même un nom commun sous lequel on puisse la désigner.

Pour saisir l'ensemble de cette immense catastrophe, il faut en quelque sorte la ramener sous un foyer unique; il faut élaguer les faits qui disséminent l'attention; il faut se borner aux grands mouvemens de chaque peuple et de chaque siècle; il faut montrer l'accord des conquérans barbares, qui ne savoient pas eux-mêmes qu'ils agissoient de concert; il faut suivre l'histoire morale de l'univers, en abandonnant le détail des guerres et des crimes; il faut enfin chercher dans l'intelligence des causes cette unité de dessin qu'une scène si mouvante nous refuse. La première moitié du moyen âge se présente à nos regards comme le chaos, mais ce chaos recèle sous ses ruines d'importantes leçons.

Après avoir consacré de longues années à l'étude de la renaissance de l'Europe, j'ai cru qu'il y auroit quelque avantage à saisir d'un seul coup d'œil l'ensemble de ce grand bouleversement. Déjà, il y a quinze ans, j'essayai de faire comprendre la marche de cette révolution terrible, dans une suite de discours prononcés à Genève, devant une assemblée peu nombreuse. Encouragé par l'intérêt qu'ils me sembloient avoir excité, je réservois ce vaste tableau pour l'exposer un jour dans une des capitales du monde lettré. L'âge, qui s'avance, m'avertit de ne plus compter sur la possibilité d'un enseignement oral; j'ai senti d'ailleurs qu'il pouvoit être utile de s'adresser à un public bien plus nombreux que celui qui peut suivre un cours, ou celui auquel de longs ouvrages sont destinés, et de lui offrir seulement les résultats de recherches plus étendues.

Un tableau de la première moitié du moyen âge, c'est l'histoire de la chute de l'empire romain, de l'invasion et de l'établissement des barbares au milieu de ses ruines ; c'est plus encore l'histoire de la destruction de la civilisation antique, et des premières tentatives pour la réorganisation des sociétés modernes ; c'est enfin le résumé des souffrances de toute la race humaine du IIIe siècle de l'ère chrétienne jusqu'à la fin du Xe. Dans ces volumes, plus encore que dans l'*Histoire de la Renaissance de la Liberté en Italie* (1), j'ai été obligé de courir rapidement sur les événemens, de ne montrer que des résultats, de m'abstenir de toute discussion critique, de

---

(1) L'un et l'autre ouvrage ont paru d'abord en anglais, dans le recueil intitulé : *Cabinet Cyclopædia*, du docteur Lardner ; le premier sous le titre de : *History of the Italian Republics*, et le second sous celui de : *History of the Fall of the Roman Empire*.

tout appel à mes autorités. J'aime à croire que, parmi ceux qui me liront, quelques uns voudront recourir aux travaux par lesquels je me suis préparé à ce résumé. Ils verront, surtout par les premiers volumes de mon *Histoire des Français,* que les faits et les résultats qui peuvent ici paroître avancés légèrement, ont été cependant rassemblés et mûris par des études consciencieuses.

HISTOIRE DE LA CHUTE DE L'EMPIRE ROMAIN

ET DU DECLIN DE LA CIVILISATION,

DE L'AN 250 A L'AN 1000.

CHAPITRE PREMIER.

Introduction. — Grandeur et foiblesse de l'empire romain.

ENTRE les études destinées à élever l'âme ou à éclairer l'esprit, il y en a bien peu qu'on puisse mettre au-dessus de celle de l'histoire, lorsque l'on considère celle-ci, non plus comme une vaine nomenclature de faits, de personnages et de dates, mais comme une partie essentielle du grand système des sciences politiques et morales ; comme le recueil de toutes les expériences qui tendent à éclaircir la théorie du bien public.

C'est une conséquence nécessaire de la foiblesse de l'homme, de son impuissance pour résister par ses seules forces à toutes les douleurs, à tous les dangers dont il est sans cesse entouré, que son besoin d'association : il s'unit avec ses semblables pour obtenir d'eux et leur offrir en retour un secours mutuel; il cherche en eux une garantie contre les infirmités de l'enfance, de la vieillesse et des maladies ; il leur demande de repousser en commun les forces ennemies de la nature, de protéger en commun les efforts que chacun fera pour son propre bien-être, de garantir sa paix, la propriété qu'il a créée, le repos qu'il s'est assuré, et l'usage qu'il fait de ce repos, pour le développement de son être moral. Deux buts bien distincts se présentent à lui aussitôt qu'il peut réfléchir : d'abord son contentement avec les facultés dont il se sent doué, ensuite le perfectionnement de ces facultés mêmes, ou son progrès vers un état supérieur. Il ne demande pas seulement à être heureux, il demande à se rendre digne de goûter un bonheur d'une nature plus relevée. Le bonheur et la vertu sont donc le double but, d'abord de tous les efforts individuels de l'homme, ensuite de tous ses efforts combinés. Il cherche dans sa famille, dans sa condition, dans sa patrie, les moyens de faire ce double progrès; aucune association ne répond complétement à ses vœux, si elle ne facilite l'un et l'autre.

La théorie de ces associations, cette théorie

d'une bienfaisance universelle, est ce qu'on a quelquefois désigné par le nom de science sociale, quelquefois par celui de sciences politiques et morales. Quand on la considère dans son ensemble, la science sociale embrasse tout ce que les associations humaines peuvent faire pour l'avantage général et pour le développement moral de l'homme : quand on la considère dans ses ramifications, on trouve qu'on doit ranger au nombre des sciences politiques et morales la politique constitutive, la législation, la science administrative, l'économie politique, la science de la guerre ou de la défense nationale, la science de l'éducation, la science enfin la plus intime de toutes, celle de l'instruction morale de l'homme fait ou la religion. A toutes ces sciences en partie spéculatives, l'histoire s'unit sans cesse, comme en formant la partie expérimentale; elle est le registre commun des expériences de toutes ces sciences.

Nous savons que le nom seul de politique rappelle des souvenirs souvent amers, souvent douloureux, et que bien des gens ne considèrent point sans une espèce d'effroi l'étude d'une science qui leur est plus signalée par les haines qu'elle a excitées que par le bien qu'elle a pu produire. Avant de prononcer cependant notre aversion pour les sciences politiques, souvenons-nous que ce seroit mépriser le bonheur, les lumières, et les vertus des hommes. Il s'agit, d'une part, de trouver comment la sagesse de quelques uns peut le mieux être employée à l'avancement de tous, comment les vertus peuvent être le mieux honorées, comment les vices peuvent être le plus découragés, comment les crimes peuvent être le mieux prévenus, comment, dans leur punition même, le plus grand bien social pourra être obtenu avec la plus grande économie de maux. Il s'agit, d'autre part, de connoître comment se forment et se distribuent les richesses, comment le bien-être physique que ces richesses procurent peut s'étendre sur le plus grand nombre possible d'hommes, comment il peut contribuer le plus à leurs jouissances : il s'agit donc aussi de l'aisance commune, de l'aisance domestique, du bonheur de l'intérieur des familles. Après avoir porté ses regards sur tout ce que la politique embrasse, qui oseroit dire qu'il la déteste ? qui oseroit dire qu'il la méprise ?

Mais cette science si importante dans son but, cette science si intimement liée avec tout ce qu'il y a de plus noble dans la destination de l'homme, est-elle aussi certaine qu'elle est relevée par son objet ? conduit-elle à ce but vers lequel elle prétend diriger nos efforts ? Ses principes sont-ils désormais établis de manière à ne pouvoir plus être ébranlés ? Il faut en convenir : il n'en est point ainsi. La science sociale s'est partagée entre un grand nombre de branches, dont chacune suffit amplement pour occuper la vie de l'homme le plus studieux. Mais il n'est aucune de ces branches où des sectes rivales ne se soient élevées, et où elles ne s'attaquent sur les principes mêmes de tous leurs enseignemens. Dans la politique spéculative, les libéraux et les serviles disputent sur les bases fondamentales de toute association. Dans la législation, les écoles de droit n'ont pas moins montré d'opposition l'une à l'égard de l'autre; les unes considèrent toujours ce qui a été, les autres ce qui doit être; et dans les pays qui ont adopté le droit latin comme dans ceux qui prennent la coutume pour base de leur législation, ces deux systèmes sont hostiles l'un pour l'autre. Dans l'économie politique une doctrine contradictoire est professée avec un même degré de chaleur, sur les bases mêmes de la science; et l'on en est encore à se demander si les progrès de la production, si ceux de la population, sont toujours un bien, ou s'ils sont quelquefois un mal. Dans la théorie de l'éducation, on dispute sur tous les moyens de répandre les lumières; on dispute sur l'avantage des lumières elles-mêmes, et il se trouve encore des gens qui recommandent l'ignorance comme gardienne de la vertu du peuple et de son bonheur. La plus relevée des sciences sociales, la plus bienfaisante, la plus consolante quand elle arrive à son but, la religion, est aussi la plus controversée : des sectes hostiles changent trop souvent un lien d'amour en une arme pour le combat. Jamais plus que dans ce siècle, peut-être, on n'invoqua les principes sur toutes les parties des sciences sociales; jamais les principes ne furent plus difficiles à déterminer; jamais il ne fut plus impossible d'en présenter un seul qui eût obtenu l'assentiment universel.

Il n'en est point de même des autres parties de nos connaissances. Les faits physiques, les premiers principes qui en découlent, sont bien universellement reconnus et constatés. Dans les sciences naturelles on marche d'évidence en évidence; si quelquefois on révoque en doute une théorie qui avoit été long-temps adoptée pour expliquer des faits reconnus, la plus grande partie de ces faits n'en demeure pas moins à l'abri de toute dénégation. Dans les sciences sociales, au contraire, ce sont bien moins sur les formes du raisonnement que nous entretenons des doutes que sur les faits eux-mêmes d'où nous prétendons tirer des conclusions; parmi ces faits il n'y en a presque aucun de suffisamment établi pour servir de base à un principe. C'est que dans les sciences physiques, les faits sont des essais scientifiques, circonscrits par le but qu'on veut atteindre; tandis que dans les sciences politiques et morales, les faits sont les actions indépendantes des hommes.

Ce doute cruel qui s'attache à toutes les parties des sciences politiques et morales doit-il cependant nous faire perdre courage? Parce que la vérité n'est pas démontrée devons-nous renoncer à la chercher? devons-nous abandonner l'espérance de la trouver jamais? Nous le voudrions que nous ne le pourrions pas; ces mêmes sciences sont tellement usuelles que nous ne pouvons faire un pas dans la vie sans invoquer leur aide. Quand nous renoncerions à la recherche de la vérité, nous ne suspendrions pas pour cela toutes nos actions; cependant puisque chacune réagit sur nos semblables, chacune doit être réglée par les grandes lois de l'association humaine, par ces sciences politiques et morales elles-mêmes que quelques uns affectent de mépriser.

Lorsque d'anciens astronomes avoient placé la terre au centre de l'univers, et qu'ils faisoient lever le soleil et tourner le firmament autour d'elle, leur erreur ne pouvoit s'étendre que sur des sphères de carton, et les globes célestes n'étoient point dérangés dans leur cours glorieux par Ptolomée ou par Ticho-Brahé. Galilée lui-même, lorsque le saint-office l'eut forcé à abjurer sa sublime théorie, ne put s'empêcher de dire: *Eppur si muove* (elle tourne cependant). En effet, l'inquisition ne pouvoit pas arrêter l'orbite de la terre, comme elle arrêtoit l'essor de l'entendement humain. Mais toute étude des sciences politiques et morales seroit interdite, que leur pratique ne pourroit pas être suspendue un seul instant. Il y a des peuples qui n'ont jamais voulu réfléchir sur la théorie du gouvernement des hommes : ont-ils cru pour cela pouvoir se passer de gouvernemens? Non; ils ont adopté au hasard quelqu'un des systèmes qu'ils n'auroient dû choisir qu'après de mûres réflexions. Les hommes à Maroc tout comme à Athènes, à Venise tout comme à Ury, à Constantinople comme à Londres, auroient voulu que leurs gouvernemens leur facilitassent la route du bonheur et de la vertu. Tous ont le même but, et tous agissent : faut-il donc qu'ils agissent sans regarder ce but? faut-il qu'ils marchent sans savoir s'ils avanceront où s'ils reculeront? On ne sauroit proposer à aucun souverain, à aucun conseil, aucune mesure politique, militaire, administrative, financière, religieuse, qui ne doive faire du bien ou du mal aux hommes, qui ne doive en conséquence être jugée d'après les sciences sociales : faudra-t-il que toutes ces déterminations de tous les jours soient prises en aveugle? Bien plus, préférer ce qu'on a, demeurer où l'on est, c'est tout aussi bien choisir que si l'on faisait le contraire, que si l'on abandonnait le certain pour l'incertain, ou la réalité pour l'ombre : faudra-t-il donc toujours choisir sans connoître ?

Les sciences sociales sont obscures, cherchons à les éclaircir ; elles sont incertaines, cherchons à les fixer ; elles sont spéculatives, cherchons à les établir sur l'expérience. C'est notre devoir comme hommes, c'est la base de toute notre conduite, c'est le principe du bien ou du mal que nous pouvons faire : l'indifférence sur de telles questions seroit coupable.

Pour porter les recherches sur les sciences sociales aussi loin qu'elles peuvent atteindre, il faut sans doute les diviser ; il faut que toute la force d'un esprit spéculatif s'attache à une seule branche, pour pousser aussi avant que la foiblesse humaine peut le permettre et la connoissance des détails et l'enchaînement des principes. L'homme qui voudra faire avancer la science particulière qu'il professe devra se contenter d'être ou publiciste, ou jurisconsulte, ou économiste, ou moraliste, ou instituteur. Mais puisque tous les hommes sont soumis à l'action des sciences sociales, puisque tous influent à leur tour sur leurs semblables, puisque tous jugent et seront jugés, il importe que tous arrivent aux résultats généraux. Il importe que tous conçoivent les conséquences des institutions et des actions humaines : ces conséquences ils les trouveront dans l'histoire.

L'histoire est le dépôt général des expériences de toutes les sciences sociales. Non moins sans doute que la physique, que la chimie, que l'agriculture, que la médecine, la haute politique est expérimentale, la législation, l'économie politique, les finances, la guerre, l'éducation, la religion, le sont aussi. L'expérience seule peut nous apprendre jusqu'à quel point ce qui a été inventé pour servir la société humaine, pour la réunir, la défendre, l'instruire, élever la dignité morale de l'homme, ou augmenter ses jouissances, a atteint son but ou a produit un effet contraire.

Mais, à la différence des sciences naturelles, nous attendons les expériences dans les sciences sociales; au lieu de les faire, nous les prenons telles qu'elles nous sont données par les siècles passés; nous ne sommes point les maîtres de les choisir ou de les diriger; car, pour une expérience manquée, il y va de la vertu et du bonheur de nos égaux et de nos semblables; et non pas de quelques hommes seulement, mais de quelques milliers ou de quelques millions d'hommes. On ne connoît qu'un seul exemple d'un projet pour faire avancer les sciences politiques par des expériences qui auroient eu pour but, non l'intérêt des gouvernés, mais l'instruction des gouvernans. Vers l'an 260 de Jésus-Christ, l'empereur Gallien, l'un de ceux qui, dans la longue suite des césars, contribua le plus peut-être à perdre l'empire romain par son indolence et sa légèreté, se figura cependant qu'il étoit philosophe, et il trouva en foule des courtisans pour le confirmer dans la haute opinion qu'il s'étoit formée de son aptitude et de son amour pour la science. Il résolut de choisir, dans l'empire romain, des cités expérimentales, qu'il soumettroit aux différens régimes inventés par les philosophes, pour le plus grand bien de tous. Le philosophe Plotinus devoit être chargé d'organiser dans l'une d'elles la république de Platon. Cependant les barbares s'avançoient, le nonchalant Gallien ne leur opposoit nulle part de résistance; ils dévastoient successivement toutes les contrées où les cités expérimentales devoient être établies, et ce rêve d'un empereur ne fut jamais exécuté.

Aucun homme n'a sans doute le droit de mettre ainsi la nature humaine en expérience; cependant un empereur romain pouvoit être à peu près sûr que la théorie quelconque d'un philosophe seroit meilleure que la pratique de ses préfets du prétoire ou de ses gouverneurs, et nous pouvons regretter que la singulière expérience de Gallien ait été abandonnée. Mais, pour tout autre qu'un empereur romain, l'étude expérimentale des sciences sociales ne peut se faire que dans le passé. Là, les résultats de toutes les institutions se montrent à nous, mais compliqués, embarrassés les uns dans les autres; ni les causes ni les effets ne se présentent distinctement à notre vue. Le plus souvent un long espace de temps les sépare ; le plus souvent il faut chercher plusieurs générations en arrière, l'origine de ces opinions, de ces passions, de ces foiblesses, dont les conséquences se manifestent après des siècles. Souvent aussi ces causes antiques ont été mal observées, et plusieurs sont entourées de ténèbres qu'il est absolument impossible de percer. Mais ce qui rend surtout la science confuse et incertaine, c'est que plusieurs causes concourent toujours à produire chaque effet ; qu'il faut même bien souvent chercher dans une autre branche des sciences politiques l'origine d'un phénomène qui se présente à nous dans celle qui nous occupe. Ainsi, l'on admire la tactique des Romains ; peut-être n'est-ce pas à elle, mais à l'éducation de leur enfance, qu'il faut demander compte de leurs succès à la guerre. On veut adopter le jury des Anglais : peut-être demeurera-t-il sans équité ou sans indépendance, s'il n'est pas appuyé par les opinions religieuses du peuple qui l'a institué. On parle de la fidélité des Autrichiens envers leur gouvernement ; peut-être n'est-ce pas le gouvernement qu'ils aiment, mais les lois économiques qui les régissent.

Qu'on ne s'étonne donc pas si les sciences sociales sont peu avancées, si leurs principes sont incertains, si elles ne présentent pas une question qui ne soit controversée. Ce sont des sciences de faits, et il n'y a pas un des faits sur lesquels elles reposent que quelqu'un ne soit prêt à nier : ce sont des sciences d'observation, et combien peu d'observations bien faites a-t-on recueillies pour elles ! Qu'on s'étonne plutôt que dans cet état de doute et d'incertitude les hommes se haïssent, les hommes s'insultent pour ce qu'ils entendent si peu. Il n'y a peut-être pas une dénomination de secte politique, philosophique ou religieuse, qui, pendant un temps, n'ait été convertie en injure ; il n'y a pas une des opinions contradictoires qui ont été entretenues, sur des sujets si difficiles, si compliqués, par des hommes qui ne se proposoient que le bien de leurs semblables, qu'on n'ait frappée à son tour d'anathême, comme si elle ne pouvoit appartenir qu'à un malhonnête homme. Pauvres apprentis que nous sommes dans la théorie de l'homme social ! comment osons-nous prononcer que, pour adopter tel principe, il faut un cœur corrompu, quand nous ne pouvons pas même démontrer qu'il recèle une erreur de l'esprit ? Étudions, et seulement alors nous sentirons toute notre ignorance ; étudions, et en apprenant à connoître les difficultés, nous apprendrons à concevoir aussi comment elles ont pu faire naître les systèmes les plus opposés. L'histoire, si nous l'approfondissons, nous laissera des doutes peut-être encore sur la manière dont nous devons nous conduire, ou participer à la conduite de la société dont nous sommes membres; mais elle ne nous en laissera aucun sur l'indulgence que nous devons aux opinions des autres hommes. Quand la science est si compliquée, quand la vérité est si obscure et si éloignée de nous, quand chaque progrès dans le travail soumet à notre examen une difficulté nouvelle, fait lever de nouvelles questions, non encore résolues, quand nous ne sommes pas sûrs de nous-mêmes, comment porter un jugement sur ceux qui diffèrent de nous?

La partie de l'histoire dont nous nous proposons de tracer ici rapidement le tableau, non pour établir un système, non pour ébranler ou affermir des principes, des opinions, des institutions, mais pour demander loyalement au temps passé compte de ce qui a existé et des causes qui l'ont fait exister, cette partie est riche en instructions, plus, il est vrai, qu'en glorieux exemples. Dans les deux premiers siècles de l'ère chrétienne, le monde connu étoit réuni sous une monarchie presque universelle; il sembloit devoir recueillir tous les fruits de la plus haute civilisation à laquelle l'antiquité soit parvenue. C'est à cette époque que, fixant sur lui nos regards, nous chercherons à signaler les germes de destruction qu'il contenoit déjà en lui. Nous tracerons ensuite rapidement le tableau de la grande lutte des barbares contre les Romains, et nous montrerons l'empire d'Occident succombant sous leurs attaques. Les barbares s'efforcèrent alors de reconstituer ce qu'ils avoient détruit, les Francs mérovingiens, les Sarrasins, les Francs carlovingiens et les Saxons s'essayèrent, chacun à leur tour, à relever une monarchie universelle; leurs efforts mêmes contribuèrent à dissoudre toujours plus l'ancien ordre social, et accablèrent la civilisation sous ses ruines. L'empire de Dagobert, celui des khalifes, celui de Charlemagne et celui d'Othon-le-Grand tombèrent avant la fin du xe siècle. Ces grands bouleversemens détruisirent enfin la tendance qu'avoit conservée le genre humain à se reconstituer en une seule monarchie. A la fin du xe siècle, la société humaine étoit revenue à ses premiers élémens, à l'association des citoyens dans les bourgs et les villes. Nous nous arrêterons à l'an mille, sur la poussière des anciens empires : c'est l'époque où recommencent réellement toutes les histoires modernes.

Ce temps de barbarie et de destruction que nous nous proposons de parcourir est en général peu connu; la plupart des lecteurs s'empressent d'en détourner leurs regards.

D'ailleurs il n'a produit, dans toute sa durée,

aucun historien digne d'être placé en première ligne. La confusion des faits, notre ignorance invincible sur un grand nombre de détails, sur plusieurs périodes tout entières, sur plusieurs des causes qui ont produit les plus grandes révolutions; le manque de philosophie, souvent de jugement de ceux qui nous ont raconté les événemens; le grand nombre de crimes dont cette époque est souillée, et l'excès de misère auquel l'espèce humaine fut réduite, nuisent sans doute essentiellement à l'intérêt que cette histoire auroit pu exciter. Ces motifs ne doivent cependant pas nous empêcher de chercher à la mieux connoître.

La période, en effet, que nous nous proposons de parcourir est bien plus rapprochée de nous que celles que nous avons coutume d'étudier avec le plus d'ardeur. Elle est plus près, non pas seulement dans l'ordre des dates, mais aussi dans celui des intérêts. Nous sommes les enfans de ces hommes que nous allons chercher à connoître. Nous ne sommes pas ceux des Grecs ou des Romains. Avec eux ont commencé les langues que nous parlons, les droits auxquels nous avons été soumis ou que nous reconnoissons encore; plusieurs des lois qui nous régissent; les opinions, les préjugés plus puissans que les lois, auxquels nous obéissons et auxquels obéiront peut-être encore nos neveux. Les peuples que nous allons passer en revue professoient, pour la plupart, comme nous, la religion chrétienne ; mais à cet égard la différence est bien plus frappante que le rapport. Les siècles qui se sont écoulés du IVe au Xe sont ceux où l'église a le plus éprouvé les funestes effets de l'ignorance, de la barbarie croissante, et de l'ambition mondaine; il faut à peine leur demander quelques germes de la religion épurée que nous professons aujourd'hui. La direction donnée à l'éducation de la jeunesse, l'étude d'une langue alors mourante, aujourd'hui morte, et des chefs-d'œuvre qu'elle recéloit, datent de la même époque, aussi bien que l'institution de plusieurs universités, de plusieurs écoles, qui conservent à l'Europe l'esprit des siècles passés. Enfin, c'est alors que des débris du grand empire romain se formèrent tous les États modernes, dont plusieurs subsistent encore. C'est à la naissance des peuples auxquels nos divers intérêts nous lient, que nous allons assister.

La chute de cet empire romain dans l'Occident est le premier spectacle qui se présentera à nous, et ce n'est pas pour nous le moins riche en leçons. Les peuples, arrivés au même degré de civilisation, s'aperçoivent qu'il existe entre eux une certaine parenté. La vie de l'homme privé au temps de Constantin, au temps de Théodose, ressemble plus à la nôtre que celle de nos barbares ancêtres dans la Germanie, ou que celle de ces vertueux et austères citoyens des républiques de la Grèce et de l'Italie, dont nous admirons les chefs-d'œuvre, mais dont nous comprenons mal les mœurs. Ce n'est qu'après avoir bien conçu le rapport et la différence entre l'organisation de l'empire et celle de l'Europe moderne que nous oserons préjuger si les calamités qui l'écrasèrent peuvent nous atteindre.

Le nom seul de l'empire romain réveille pour nous toutes les idées de grandeur, de puissance et de magnificence. Par une confusion bien naturelle à notre esprit, nous rapprochons des temps éloignés et souvent dissemblables, pour réunir sur lu une auréole de gloire. La république romaine avoit produit des hommes dont la grandeur morale ne fut peut-être jamais surpassée sur la terre. Ils avoient transmis, si ce n'est leurs vertus, du moins leurs noms à leurs descendans; et jusqu'à la fin de l'empire, ceux qui, dans l'oppression et la bassesse, se disoient toujours citoyens romains, sembloient aussi toujours vivre au milieu de leurs ombres et de leurs souvenirs. Les lois avoient changé d'esprit, mais le progrès avoit été lent, et à peine aperçu du vulgaire. Les mœurs n'étoient plus les mêmes, mais le souvenir des mœurs anciennes vivoit toujours. La littérature s'étoit conservée avec la langue, et elle établissoit une communauté d'opinions, d'émotions, de préjugés, entre les Romains du temps de Claudien et les Romains du temps de Virgile. Les magistratures, enfin, avoient, pour la plupart, conservé les mêmes noms et les mêmes décorations, quoique leur pouvoir se fût évanoui, et le peuple de Rome se rangeoit encore devant les licteurs qui précédoient le consul revêtu de pourpre, neuf cents ans après l'institution du consulat.

Depuis le temps d'Auguste à celui de Constantin, le monde romain conserva à peu près les mêmes frontières. Le dieu Terme, pas plus qu'au temps de la république, n'avoit point appris à reculer. Cette règle ne souffrit qu'une seule grande exception. La Dacie, conquête de Trajan au nord du Danube, et en dehors des frontières naturelles de l'empire, fut abandonnée après un siècle et demi de possession. Mais la guerre, que les Romains du 1er siècle portoient toujours en dehors de leurs frontières, étoit, au IVe, presque toujours reportée par les barbares dans l'enceinte romaine. Les empereurs ne pouvoient plus défendre des provinces qu'ils prétendoient toujours dominer, et souvent ils voyoient sans regrets de vaillans ennemis devenir leurs hôtes et occuper les déserts de leur empire.

Cette fixité des limites de l'empire romain tenoit surtout à ce que, dans le temps de sa plus grande puissance, il avoit volontairement borné ses conquêtes au point où il avoit trouvé la meilleure frontière militaire à défendre. Les grands fleuves, qui n'arrêtent guère les armées des peuples civilisés, forment en général une barrière suffisante contre les incursions des barbares; et de grands fleuves, la mer, des montagnes et des déserts, donnoient en effet des frontières naturelles à cet immense empire.

Par un calcul assez vague, on a estimé que l'empire romain avoit six cents lieues d'étendue du nord au midi, plus de mille du levant au couchant, et qu'il couvroit cent quatre-vingt mille lieues carrées de superficie. Mais les nombres ne donnent jamais qu'une idée abstraite et difficile à saisir; nous comprendrons mieux ce que représente cette immense étendue, au centre des pays les plus riches et les plus fertiles de la terre, en suivant la ligne des frontières romaines. Au nord, l'empire étoit borné par le mur des Calédoniens, le Rhin, le Danube et la mer Noire. Le mur des Calédoniens, qui coupoit l'Ecosse dans sa partie la plus étroite, laissoit aux Romains les plaines de ce royaume et toute l'Angleterre. Le Rhin et le Danube, dont les sources sont rapprochées, et qui coulent, l'un au couchant, l'autre au levant, séparoient l'Europe barbare de l'Europe civilisée. Le Rhin couvroit la Gaule, qui comprenoit alors l'Helvétie et la Belgique. Le Danube couvroit les deux grandes presqu'îles italique et illyrienne; il partageoit des pays, dont les uns sont aujourd'hui regardés comme allemands, d'autres comme slaves. Les Romains possédoient sur sa rive droite la Rhétie, le Norique, la Pannonie et la Mœsie, qui répondent à peu près à la Souabe, la Bavière, partie de l'Autriche et de la Hongrie, et la Bulgarie. Le court espace entre les sources du Danube et le Rhin au-dessus de Bâle, étoit fermé par une chaîne de fortifications; la mer Noire venoit ensuite, et couvroit l'Asie-Mineure. Sur ses bords septentrionaux et orientaux, quelques colonies grecques conservoient une indépendance douteuse sous la protection de l'empire. Un prince grec régnoit à Caffa sur le Bosphore Cimmérien; des colonies grecques dans le pays des Lases et la Colchide étoient tour à tour sujettes ou tributaires. Les Romains possédoient tout le rivage méridional de la mer Noire, des bouches du Danube à Trébizonde.

Au levant, l'empire étoit borné par les montagnes de l'Arménie, une partie du cours de l'Euphrate et les déserts de l'Arabie. Une des plus hautes chaînes de montagnes du globe, le Caucase, qui règne de la mer Noire à la mer Caspienne, et qui, d'une part, communique au Thibet, et de l'autre aux montagnes du centre de l'Asie-Mineure, séparoit les Scythes de la Haute-Asie d'avec les Persans et d'avec les Romains. La partie la plus sauvage de ces montagnes appartenoit aux Ibériens, qui maintinrent leur indépendance ; la plus susceptible de culture étoit habitée par les Arméniens, qui subirent tour à tour le joug des Romains, des Parthes et des Perses, mais qui demeurèrent toujours tributaires des uns ou des autres, et non sujets. Le Tigre et l'Euphrate, qui sortent des montagnes d'Arménie pour se jeter dans le golfe Persique, traversoient les plaines de la Mésopotamie. Sur toute cette partie de la ligne orientale, jusqu'aux déserts de sable qui, plus au midi, séparent les rives de l'Euphrate des riches collines de la Syrie, la frontière de l'empire n'avoit point été tracée des mains de la nature : aussi les deux grandes monarchies des Romains et des Parthes, ou des Persans leurs successeurs, s'enlevèrent-elles tour à tour plusieurs provinces de l'Arménie ou de la Mésopotamie. Les déserts arabes couvroient la Syrie sur une étendue de deux cents lieues, et la mer Rouge couvroit l'Egypte.

Au midi les déserts de la Libye et du Zahara, au couchant l'océan Atlantique, servoient en même temps de bornes à l'empire romain et au monde habitable.

Après avoir fait le tour des frontières, nous donnerons encore un moment d'attention à l'énumération des provinces dont l'empire étoit composé. Vers l'an 292, Dioclétien l'avoit divisé en quatre préfectures prétoriales, dans l'intention de pourvoir mieux à sa défense en lui donnant en même temps quatre chefs. Ces préfectures étoient les Gaules, l'Illyrique, l'Italie et l'Orient. Le préfet des Gaules établissoit sa résidence à Trèves; il avoit sous ses ordres les trois vicaires des Gaules, d'Espagne et de Bretagne. Dans les Gaules on distinguoit, d'après l'ancien langage des habitans, la Narbonnaise, l'Aquitaine, la Celtique, la Belgique et la Germanique. L'Espagne se partageoit en trois provinces : la Lusitanie, la Bétique et la Tarragonaise. La Bretagne enfin comprenoit toute l'île jusqu'aux Friths de Dumbarton et d'Edimburg.

La préfecture illyrique se formoit de cet immense triangle dont le Danube est la base, et dont les deux côtés sont marqués par la mer Adriatique, la mer Egée et le Pont-Euxin. Il comprend aujourd'hui à peu près tout l'empire d'Autriche et toute la Turquie d'Europe. Il se partageoit alors entre les provinces de Rhétie, Norique et Pannonie, Dalmatie, Mœsie, Thrace Macédoine et Grèce. Le préfet résidoit ou à Sirmium, non loin de Belgrade et du Danube ou à Thessalonique.

La préfecture italienne comprenoit, outre cette province d'où étoient sortis les conquérans du monde, toute l'Afrique, à partir des frontières occidentales de l'Egypte jusqu'à l'empire actuel de Maroc. Ses provinces portoient les noms de Libye, Afrique, Numidie, Mauritanie Césarienne et Mauritanie Tingitane. Rome et Milan furent tour à tour la résidence du préfet d'Italie; mais Carthage étoit la capitale de toutes les provinces africaines; elle égaloit Rome en population comme en magnificence; et dans le temps de sa prospérité, les provinces africaines surpassoient trois fois la France en étendue.

La préfecture d'Orient, bornée par la mer Noire, le royaume des Perses et le désert, étoit encore la plus étendue, la plus riche et la plus peuplée : elle contenoit les provinces d'Asie-Mineure, Bithynie et Pont, Cilicie, Syrie, Phœnicie et Palestine, Egypte enfin, avec une partie de la Colchide, de l'Arménie, de la Mésopotamie et de l'Arabie. La résidence du préfet étoit à Antioche; mais plusieurs autres capitales, et surtout Alexandrie d'Egypte, égaloient presque cette ville en population et en richesse.

L'imagination demeure confondue par cette énumération des provinces romaines, par leur comparaison avec l'étendue des empires actuels; et l'étonnement redouble lorsqu'on songe aux grandes cités qui ornoient chacune des provinces. Ces cités, dont plusieurs égaloient, surpassoient même nos plus grandes capitales, en population comme en richesses; ces cités, telles qu'Antioche,

Alexandrie, Carthage, étoient si puissantes qu'une nation tout entière sembloit s'y être enfermée. Dans la province seule des Gaules on comptoit cent quinze villes distinguées par le titre de cités : les ruines de quelques unes sont encore debout, et elles l'emportent en magnificence sur tout ce que les villes modernes déploient de grandeur.

L'aspect de ces ruines nous inspire aujourd'hui un sentiment d'admiration, lors même que nous les rencontrons dans des provinces où aucun souvenir glorieux ne s'attache à elles. Nous allons voir à Nîmes, avec émotion, avec respect, la maison carrée, les arènes, le pont du Gard. Nous visitons de même les monumens d'Arles, de Narbonne; que trouvons-nous là cependant, excepté des modèles pour les arts? Aucun grand souvenir historique ne s'y attache : ces nobles bâtimens furent élevés dans un temps où Rome avoit perdu, avec sa liberté, ses vertus et sa gloire. Quand on arrive à fixer l'époque de leur fabrication, on la trouve liée au règne de ces empereurs dont l'histoire a transmis les noms à l'exécration des siècles à venir.

Ces monumens, cependant, même dans les provinces les plus éloignées, même dans les cités les plus obscures, portent l'ancien cachet romain, un cachet de grandeur et de magnificence. Les habitudes, les impressions morales, se conservent quelquefois dans les arts, après même qu'elles se sont effacées de l'âme des artistes. L'architecte romain, même dans la dernière période de la décadence de l'empire, voyoit toujours debout d'anciens témoins des siècles passés qui le maintenoient dans la bonne voie, et il croyoit ne pouvoir travailler que pour l'éternité. Il imprimoit toujours à ses ouvrages ce même caractère de puissance et de durée qui leur assure l'admiration, de préférence à tout ce qu'on a fait depuis. Cette imposante architecture romaine a, dans sa force et sa grandeur, quelque chose qui rappelle celle de la Haute-Égypte. Elle en diffère cependant par son but : les Égyptiens ne s'occupèrent que des dieux; les Romains, même durant leur esclavage, s'occupèrent surtout du peuple; tous leurs monumens sont destinés à la jouissance de tous. Du temps de la république, c'étoit à l'utilité commune qu'on songeoit surtout à pourvoir, par des aquéducs, par des grands chemins; du temps des empereurs on songea davantage aux plaisirs de tous, et on bâtit des cirques et des théâtres. Dans les temples eux-mêmes, on diroit que l'architecte égyptien ne s'est occupé que de la présence du Dieu, le Romain que de l'adoration du peuple.

Au milieu de tant de magnificence, l'empire, dont nous verrons bientôt la chute, étoit atteint, au IVe siècle, d'une foiblesse incurable. Le Nord versa sur lui des flots de guerriers : des extrémités de la Scandinavie jusqu'aux frontières de la Chine, des nations toujours nouvelles arrivoient, se pressoient, se renversoient, et marquoient leur passage par de sanglans débris. Les calamités éprouvées par l'espèce humaine à cette époque, passent, pour l'étendue des ravages, pour le nombre des victimes, pour l'intensité des souffrances, tout ce qu'aucun autre siècle peut présenter de malheurs à notre imagination effrayée. On n'ose calculer les millions et les millions d'hommes qui périrent avant de compléter la chute de l'empire romain. Cependant ce ne furent pas les barbares qui causèrent sa ruine; dès long-temps il étoit rongé par une plaie intérieure. Plusieurs causes, sans doute, contribuèrent à détruire, chez les sujets des césars, le patriotisme, les vertus militaires, l'opulence des provinces et les moyens de résistance; mais nous nous attacherons surtout aujourd'hui à faire connoître celles qui provenoient de l'état de la population, puisque c'est sur le peuple que doit reposer tout système de défense nationale.

Ce sentiment si pur, si élevé, cette vertu publique qui s'exalte quelquefois au plus haut degré d'héroïsme, et qui rend le citoyen capable des plus glorieux sacrifices, le patriotisme qui avoit fait long-temps la gloire et la puissance de Rome, n'avoit plus d'alimens dans l'empire de l'univers. Un édit de Caracalla (211-217) avoit rendu communs à tous les habitans de l'empire les titres et les devoirs, bien plus encore que les prérogatives de citoyen romain. Ainsi le Gaulois et le Breton se disoient compatriotes du Maure et du Syrien, le Grec de l'Égyptien et de l'Espagnol ; mais plus un faisceau semblable grossit, plus le lien qui l'unit se relâche. Quelle gloire, quelle distinction pourroit être attachée à une prérogative devenue si commune ? Quels souvenirs pouvoient être éveillés par le nom de patrie, ce nom qui n'étoit plus rendu cher par aucune image locale, par aucune association d'idées, par aucune participation à tout ce qui avoit illustré le corps social ?

Ainsi les souvenirs, les sentimens nationaux, étoient abolis dans l'empire de Rome. Ils se trouvoient foiblement remplacés par deux distinctions à établir entre les habitans : celle du langage, et celle des conditions.

Le langage est le plus puissant de tous les symboles pour faire sentir aux nations leur unité ; il s'associe à toutes les impressions de l'âme ; il prête ses couleurs à tous les sentimens et à toutes les pensées ; il ne peut plus se séparer dans notre mémoire de tout ce qui nous a fait aimer la vie, de tout ce qui nous a fait connoître le bonheur : en nous révélant un compatriote au milieu des peuples étrangers, il fait palpiter notre cœur par toutes les émotions de la patrie. Mais loin d'être un principe d'union entre les citoyens romains, le langage servit à les séparer. Une grande division entre le grec et le latin opposa bientôt les empires d'Orient et d'Occident. Ces deux langues, qui avoient déjà brillé de tout leur éclat littéraire, avoient été adoptées par le gouvernement, par tous les gens riches, par tous ceux qui prétendoient à une éducation soignée, et par la plupart des citoyens des villes. Le latin étoit parlé dans la préfecture des Gaules, l'Afrique, l'Italie, et une moitié de la préfecture Illyrique, le long du Danube; le grec étoit parlé dans toute la partie méridionale de la préfectur Illyrique, et dans toute la préfecture de l'Orient.

Mais la grande masse des habitans des campagnes, là où les campagnes n'étoient pas uniquement cultivées par des esclaves apportés de loin, avoit conservé sa langue provinciale. Ainsi le celte étoit toujours parlé dans l'Armorique et l'île de Bretagne, l'illyrien dans la plus grande partie de l'Illyrique, le syrien, le cophte, l'arménien, dans les provinces d'où ces langues avoient pris leur nom. Là où le peuple étoit plus asservi et plus opprimé, il faisoit plus d'efforts pour apprendre la langue de ses maîtres; ceux-ci devoient au contraire faire les avances, dans les provinces où le peuple étoit plus nombreux. Cependant il y avoit dans tout l'empire un déplacement continuel des hommes, à cause de l'immense commerce des esclaves, du service militaire, et de la poursuite des emplois civils : aussi chaque province présentoit dans les rangs inférieurs du peuple les plus bizarres mélanges de patois et de dialectes divers. Ainsi dans les Gaules, vers la fin du ve siècle, nous savons qu'on parloit saxon à Bayeux, tartare dans le district de Tifauge en Poitou, gaélique à Vannes, alain à Orléans, franc à Tournai, et goth à Tours. Et chaque siècle présentoit une combinaison nouvelle.

Mais c'est surtout dans l'état des personnes qu'il faut chercher les causes de l'extrême foiblesse de l'empire romain. Nous pouvons distinguer dans l'empire six classes d'habitans : nous trouvons d'abord des familles sénatoriales, propriétaires d'immenses territoires et d'immenses richesses, qui avoient successivement envahi dans les campagnes les héritages de tous les petits propriétaires; puis des habitans des grandes villes, mélange d'artisans et d'affranchis, qui vivoient du luxe des riches, qui participoient à leur corruption, et qui se faisoient redouter du gouvernement par des séditions, jamais de l'ennemi par du courage; des habitans de petites villes, appauvris, méprisés et opprimés; des colons et des esclaves dans les campagnes; des bagaudes enfin dans les bois, qui pour se dérober à l'oppression s'étoient voués au brigandage.

La partie plus relevée de la nation peut communiquer au gouvernement la sagesse et la vertu, si elle-même est sage et vertueuse; mais elle ne lui donnera point la force, car la force vient toujours d'en bas; elle procède toujours de la grande masse. Or, dans l'empire romain, cette masse si variée dans sa langue, ses mœurs, sa religion, ses habitudes, si sauvage au milieu de la civilisation, si opprimée et si abrutie, étoit à peine aperçue de ceux qui vivoient de ses sueurs; elle est à peine mentionnée par les historiens; elle languit dans la misère, elle dépérit, elle disparut presque dans quelques provinces, sans qu'on ait daigné nous en avertir; et ce n'est que par une suite de comparaisons qu'on parvient à connoître sa destinée.

Dans l'état actuel de l'Europe, la classe des paysans, de ceux qui vivent du travail manuel de l'agriculture, forme environ les quatre cinquièmes de la population, l'Angleterre seule exceptée. Nous devrions supposer que dans l'empire romain les paysans étoient proportionnellement plus nombreux encore, puisque le commerce et les métiers y avoient pris moins de développement que chez nous. Mais en quelque nombre qu'ils fussent, ils ne faisoient point partie de la nation, ils étoient regardés comme à peine supérieurs aux animaux domestiques dont ils partageoient les travaux. On auroit redouté de leur entendre prononcer le nom de patrie, redouté de développer leurs qualités morales, et surtout leur courage, qu'ils auroient pu tourner contre leurs oppresseurs. Tous les paysans étoient rigoureusement désarmés, et ils ne pouvoient jamais contribuer à la défense de la patrie, ou opposer aucune résistance à aucun ennemi.

La population rurale dans tout l'empire romain étoit divisée en deux classes : les colons libres et les esclaves, qui différoient bien plus de nom que par des droits réels. Les premiers cultivoient la terre moyennant des redevances fixes, payables le plus souvent en nature; mais comme une distance prodigieuse les séparoit de leurs maîtres, qu'ils relevoient immédiatement de quelque esclave favori ou de quelque affranchi, que leurs plaintes n'étoient point écoutées, et que les lois ne leur donnoient aucune garantie, leur condition étoit devenue toujours plus dure, les redevances qu'on exigeoit d'eux toujours plus ruineuses; et si dans l'accablement de leur misère ils prenoient le parti de s'enfuir, abandonnant leur champ, leur maison, leur famille, s'ils alloient demander un refuge à quelque autre propriétaire, les constitutions des empereurs avoient établi des procédures sommaires, par lesquelles on pouvoit les réclamer et les saisir partout où on les trouveroit. Tel étoit le sort des cultivateurs libres.

Les esclaves, de nouveau, formoient deux classes, ceux qui étoient nés sur la propriété du maître, et qui, n'ayant par conséquent point d'autre domicile, point d'autre patrie, inspiroient un peu plus de confiance; et ceux qu'on avoit achetés. Les premiers vivoient dans des corps de ferme ou dans des cases bâties tout autour, sous les yeux de leur commandeur, à peu près comme les nègres des colonies; toutefois, les mauvais traitemens, l'avarice de leurs supérieurs, la misère, le désespoir, diminuoient sans cesse leur nombre; aussi un commerce très actif s'occupoit dans tout l'empire romain de recruter sans cesse leurs ateliers par des captifs faits à la guerre. Les victoires des armées romaines, souvent aussi celles des barbares, en combattant les uns contre les autres, souvent encore les punitions infligées par les empereurs ou leurs lieutenans, à des villes, à des provinces qui s'étoient révoltées, et dont tous les habitans étoient vendus sous la lance du préteur, fournissoient cette seconde classe aux marchands d'esclaves, aux dépens de tout ce qu'il y avoit de plus précieux dans la population. Ces misérables travailloient presque constamment avec des chaînes aux pieds ; on les excédoit de fatigue, pour dompter ainsi leur vigueur et leur ressentiment, puis on les enfermoit chaque nuit dans des ergastules souterrains.

La souffrance effroyable d'une si grande partie de la population, sa haine envenimée contre ceux qui l'opprimoient, avoient multiplié les révoltes d'esclaves, les complots, les assassinats et les empoisonnemens. En vain une loi sanguinaire faisoit mettre à mort tous les esclaves d'un maître assassiné, la vengeance et le désespoir n'en multiplioient pas moins les crimes. Ceux qui s'étoient déjà vengés, ceux qui n'avoient pu le faire, mais sur qui planoient des soupçons, s'enfuyoient dans les bois, et ne vivoient plus que de brigandage. Dans la Gaule et l'Espagne, on les nommoit Bagaudes ; dans l'Asie-Mineure, on les confondoit avec les Isauriens ; dans l'Afrique, avec les Gétules, qui faisoient le même métier. Leur nombre étoit si considérable que leurs attaques prenoient souvent le caractère d'une guerre civile plutôt que des désordres d'une bande de voleurs. Tels sont aussi aujourd'hui les marrons dans les colonies. Ils aggravoient, par leurs attaques, la condition de ceux qui tout récemment encore étoient leurs compagnons d'infortune : des districts, des provinces entières, étoient successivement abandonnés par les cultivateurs, et les bois et les bruyères succédoient aux anciennes moissons.

Le riche sénateur réparoit quelquefois ses pertes, ou obtenoit les secours de l'autorité pour défendre son bien ; mais le petit propriétaire qui cultivoit lui-même son champ ne pouvoit échapper à tant de désordres et de violences ; sa vie comme toute sa fortune étoient chaque jour en danger. Il se hâtoit donc de se défaire de son patrimoine à tout prix, toutes les fois qu'un de ses opulens voisins vouloit l'acheter ; souvent aussi il l'abandonnoit sans compensation ; souvent il étoit exproprié par les prétentions du fisc et le poids accablant des charges publiques : aussi toute cette classe de cultivateurs libres qui, plus qu'une autre, connoît l'amour de la patrie, qui peut défendre le sol, et qui doit fournir les meilleurs soldats, disparut bientôt entièrement. Le nombre des propriétaires diminua à tel point qu'un homme opulent, un homme de famille sénatoriale, avoit le plus souvent dix lieues à faire avant de rencontrer un égal ou un voisin : aussi quelques uns d'entre eux, propriétaires de provinces entières, étoient déjà considérés comme de petits souverains.

Au milieu de cette désolation générale, l'existence des grandes villes est un phénomène qui n'est pas facile à comprendre ; mais il se représente aujourd'hui même en Barbarie, en Turquie, dans tout le Levant, partout où le despotisme accable l'homme isolé, et où l'on ne peut se dérober à ses outrages qu'en se perdant dans la foule. Ces grandes villes étoient elles-mêmes peuplées, en très grande partie, d'artisans soumis à un régime assez sévère, d'affranchis et d'esclaves; mais elles contenoient aussi un nombre, beaucoup plus grand que de nos jours, d'hommes qui, se contentant du plus absolu nécessaire, passoient leur vie dans l'oisiveté. Toute cette population étoit également désarmée, également étrangère à la patrie, également timide devant l'ennemi et incapable de se défendre; mais comme elle étoit rassemblée, le pouvoir lui montroit quelque respect. Dans toutes les villes du premier ordre, il y avoit des distributions gratuites de vivres, tout comme il y avoit dans le cirque et dans les théâtres des courses de chars, des jeux et des spectacles gratuits. La légèreté, l'amour du plaisir, l'oubli de l'avenir, qui ont toujours caractérisé la populace des grandes villes, suivirent les Romains provinciaux au travers des dernières calamités de leur empire; et Trèves, capitale de la préfecture des Gaules, ne fut pas la seule ville qui fut surprise et pillée par les barbares, tandis que ses citoyens, la tête couronnée de guirlandes, applaudissoient avec fureur aux jeux du cirque.

Tel étoit l'intérieur de l'empire au commencement du ive siècle ; telle étoit la population qui devoit résister à l'invasion universelle des barbares. Ceux-ci, bien souvent, ne laissoient aux citoyens que le choix de mourir armés ou de mourir en lâches. Et les descendans de ces superbes Romains, les héritiers de tant de gloire acquise autrefois, par tant de vertus, avoient été tellement affoiblis, tellement avilis par les lois et l'ordre social auquel ils avoient été soumis, que quand l'alternative leur fut offerte ils préférèrent toujours la mort des lâches.

CHAPITRE II.

Les trois premiers siècles de l'empire romain.

Nous avons cherché dans le précédent chapitre à faire comprendre quel étoit l'état, quelle étoit la condition interne de l'empire romain au commencement du IVe siècle; mais pour l'intelligence des événemens qui vinrent ensuite, il est nécessaire aussi de rappeler brièvement à la mémoire de nos lecteurs par quels degrés, par quelle suite de révolutions, l'empire étoit parvenu au point de décadence dont nous nous sommes efforcé de donner une idée. Dans les proportions assignées à cet ouvrage, un seul chapitre doit nous suffire pour embrasser trois siècles et demi de l'existence du monde civilisé, trois siècles et demi riches en grands événemens et en grands personnages, dont plusieurs peut-être occupent déjà puissamment l'imagination de ceux qui nous lisent. Il ne peut point être question, dans un tableau de la dissolution de la société antique, de raconter la longue décadence de l'empire qui précéda le règne de Constantin, ou la grande invasion des barbares sous Gallien, que nous prenons pour point de départ: mais peut-être en marquant fortement les époques de cette longue histoire, en classant les événemens et les princes qui les dirigèrent, en réveillant ainsi des souvenirs qui, pour chacun de nos lecteurs, se rattachent à des études antérieures, pourrons-nous réussir à leur faire embrasser d'un seul coup d'œil ces temps que nous devons laisser derrière nous, et qui réagissent cependant sur ceux que nous parcourrons ensemble.

Le pouvoir d'un seul avoit été définitivement établi sur le monde romain, par la victoire qu'Octave, depuis connu sous le nom d'Auguste, remporta sur Marc-Antoine, auprès d'Actium, le 2 septembre 723 de Rome, ou trente ans avant la naissance de Jésus-Christ. Constantin-le-Grand, avec lequel nous commencerons un récit plus suivi, fut revêtu de la pourpre dans les Gaules l'an 306 de Jésus-Christ; mais il ne fut point reconnu par tout l'empire avant l'année 323, ou 353 ans après la bataille d'Actium. Pendant ce long espace de temps, l'affaissement, l'épuisement de l'empire romain, ne cessèrent de faire des progrès. Cet empire, qui avoit menacé la terre de la réduire tout entière sous le joug, qui avoit réuni la civilisation à l'étendue, la richesse à la vertu militaire, les talens à la force, marcha constamment vers sa décadence; mais ses pas furent inégaux, ses infirmités ne furent point toujours les mêmes, et les calamités qui le menaçoient changèrent d'aspect. Il souffrit tour à tour de l'organisation trop forte du pouvoir et de sa dissolution; il porta même la peine de ses prospérités. Sans suivre l'histoire des tyrannies intérieures ou des guerres étrangères, essayons d'indiquer ce changement de caractère dans la suite des événemens.

Ces trois siècles et demi peuvent se diviser en quatre périodes, dont chacune eut ses vices particuliers, sa foiblesse propre; dont chacune contribua, d'une manière différente, au grand œuvre de destruction qui s'accomplissoit. Nous les distinguerons d'après les noms ou le caractère des chefs de l'empire, puisque tout le pouvoir de Rome étoit alors livré aux mains de ses chefs, et qu'ils représentoient seuls la république romaine, quoique le nom de celle-ci fût toujours invoqué. La première période est le règne de la famille Julia, depuis l'an 30 avant Jésus-Christ jusqu'à l'an 68 après sa nativité; la seconde est le règne de la famille Flavia, qui, par elle-même, puis par une adoption simulée, se maintint de l'an 69 à l'an 192 ; la troisième est celle des soldats parvenus, qui s'arrachèrent tour à tour l'empire de l'an 192 à l'an 284 ; la quatrième est celle des collègues, qui partagèrent la souveraineté sans partager l'unité de l'Etat de l'an 284 à l'an 323.

La famille Julia étoit celle du dictateur César;

son nom fut transmis, par adoption, hors de la ligne directe, mais toujours entre des parens, aux cinq premiers chefs du monde romain. Auguste, qui régna depuis l'an 30 avant Jésus-Christ jusqu'à l'an 14 de notre ère; Tibère (de 14 à 37), Caligula (37-41), Claude (41-54), Néron (54-68). Leurs noms seuls, à la réserve du premier, sur lequel certains jugemens se partagent encore, rappellent tout ce qu'il y a de honteux, tout ce qu'il y a de perfide, tout ce qu'il y a d'atroce dans l'abus du pouvoir absolu. Jamais le monde n'avoit été étonné par plus de crimes; jamais une plus funeste atteinte n'avoit été portée aux vertus, aux principes, que les hommes avoient eu jusqu'alors en vénération. La nature offensée sembla refuser à ces monstres le pouvoir de perpétuer leur espèce; aucun d'eux ne laissa d'enfans; cependant l'ordre de la succession entre eux fut légitime, selon le sens qu'on attribue aujourd'hui à ce mot. Le premier chef de cette maison avoit été investi du pouvoir suprême, par les seuls dépositaires de l'autorité nationale, par le sénat et le peuple romain. Après lui, la transmission de la souveraineté fut toujours régulière, conforme aux lois de l'hérédité, reconnue par tous les corps de l'Etat, et elle ne fut disputée par aucun autre prétendant. Le fils d'adoption, remplaçant à tous égards le fils naturel, étoit admis sans trouble, sans hésitation, à la place de son père.

Pendant cette période de quatre-vingt-dix-huit ans, les limites de l'empire romain demeurèrent presque invariables, avec la seule exception de la conquête de la Grande-Bretagne, sous le règne de Claude. La gloire militaire avoit élevé le dictateur et renversé la république; l'attachement des soldats aux souvenirs du héros qu'ils avoient suivi dans les combats avoit fondé la souveraineté de sa famille ; mais Auguste et Tibère, héritiers de la plus grande puissance militaire que le monde ait connue, se défioient d'elle en la caressant. Ils devoient tout leur pouvoir à l'armée, ils craignoient d'autant plus de lui devoir aussi leur ruine ; ils avoient besoin des passions égoïstes, non des passions généreuses de cette armée; ils craignoient l'enthousiasme vertueux qui se développe aisément dans les grandes réunions d'hommes; ils étoient ménagers avec les légions et d'héroïsme et de victoires, et ils ne vouloient pas leur présenter des chefs dont les soldats aimassent mieux l'exemple ou la voix que la paie et les récompenses des empereurs. Auguste et Tibère ne voulurent point tenter ce que la république auroit accompli, ce que Charlemagne exécuta, avec bien moins de moyens qu'eux, de conquérir et de civiliser la

Germanie; ils crurent en avoir assez fait de couvrir leur empire par une bonne frontière militaire, contre des voisins qui regardoient la guerre en quelque sorte comme une vertu, et ils laissèrent à leurs successeurs le danger de repousser des invasions.

A cette époque, la force militaire de l'empire romain consistoit en trente légions : chacune, au grand complet, en y comprenant ses auxiliaires levés parmi les alliés de Rome, étoit alors forte de douze mille cinq cents hommes. Parmi eux on comptoit six mille hommes de cette excellente infanterie de ligne, si pesamment armée et si maniable en même temps, qui avoit accompli la conquête du monde; un corps de cavalerie romaine de sept cent vingt-six chevaux lui étoit attaché; le reste, composé de troupes auxiliaires, portoit les armures usitées dans les différens pays qui les avoient fournies. Les légions, en temps de paix, n'habitoient point les villes ou les forteresses; elles occupoient des camps retranchés sur les principales frontières, où les travaux civils ne se mêloient jamais au grand métier militaire, où les exercices imposés au légionnaire pour fortifier son corps et entretenir sa vigueur avoient toujours la guerre pour objet, et où une sévère discipline étoit toujours maintenue avec la même rigueur. Trois de ces légions étoient placées en Bretagne, derrière le mur des Calédoniens ; cinq en Gaule, sur le Rhin ; onze sur le Danube, depuis sa source dans la Rhétie jusqu'à son embouchure dans la mer Noire; six en Syrie, et deux en Cappadoce, pour la défense de la frontière de Perse. Les provinces toutes pacifiques d'Égypte, d'Afrique et d'Espagne n'avoient qu'une seule légion chacune. L'Italie et la ville de Rome, dont les mouvemens auroient pu compromettre la sûreté de l'empereur, étoient contenues dans le devoir et la crainte, par un corps de vingt mille soldats distingués entre toute l'armée par une plus haute paie, par toute la faveur de l'empereur et par son indulgence pour leur licence. On les nommoit les prétoriens ; ils étoient campés aux portes de Rome, et ils ne s'éloignoient jamais du prétoire ou de la résidence de l'empereur. L'ensemble des légions formoit une armée de trois cent soixante-quinze mille hommes; avec les prétoriens, la totalité de l'établissement militaire de l'empire, dans sa plus grande puissance, n'arrivoit pas à quatre cent mille hommes.

Le gouvernement de la maison Julia fut une période désastreuse pour Rome, pour les sénateurs, pour les hommes opulens, pour tous ceux qui avoient quelque élévation dans l'âme, quelque ambition, quelque souvenir de la gloire de leurs pères ; désastreuse encore pour toutes les anciennes vertus, pour tous les nobles sentimens, qui furent étouffés. Mais les provinces, rarement visitées par les empereurs, jamais envahies par les barbares, goûtèrent les avantages de la paix, d'un immense commerce, de communications faciles et sûres, de lois en général égales et justes. Dans ces temps, dont on n'a conservé que des souvenirs honteux, la population des provinces récemment acquises, de la Gaule par exemple, et de l'Espagne, qui avoit été presque détruite ou réduite en esclavage au moment de la conquête, se recruta et s'augmenta rapidement. Ce fut alors et dans la période suivante que la plupart de ces opulentes cités qui ornoient les provinces furent bâties ou agrandies, que les arts de Rome et de la Grèce furent portés par le commerce jusqu'aux extrémités de l'empire, et les monumens qui nous étonnent aujourd'hui, qui illustrent des lieux dont aucun grand événement n'avoit consacré le souvenir, les ponts, les aquéducs, les cirques, les théâtres, furent entrepris ou élevés. Les sujets de Rome s'efforçoient de s'étourdir sur l'avenir, d'oublier des crimes qui ne les atteignoient pas, de se détacher d'une patrie dont les chefs les faisoient rougir, d'écarter leurs enfans d'une carrière publique où ils ne trouveroient que des dangers, et en même temps de jouir des avantages que leur offroient les arts, la richesse et le repos.

Les sentimens républicains étoient encore entretenus chez tous ceux que l'opinion publique honoroit de son estime ; on les retrouve avec toute leur vivacité dans le poète Lucain, dans l'historien Tacite, dans le jurisconsulte Antistius Labeo. Le nom de république, qui avoit été conservé, les lois, les usages de l'ancienne Rome, dont plusieurs subsistoient encore, ne permettoient de parler des temps passés qu'avec respect. Cependant, durant une période d'un siècle, pendant laquelle quatre hommes exécrables occupèrent le trône, et parmi eux un imbécille et deux fous, il ne s'engagea pas une lutte sérieuse pour le recouvrement de la liberté ; il n'y eut pas une révolte, pas une guerre civile. C'est que l'amour de la liberté étoit confiné dans la haute aristocratie. Les sénateurs savoient mourir avec assez de courage pour se dérober à l'infamie ; mais ils ne savoient pas ou ne pouvoient pas résister : le peuple romain, nourri presque uniquement des largesses de l'empereur, sans cesse distrait ou enivré par des spectacles ou des fêtes, regardoit comme un spectacle de plus la chute successive des têtes de ces grands qu'il avoit craints ou enviés; le peuple des provinces, étranger à la liberté antique, n'apercevoit pas la différence entre la république et l'empire ; l'armée, confondant la fidélité au drapeau avec le devoir des citoyens, et l'obéissance avec le patriotisme, n'hésita pas un instant dans son dévouement à la famille des Jules. L'excès de la démence et des fureurs de Néron entraînèrent enfin sa chute ; cependant son pouvoir étoit alors même si solidement établi que ce fut l'attachement des soldats à la famille éteinte des Jules qui alluma la première guerre civile. Ils ne voulurent ni de la république ni de l'empereur nommé par le sénat. Aucune loi, aucune coutume ne pouvant désigner le nouveau souverain, le pouvoir suprême dut être offert comme une proie au plus fort ou au plus habile ; chaque armée voulut revêtir son chef de la pourpre ; Galba, Othon, Vitellius, Vespasien et des prétendans moins heureux combattirent pour la souveraineté ; mais les habitudes de subordination étoient encore si fortes qu'après cet orage, qui dura à peine dix-huit mois, tout rentra dans l'ordre accoutumé, et que le sénat, les provinces, les armées, obéirent au vainqueur Vespasien comme ils avoient obéi aux Jules.

Nous avons désigné la seconde période de l'empire par le nom de la famille Flavia, c'étoit celle de Vespasien. Les neuf empereurs qui furent successivement revêtus de la pourpre dans cet espace de cent vingt-trois ans, n'appartenoient point tous cependant à la famille Flavia, même par les rites de l'adoption, qui, pour les Romains, étoient devenus une seconde nature.

Mais le respect du monde romain pour les vertus de Flavius Vespasien les engagea tous à prendre son nom, et la plupart montrèrent par leurs hautes qualités qu'ils étoient dignes de cette affiliation.

Vespasien avoit été revêtu de la pourpre à Alexandrie le 1er juillet 69; il mourut en 79. Ses deux fils régnèrent l'un après l'autre, Titus (79-81), Domitien de 81 à 96. Celui-ci ayant été assassiné, le vieux Nerva fut élevé à sa place par le sénat (96-98); il adopta Trajan (98-117); celui-ci adopta Adrien (117-138); Adrien adopta Antonin-le-Pieux (138-161); celui-ci adopta Marc-Aurèle (161-180); et Commode succéda à son père Marc-Aurèle (180-192). Aucune autre période dans l'histoire ne présente une semblable succession de bons et de grands hommes sur le trône. Deux monstres, Domitien et Commode, l'interrompent et la terminent : tous deux, corrompus par une éducation reçue au pied du trône, succédèrent à leur vertueux père. Cette même succession naturelle donna un seul homme de bien au trône du monde, Titus, qu'on nomma les délices du genre humain, mais qu'un règne de deux ans seulement avoit à peine éprouvé suffisamment. Tous les autres furent appelés au trône par une élection glorieuse, sanctionnée par les rites de l'adoption, pour laquelle le prince consultoit la voix de l'opinion publique, et transmettoit volontairement son sceptre au plus digne.

L'histoire garde un silence presque absolu sur cette longue période. Au-dehors, les entreprises des Romains se bornèrent à quelques guerres contre les Parthes, qui ne changèrent pas d'une manière durable les frontières des deux empires; aux guerres de Trajan, au-delà du Danube, de l'an 102 à 107, dans lesquelles il conquit la Dacie, aujourd'hui Valachie et Transylvanie; et aux guerres de Marc-Aurèle contre les Quades et les Marcomans, qui avoient réussi à former une confédération de toute la Germanie pour attaquer l'empire romain. Les colonnes Trajane et Antonine, encore debout dans Rome, et couvertes de bas-reliefs, sont les monumens de ces deux expéditions glorieuses. Au-dedans, les historiens concentrant toute leur attention sur le palais impérial, n'avoient à raconter que les vertus des monarques et le bonheur de leurs sujets.

Ce bonheur, fruit d'une paix universelle, d'une protection, d'une sûreté égale accordée à tous, fut grand sans doute, et il a été souvent célébré. Il fut marqué par un lustre nouveau dans la littérature, qu'on ne sauroit pourtant comparer à celui du temps qu'on a nommé l'âge d'Auguste, quoique tout l'éclat de celui-ci soit dû à des hommes formés pendant les derniers temps de la république. On vit en même temps, surtout sous le règne d'Adrien, un beau développement des arts, et sous celui des Antonins, un grand zèle pour la philosophie. Dans ces cent vingt-trois ans cependant, l'histoire signale très peu de vertus publiques, très peu de caractères distingués.

Ce fut alors surtout que les villes des provinces arrivèrent au plus haut degré d'opulence, et qu'elles se décorèrent par les monumens les plus remarquables. Adrien aimoit lui-même les arts et toutes les jouissances de la vie; il voyagea presque sans interruption dans toutes les provinces de son vaste empire; il excita l'émulation entre les diverses grandes villes, ou entre leurs plus riches citoyens, et il porta jusqu'aux dernières extrémités de la domination romaine le luxe et les décorations, qu'on avoit d'abord réservées aux cités illustres qui sembloient le dépôt de la civilisation du monde.

Mais ce fut aussi pendant cette même période que la paix et la prospérité favorisèrent l'accroissement colossal de quelques fortunes, de ces *latifondia* ou vastes domaines, qui, selon Pline l'ancien, perdoient l'Italie et l'empire. Un seul propriétaire acquéroit successivement des provinces, qui avoient fourni à la république l'occasion de décerner plus d'un triomphe à ses généraux; tandis qu'il amassoit des richesses si disproportionnées avec les besoins d'un homme, il faisoit disparoître de tout le terrain qu'il envahissoit, la classe nombreuse, respectable, et jusqu'alors heureuse dans sa médiocrité, des citoyens indépendans. Là où tant de milliers de citoyens libres s'étoient montrés autrefois, toujours prêts à défendre le champ qu'ils cultivoient de leurs mains, on ne voyoit plus que des esclaves, et encore ceux-ci diminuoient-ils rapidement en nombre, parce que leur travail étoit trop coûteux, et que le propriétaire trouvoit mieux son compte à consacrer les terres au pâturage. Les fertiles campagnes de l'Italie cessèrent de nourrir ses habitans; l'approvisionnement de Rome dépendoit des flottes qui lui apportoient les blés de la Sicile, de l'Égypte et de l'Afrique; de la capitale jusqu'aux extrémités des provinces, la dépopulation suivit l'excès de l'opulence. Aussi, ce fut déjà au milieu de cette prospérité universelle, lorsqu'aucun barbare n'avoit encore franchi les frontières de l'empire, qu'on commença à éprouver la difficulté de recruter les légions. Dans la guerre contre les Quades et les Marcomans, précédée par une si longue paix, Marc-Aurèle fut réduit à enrôler les esclaves et les voleurs de Rome.

Les provinces frontières, celles qui étoient le plus exposées aux attaques des barbares, celles qui souffroient de la présence et des vexations militaires des légions, n'éprouvoient point au même degré que les provinces plus opulentes et plus tranquilles de l'intérieur, ce rapide déclin de la population et de la vertu guerrière. Les levées de soldats ne se faisoient plus à Rome, elles se faisoient presque exclusivement dans la Gaule septentrionale et sur toute la rive droite du Danube. Cette longue frontière illyrique, en particulier, conserva, pendant plus de deux siècles, la réputation de fournir seule à l'empire plus de soldats que tout le reste de ses provinces. Ces frontières avoient peu tenté la cupidité des sénateurs romains; aucun d'eux ne se soucioit d'avoir son patrimoine dans une province toujours vexée par ses défenseurs et souvent menacée par l'ennemi. Les héritages que les sénateurs ne vouloient point acheter, demeuroient à leurs anciens propriétaires. Là se maintenoit par conséquent, par le travail de ses propres champs, une population nombreuse, libre, vigoureuse et hardie. Elle fournit long-temps les armées de soldats, bientôt elle leur donna aussi des chefs.

L'histoire qui, dans toute cette période, met rarement en évidence aucun particulier, a cependant célébré les vertus, et plus encore la munificence, d'un sujet des Antonins, Hérodes Atticus, consul en l'année 143. Il vécut presque toujours à Athènes, dans une retraite philosophique. Plusieurs des monumens dont il décora à ses frais les villes autour desquelles s'étendoient ses immenses possessions, sont encore en partie debout ; ils nous donneront une idée, non seulement de la libéralité, mais aussi de l'opulence d'un Romain de ce siècle, d'autant plus que chaque province comptoit quelque citoyen qui marchoit sur les traces d'Hérodes. Celui-ci fut nommé par Adrien à la préfecture des villes libres d'Asie. Il obtint de cet empereur trois millions de drachmes (deux millions et demi de francs) pour fabriquer un aquéduc à la ville de Troie ; mais pour le rendre plus magnifique, il doubla cette somme de son propre patrimoine. A Athènes, où il présida aux jeux publics, il bâtit un stade de marbre blanc de six cents pieds de longueur, et assez vaste pour contenir l'assemblée entière du peuple. Peu après, ayant perdu sa femme Regilla, il consacra à sa mémoire un théâtre qui n'avoit point d'égal dans toute l'étendue de l'empire, et où il n'employa d'autre bois que le cèdre odoriférant, qu'il fit sculpter avec recherche. L'Odéon d'Athènes, bâti du temps de Périclès, étoit tombé en ruines ; Hérodes Atticus le releva à ses frais dans toute son antique magnificence. De même la Grèce lui dut la restauration du temple de Neptune à l'isthme de Corinthe, la construction d'un théâtre à Corinthe, d'un stade à Delphes, d'un bain aux Thermopyles, d'un aquéduc à Canossa en Italie. Beaucoup d'autres villes de l'Epire, de la Thessalie, de l'Eubée, de la Béotie, du Péloponèse, furent ornées à leur tour par ses libéralités. Gardons-nous de refuser un juste tribut d'éloges à ce grand citoyen, mais plaignons le pays où de telles fortunes s'élèvent; car là un seul homme opulent, avec des milliers d'esclaves, doit avoir remplacé des millions d'hommes libres, heureux et vertueux.

La tyrannie de Commode, le dernier des Flavii, ses vices et ses abominations furent enfin punis par l'assassinat domestique qui en délivra l'Univers; mais avec sa mort, le 31 décembre 192, commence la troisième période et la plus calamiteuse, celle que j'ai désignée par les noms des parvenus, ou des soldats usurpateurs de l'empire. Elle dura quatre-vingt-douze ans (192-284), et pendant cet espace de temps, trente-deux empereurs et vingt-sept prétendans à l'empire, se précipitèrent tour à tour du trône par une constante guerre civile. C'est durant ce temps qu'on vit les prétoriens mettre la souveraineté du monde comme à l'enchère; qu'on vit les légions de l'Orient et de l'Occident se disputer le fatal honneur de décorer de la pourpre des chefs qui bientôt après périssoient assassinés; qu'on vit des hommes tirés des derniers rangs de la société, des hommes que le génie n'avoit point marqués de son cachet, qu'aucune éducation n'avoit façonnés, élevés par le brutal caprice de leurs camarades au-dessus de tout ce que le monde avoit respecté. Tel fut le Maure Macrinus, qui en 217 succéda à Caracalla, qu'il avoit fait assassiner, tel fut le Goth Maximinus, distingué seulement par sa taille gigantesque, son ignorance, sa force et sa brutalité, qui, après avoir fait assassiner Alexandre Sévère, lui succéda en 235; tel fut enfin l'Arabe Philippe, élevé parmi les voleurs, dont il avoit suivi la profession, et parvenu au trône en 244 par l'assassinat de Gordien.

Lorsqu'un monarque absolu est renversé du trône par une conséquence de sa tyrannie, et qu'avec lui toute sa famille est éteinte, il ne reste ni loi, ni sentiment national, qui puisse régler la transmission du pouvoir; aucune autorité n'est d'avance considérée comme légitime, ou ne peut devenir telle : la force seule décide, et ce que la force a élevé la force peut le renverser. Le despotisme donne donc un caractère plus défiant et plus cruel aux guerres civiles et à ceux qui les dirigent; puisqu'il ne laisse subsister aucun sentiment de devoir qui puisse servir de garantie à eux-mêmes ou à leurs ennemis. Quatre-vingt-douze années de guerres civiles presque continuelles enseignèrent à l'Univers sur quels foibles fondemens la vertu des Antonins avoit fait reposer la félicité de l'empire. Le peuple demeura constamment étranger à ces guerres civiles; la souveraineté avoit passé aux légions, et elles en disposoient seules; tandis que les villes, indifférentes entre les prétendans à l'empire, n'ayant point de garnisons, point de fortifications, point de milices armées, attendoient la décision des légions, et ne songeoient pas à se défendre. Elles ne furent pas pour cela à l'abri de la férocité ou de la cupidité des combattans; ceux-ci désiroient avoir d'autres ennemis à vaincre que des soldats; ils désiroient des pillages, et le moindre signe de faveur accordé par une cité à un prétendant à l'empire, lorsque celui-ci avoit été vaincu, donnoit lieu à des exécutions militaires, souvent à la vente de tous les citoyens comme esclaves.

Les soldats eux-mêmes se lassèrent quelquefois de leur propre tyrannie. Ils n'avoient aucun sentiment romain, aucun souvenir de la liberté ou de la république, aucun respect pour le sénat ou pour les lois; leur seule idée d'ordre légitime étoit l'hérédité du pouvoir. Mais pendant cette période désastreuse, tous leurs retours au principe de l'hérédité furent calamiteux. L'empire lui dut la férocité de Caracalla, fils de Septime Sévère (211-217), la souillure d'Héliogabale, son neveu (218-222), et l'incapacité de Gallien, fils de Valérien (253-268). Le nom de ce dernier, Gallien, signale l'époque honteuse où Rome, qui jusqu'alors avoit fait trembler les barbares, commença à son tour à trembler devant eux.

Les légions affoiblies et réduites à moins de six mille hommes, avoient été retirées des frontières, et opposées les unes aux autres dans des combats sans cesse renaissans; leur discipline étoit anéantie, leurs chefs ne méritoient plus et n'obtenoient plus de confiance. Après une défaite, on cherchoit en vain à recruter l'armée; au moment d'une attaque on pouvoit à peine la déterminer à marcher. Les barbares, témoins de cette anarchie et de ces combats, ne voyant plus sur les frontières ces camps redoutables des légions qu'ils étoient accoutumés à respecter, les franchirent toutes à la fois, comme s'ils s'étoient entendus des extrémités de la Calédonie jusqu'à celles de la Perse. Les Francs, confédération nouvelle des peuples germains, qui s'étoit établie près des bouches du Rhin, ravagèrent de 253 à 268, toute la Gaule, l'Espagne et une partie de l'Afrique. Les Allemands, autre confédération nouvelle établie sur le haut Rhin, traversèrent la Rhétie, et s'avancèrent jusqu'à Ravenne en pillant l'Italie. Les Goths, après avoir chassé les Romains de la Dacie, pillèrent la Mœsie, massacrèrent cent mille habitans à Philippopolis en Thrace, s'étendirent ensuite sur les côtes de la mer Noire, se hasardèrent sur cette mer inconnue dans les vaisseaux qu'ils enlevèrent aux villes maritimes, pillèrent les villes de la Colchide et de l'Asie-Mineure, et pénétrèrent enfin par le Bosphore et l'Hellespont jusque dans la Grèce, qu'ils ravagèrent tout entière. En même temps, les Persans de la dynastie nouvelle des Sassanides menaçoient l'Orient. Sapor avoit conquis l'Arménie, l'empereur Valérien, père et collègue de Gallien, marcha lui-même à sa rencontre dans la Mésopotamie ; il fut battu et fait prisonnier en 260 ; le monarque persan ravagea alors la Syrie, la Cilicie et la Cappadoce, et il ne fut arrêté sur les confins de l'Arabie que par le riche sénateur de Palmyre, Odénat, et sa femme, la célèbre Zénobie.

Ce premier désastre universel des armées romaines, cette ignominie et cette foiblesse qui succédoient à tant de grandeur, portèrent à l'empire un coup dont il ne se releva plus. Les barbares, dans leurs invasions, gardoient le souvenir des longues terreurs et des longs ressentimens que les Romains leur avoient inspirés. Ils avoient encore trop de haine pour montrer aucune pitié à leurs ennemis vaincus. Jusqu'alors ils n'avoient vu des Romains que leurs soldats, mais lorsqu'ils pénétrèrent tout à coup au milieu de ces villes si peuplées, tour à tour ils craignirent de s'y voir écraser par une multitude si supérieure à la leur, ou bien lorsqu'ils reconnurent sa lâcheté elle leur inspira le plus profond mépris : leur cruauté se proportionnoit à ces deux sentimens, et ils songeoient plutôt à détruire qu'à vaincre. La population, qui avoit d'abord diminué par les suites de l'opulence, diminua alors par celles de la détresse : l'espèce humaine sembloit disparoître sous l'épée du barbare; tantôt il égorgeoit tous les habitans d'une ville, tantôt il les réduisoit tous en esclavage et les envoyoit vendre à une immense distance de leur patrie; et après ces grands désastres de nouvelles craintes, une nouvelle oppression, de nouveaux malheurs, ne permettoient point à la population de se rétablir. Au sein de l'empire, il commença à se former de vastes déserts, et les empereurs les plus sages et les plus vertueux songèrent dès lors à y appeler de nouvelles colonies.

L'élection des soldats cependant, qui avoit mis l'empire dans un danger si imminent, lui donna enfin des défenseurs. Cette redoutable démocratie armée n'avoit consulté que sa cupidité, son inconstance ou ses caprices, en décorant de la pourpre ses indignes favoris, tant qu'il ne s'étoit agi pour elle que de partager les dépouilles de l'Etat; mais quand elle se sentit menacée elle-même, quand elle vit son existence compromise avec celle de l'empire, elle eut du moins le sentiment de l'espèce de mérite qui pouvoit la sauver. Ce n'étoit pas sans de grands talens pour la guerre qu'on pouvoit gagner l'estime des soldats romains, même dans leur décadence. Quand ils voulurent de grands hommes ils surent les trouver, et pour tenir tête aux barbares, ils firent enfin d'honorables choix.

Ce furent les soldats qui élevèrent au trône Claudius II (268-270), qui remporta sur les Goths une grande victoire, et en délivra pour un temps l'empire; Aurélien (270-275), qui rétablit l'unité du pouvoir, et détruisit tous les prétendans à la couronne entre lesquels se partageoient l'armée et les provinces; qui soumit l'Orient, et emmena captive cette Zénobie qui avoit porté la civilisation grecque à Palmyre, et accoutumé les Arabes à triompher des Romains et des Persans. Les soldats choisirent encore Tacite, qui dans un règne de six mois (275) eut le temps de faire remarquer ses vertus; Probus (276-282), qui battit successivement presque tous les peuples germaniques, et qui délivra de leur présence la Gaule et les provinces du Danube; Dioclétien enfin, qui mit un terme en 284 à cette longue période d'anarchie. Tous ces grands capitaines prouvèrent assez que la valeur n'étoit pas éteinte, que les talens militaires étoient encore communs, et que les soldats, quand ils vouloient réellement sauver l'Etat, n'étoient pas de mauvais juges des qualités nécessaires à la république.

Mais tant d'invasions et de guerres civiles, tant de souffrances, de désordres et de crimes, avoient réduit l'empire à une langueur mortelle dont il ne se releva plus. Les besoins du fisc s'étoient accrus avec les dangers de l'Etat; les provinces, dans leur misère, devoient doubler des contributions déjà trop pesantes pour elles dans leur opulence : les survivans devoient payer pour les morts; aussi le découragement qui portoit les agriculteurs à s'enfuir et abandonner leurs terres devint-il toujours plus fréquent, et l'étendue des déserts s'accrut-elle d'une manière effrayante. Le victorieux, le sage Probus, fut réduit à appeler dans ses provinces, pour les repeupler, les ennemis qu'il avoit vaincus, et à recruter ses légions avec des captifs. Il chercha du moins à les dépayser : il transporta une colonie de Vandales en Angleterre, des Gépides sur les bords du Rhin, des Francs sur ceux du Danube, d'autres Francs dans l'Asie-Mineure et des Bastarnes dans la Thrace; mais quoiqu'il eût eu soin de mettre chaque nation barbare à une immense distance de ses foyers, presque toutes dédaignèrent bientôt ces jouissances de la civilisation auxquelles il les appeloit, ces propriétés qu'il leur avoit distribuées; elles se révoltèrent, pillèrent les provinciaux désarmés au milieu desquels elles se trouvoient, traversèrent l'empire dans tous les sens, et regagnèrent enfin leurs anciennes demeures. La plus audacieuse de ces rébellions fut celle des Francs transportés dans le Pont. Ils saisirent des vaisseaux dans une ville des bords de la mer Noire; ils descendirent l'Hellespont, pillèrent la Grèce et la Sicile, ressortirent de la Méditerranée par le détroit de Cadix, et après avoir exercé leurs ravages sur les côtes d'Espagne et des Gaules, ils vinrent enfin, en 277, débarquer dans la Frise, chez leurs compatriotes.

Le même Probus avoit demandé aux Germains de lui fournir chaque année seize mille recrues, qu'il incorporoit dans les différentes légions, en s'efforçant, disoit-il, de faire que le Romain sentît l'aide du barbare, mais qu'il ne la vît pas. Cependant une assistance honteuse ne peut pas être long-temps dissimulée ; le Romain vit que le barbare le remplaçoit dans les camps, et il posa son bouclier avec joie. Par un honteux décret, Gallien avoit interdit aux sénateurs de servir dans les armées, et aucun d'eux, ni sous son règne, ni sous celui de ses successeurs, ne réclama contre cette dégradante exclusion, quoiqu'elle leur ôtât en même temps toute part à l'administration de la république, et toute chance de s'élever au trône. Dès lors le premier rang de la société cessa d'être respecté des autres et de lui-même; il ne chercha plus qu'à s'étourdir sur les maux de l'État dans les plaisirs et le vice ; le luxe et la mollesse s'accrurent avec le malheur des temps, et ceux que le sort menaçoit peut-être des souffrances les plus aiguës, ne songèrent à s'y préparer que par les plus honteux plaisirs.

Nous arrivons enfin à la quatrième période que nous avons indiquée dans l'histoire de l'empire, celle des collègues qui se partagèrent la souveraineté, de l'an 284 à l'an 323. Elle est plus courte que les précédentes, et nous en parlerons aussi plus brièvemeut, parce qu'une partie de cette même période devra de nouveau appeler plus tard notre attention.

Dioclétien, qui fut proclamé empereur par l'armée de Perse, le 17 septembre 284, étoit un soldat illyrien, dont les parens avoient été esclaves, et qui peut-être fut esclave lui-même dans sa jeunesse. Cet homme, qui par ses seules forces avoit parcouru toute l'étendue des distances sociales, depuis le rang le plus abject jusqu'au plus élevé, prouva au monde qu'il étoit plus distingué encore par la vigueur de son génie, la prudence de ses conseils, son empire sur ses propres passions et sur l'esprit des autres que par sa bravoure. Il sentit que l'empire vieilli et chancelant sur ses bases, avoit besoin d'une forme nouvelle, et d'une nouvelle constitution. Ni sa naissance servile, ni ses souvenirs, ni les exemples qu'il voyoit autour de lui, n'étoient faits pour lui inspirer beaucoup d'estime pour les hommes. Il en attendit peu de chose, et ne parut pas même comprendre cette liberté qui avoit inspiré aux Romains tant d'héroïsme. Tous les souvenirs de la république étoient souillés, il n'essaya point d'en profiter; il ne voyoit que le danger des invasions des barbares, il ne songea qu'aux moyens de résistance, et il organisa un gouvernement militaire, fort, prompt et énergique. Mais il jugea en même temps que le chef de ce gouvernement couroit d'autant plus de danger qu'il étoit plus isolé, plus séparé de tous les autres hommes, et que la communauté d'intérêts, l'association, étoit la base de toute garantie. Il se donna des collègues, pour se préparer des défenseurs dans le danger, des vengeurs s'il venoit à succomber, et il fonda le despotisme sur cet équilibre même qui est l'essence des gouvernemens libres.

Dans ce but il traça cette division de l'empire, que nous avons déjà exposée, en quatre grandes préfectures, la Gaule, l'Illyrie, l'Italie et le Levant, et il en donna l'administration à quatre collègues; deux Augustes, plus spécialement chargés des préfectures les plus paisibles, les plus riches et les plus civilisées, l'Italie et le Levant, et deux Césars, appelés à défendre la Gaule et l'Illyrie. Il offrit aux deux Césars, comme terme certain de leur ambition, la succession des deux Augustes, auxquels ils furent liés par les rites de l'adoption. Toutes les armées se trouvant ainsi attachées à son système, et commandées par un de ses collègues, il n'eut plus à craindre qu'aucune se rebellât. Il donna aux troupes une organisation nouvelle, et des noms nouveaux; il raffermit leur discipline; il céda cependant quelque chose à la corruption des temps, en allégeant leur armure et en augmentant la proportion de la cavalerie et de l'infanterie légère contre l'infanterie de ligne; avec ces nouvelles armées, il repoussa partout les barbares en dehors des frontières, et il fit respecter l'empire. Dioclétien prit pour lui le gouvernement de l'Orient, et il établit sa cour non point à Antioche, quoique ce fût la capitale de la préfecture, mais à Nicomédie, sur la Propontide, presque vis-à-vis du lieu où Constantinople fut ensuite bâtie; il y affecta un faste oriental qui ne s'accordoit ni avec ses habitudes de soldat, ni avec la force de son génie. Il céda l'Italie à l'Auguste Maximien, paysan illyrien comme lui, et son ancien compagnon d'armes, qu'il chargea d'humilier le sénat et la ville de Rome; le César Galérius fut chargé de l'Illyrie et le César Constance Chlore de la Gaule.

Le despotisme accoutume à regarder toute résistance comme une offense, ou comme une révolte dangereuse; aussi il rend cruel et sanguinaire. L'éducation soldatesque de Dioclétien et de ses collègues, le rang d'où ils étoient sortis, l'habitude de voir couler le sang, augmentèrent encore cette férocité. Le gouvernement des collègues fut souillé par de nombreuses exécutions : cependant le caractère de ces violences n'étoit point le même que celui des crimes des premiers Césars : on voyoit dans Tibère et ses successeurs cette cruauté qui presque toujours est unie à la lâcheté et à la mollesse ; dans Dioclétien et ses collègues, cette férocité que les classes inférieures du peuple portent dans l'abus du pouvoir. Maximien et Galérius, que Dioclétien s'étoit associés, avoient conservé toutes leurs habitudes de paysans brutaux et illettrés ; Sévérus et Maximinus, qui leur furent ensuite adjoints, étoient sortis de la même classe. Le seul Constance Chlore appartenoit à une famille plus distinguée, et il manifesta en effet des sentimens plus humains.

Cette indignation que toute résistance, que toute indépendance d'esprit cause aux despotes, eut plus de part que la superstition à la sévère persécution que Dioclétien et ses collègues exercèrent contre les chrétiens. La religion nouvelle s'étoit étendue en silence, et avoit fait des progrès considérables dans tout l'empire romain, sans exciter l'attention du gouvernement, ou celle des historiens romains ; ceux-ci, durant les trois premiers siècles de l'Eglise, semblent n'avoir pas même remarqué son existence. Les chrétiens n'avoient eu aucune part aux révolutions, aucune influence publique; les philosophes ne s'étoient point encore donné la peine de s'engager dans des controverses avec des sectaires demeurés obscurs; les prêtres des anciens dieux s'irritoient sans doute de voir leurs autels méprisés, leur culte abandonné par une classe d'hommes qui devenoit tous les jours plus nombreuse; mais ces prêtres ne formoient point un corps dans l'État; ceux de chaque divinité croyoient d'ailleurs avoir des intérêts séparés, ils avoient peu de crédit et peu de moyens de nuire; aussi les premières persécutions, comme on les a appelées, n'étoient-elles guère que des violences accidentelles qui s'étendoient sur peu de victimes, et qui n'avoient que peu de durée. Mais lorsque des soldats brutaux et impatiens de toute résistance, eurent été revêtus de la pourpre, et lorsque l'ordre eut été assez universellement rétabli pour qu'ils s'aperçussent de tout ce qui dépassoit le niveau du despotisme, ils s'indignèrent de l'existence d'une religion nouvelle, parce qu'elle rompoit l'uniformité de l'obéissance; elle leur parut une indiscipline bien plus qu'une impiété, et ils poursuivirent dans les chrétiens, non les ennemis des dieux, mais les rebelles à leurs propres ordres. Plus ils étoient absolus, et plus ils s'emportèrent contre cette puissance nouvelle de l'âme insensible aux douleurs, triomphante dans les supplices; qui sans opposer de résistance s'élevoit au-dessus de leur pouvoir. La lutte entre un despotisme forcené et l'héroïsme de la conviction, entre les bourreaux et les confesseurs avides du martyre, fut à jamais mémorable. Elle se prolongea avec peu d'interruption jusqu'à la fin de la quatrième période, ou jusqu'à la réunion de tout l'empire sous Constantin.

Dioclétien, comme pour s'assurer que le système qu'il avoit conçu pour le gouvernement de l'empire seroit exécuté après lui, voulut être en quelque sorte témoin de sa propre succession. Dans son despotisme à quatre têtes, il avoit compté sur ce qu'il trouvoit en lui-même, l'ascendant d'un génie supérieur sur des hommes d'une trempe médiocre. Tant qu'il garda la pourpre il fut le vrai, le seul chef de la monarchie. Lorsqu'il résolut de se retirer de la scène du monde, et d'appeler aux places d'Augustes les deux Césars, Galère et Constance Chlore, il eut assez d'ascendant sur son collègue Maximien, qui cependant n'étoit point dégoûté des grandeurs, pour l'engager à déposer la pourpre à Milan, le 1er mai 305, en même temps que Dioclétien la déposoit à Nicomédie. Celui-ci, avec une force d'âme que la puissance souveraine n'avoit point affoiblie, sut se renfermer neuf ans, sans regrets, dans la condition privée, et trouver dans les soins de son jardin à Salona, un repos d'esprit et un contentement qu'il n'avoit jamais connus comme empereur. Mais dès sa retraite, le partage du pouvoir souverain amena sa ruine. Les consuls, au temps de la république, avoient pu se partager sans jalousie le gouvernement des armées, parce qu'au-dessus d'eux s'élevoit le pouvoir national, du sénat et du peuple. De même, les collègues de Dioclétien avoient toujours senti en lui seul la majesté de l'antique Rome. Dès qu'ils ne virent plus rien au-dessus d'eux, ils ne songèrent qu'à leur grandeur personnelle; et le reste de la quatrième période, comme nous le verrons dans le règne de Constantin, ne fut plus qu'une scène de désordres et de guerres civiles.

CHAPITRE III.

Les Barbares avant le IVe siècle.

Nous avons cherché, autant que le permettoient les bornes étroites dans lesquelles nous devions nous circonscrire, à faire connoître et les conditions et les progrès de cette partie du genre humain dont la civilisation avoit été développée par la domination des Grecs et des Romains. Cette population étoit soumise aux lois que nos tribunaux observent encore, elle commençoit à s'éclairer par la religion que nous professons, elle étudioit, elle cherchoit à imiter dans la littérature et les arts, ces mêmes chefs-d'œuvre qui sont encore proposés à notre admiration; elle suivoit dans le développement des facultés de l'esprit un système dont nous ne nous sommes pas beaucoup écartés. Les mœurs mêmes des habitans des villes romaines avoient de grands rapports avec les nôtres. Désormais nous devons porter aussi nos regards sur une autre portion importante du genre humain, sur celle qui étoit alors comprise sous la dénomination commune de Barbares, et qui, à une époque dont nous allons raconter les événemens, renversa par une grande révolution le gouvernement auquel le monde civilisé avoit obéi. Dès-lors, dans les contrées que nous habitons, s'introduisit une nouvelle race d'hommes, avec d'autres lois, d'autres opinions religieuses, d'autres mœurs, d'autres idées sur la perfection humaine, et par conséquent sur l'éducation. Le mélange de ces deux races ne s'accomplit qu'après de longues souffrances; il entraîna la destruction d'une grande partie des progrès vers le mieux que l'homme avoit faits pendant des siècles; mais ce fut ce mélange même qui nous constitua ce que nous sommes : nous avons recueilli le double héritage des Romains et des barbares; nous avons greffé les lois, les mœurs, les opinions des uns sur celles des autres. Pour nous connoître nous-mêmes nous devons remonter à l'étude de nos premiers parens, non seulement de ceux qui nous transmirent leur civilisation, mais de ceux qui s'efforcèrent de la détruire.

Ce n'est point toutefois sur tout le reste de l'univers que nous nous proposons de promener nos regards, mais seulement sur les peuples qui entrèrent en rapport avec le peuple romain; sur ceux qui se préparoient à paroître comme acteurs dans le terrible drame qui va nous occuper. Nous aurons, en le faisant, fort peu de noms d'hommes, fort peu de dates à présenter à la mémoire de nos lecteurs. On peut étudier comme partie de l'histoire naturelle de l'homme, son état de barbarie ; mais cet état ne change point, ou ses changemens ne sont point soumis à nos observations. L'histoire ne commence qu'avec la civilisation : tant que l'homme lutte avec les besoins physiques, il concentre toute son attention sur le présent ; il n'y a point de passé pour lui, point de souvenirs, point d'histoire. Non seulement les migrations des peuples, les vertus, les erreurs, ou les crimes de leurs chefs, ne sont point transmis d'âge en âge ; leur police intérieure, ou leurs mœurs, au moment où ils se mettent en contact avec les peuples civilisés, ne nous sont qu'imparfaitement et souvent infidèlement représentés. Les barbares ne se décrivirent point eux-mêmes ; ils n'ont laissé aucun monument de leurs propres sentimens, ou de leurs propres pensées ; et ceux qui ont tâché de nous les peindre, ne les voyoient qu'au travers de leurs propres préjugés.

Pour donner quelque ordre à nos remarques sur les peuples barbares qui contribuèrent au renversement de l'empire romain, nous suivrons les frontières mêmes de cet empire, en commençant par le midi ou l'Afrique, puis l'orient ou l'Asie, et enfin le nord ou l'Europe. C'est mettre au premier rang les peuples qui ont eu le moins d'influence sur les destinées de Rome, et finir par les plus importans. Dans cet ordre, nous rencontrerons les Gétules, les Maures, les Arabes, les Persans, les Arméniens, les peuples pasteurs de la Tartarie, et les trois races principales de l'ancienne Europe, la celtique, la slave, et la germanique.

Les plus foibles en effet, les plus inconnus entre les voisins de l'empire, sont les peuples qui habitoient l'Afrique, au midi des provinces romaines. Sur cette frontière, comme sur les autres, les Romains avoient commencé par imposer un tribut aux nations voisines, par tenir les rois dans leur dépendance, puis après avoir quelque temps façonné les peuples à l'obéissance, ils les incorporoient eux-mêmes à l'empire. Caligula réduisit la Mauritanie en province romaine, et sous le règne de l'empereur Claude, les Romains fondèrent des colonies jusque sur les bords du grand désert. Une de leurs villes plus méridionales, Salé, dans le royaume actuel de Maroc, étoit souvent exposée aux incursions des troupes d'éléphans sauvages. Les animaux féroces étoient presque les seuls ennemis qu'on eût à craindre sur cette frontière, car la puissance romaine s'étendoit en Afrique presque aussi loin que la terre habitable; des généraux, des personnages consulaires, avoient pénétré dans toutes les gorges du Mont-Atlas. Des troupes errantes de Bérébères, de Gétules ou de Maures traversoient seulement les déserts, comme marchands ou comme voleurs : les uns cultivoient les oasis qui, arrosés par une source permanente, s'élèvent couronnés de verdure au milieu des sables ; d'autres, avec leurs chameaux, chargés d'ivoire et souvent d'esclaves, franchissoient le Zahara, et établissoient une communication entre la Nigritie et la province romaine. Sans demeure fixe, sans gouvernement régulier, ils étoient demeurés libres, parce qu'ils étoient errans. Les Romains avoient négligé de les soumettre, parce qu'ils ne pouvoient soumettre la nature : ils leur demandoient seulement l'ivoire et les citrons, qu'apportoient ces caravanes ; le murex et la pourpre, que les Gétules recueilloient sur les rochers ; les lions, les tigres, et tous les monstres de la Libye, qui étoient conduits à grands frais à Rome et dans les grandes villes, pour combattre sur les amphithéâtres. Un commerce très actif pénétroit beaucoup plus avant dans l'Afrique que ne fait aujourd'hui celui des Européens, et Pline s'étonne que tant de marchands traversant chaque jour ces contrées, que tant de magistrats romains s'étant avancés jusqu'au Mont Atlas ou au désert, il lui ait été si difficile de recueillir sur ces régions autre chose que des fables.

Mais les Africains ne demeurèrent pas toujours à une si grande distance, ou dans une attitude si pacifique : à mesure que l'oppression des magistrats, que le poids des taxes, et les désastres de l'empire faisoient disparoître la population de la province romaine, les Maures et les Gétules descendoient de l'Atlas ou sortoient du désert, et menoient paître leurs troupeaux dans les champs abandonnés. Toujours armés, mais timides ; regardant la propriété comme une usurpation, et la civilisation comme une ennemie; professant pour religion l'esprit de vengeance, et n'admettant point chez leurs voisins le droit d'exercer sur eux une justice qu'ils n'accordoient pas à leurs propres chefs, ils pilloient les possessions écartées, et s'enfuyoient dès qu'ils trouvoient de la résistance ; ils regardoient les supplices par lesquels on punissoit leur voleries, comme une offense nationale, et ils attendoient en silence l'occasion de s'en venger avec cruauté. Leurs déprédations devinrent toujours plus onéreuses avec le progrès des années, et repoussèrent les Romains toujours plus près des côtes. Au commencement du IVe siècle, des princes maures avoient recommencé à se former de petits états tributaires entre Carthage et le désert, et la civilisation avoit presque disparu au pied de l'Atlas, sans que le peuple eût recouvré son indépendance.

L'Égypte étoit entourée par d'autres peuplades sauvages qui, dans l'enceinte du territoire romain, avoient réclamé la liberté des déserts. Les Maures Nasamons s'approchèrent de la rive occidentale du Nil ; les Arabes de la rive orientale, et les deux races étoient difficiles à distinguer. L'Abyssinie et la Nubie, qui, deux siècles plus tard, furent converties au christianisme par les Egyptiens, entretenoient alors peu de relations avec les Romains. L'Egypte étoit de beaucoup la plus méridionale des possessions romaines. Une des grandes villes de cette province, Syène, étoit bâtie sous le tropique du Cancer ; les monumens prodigieux de sa civilisation antique, dont aucune histoire ne nous explique l'origine, se mêloient avec ceux des Romains. Pour la première fois, les travaux de ces maîtres du monde paroissoient petits et mesquins, quand on les voyoit rapprochés de ces temples, dont la fabrication passe notre entendement. La basse Egypte avoit adopté la langue et les mœurs des Grecs ; la haute Egypte conservoit l'usage de l'ancien égyptien, le cophte ; les déserts de la Thébaïde recéloient enfin une nation nouvelle, une nation barbare d'aspect et de mœurs, nation sans femmes et qui ne se renouveloit que par le dégoût de la vie et le fanatisme de ses voisins. Saint Antoine, paysan de la Thébaïde, qui ne savoit pas lire, s'étoit déjà retiré à trois journées de distance de la terre habitable, au milieu du désert ; mais dans un lieu où une source d'eau vive pourvoyoit à sa boisson, tandis que la charité de ses voisins lui apportoit des vivres; il vécut plus d'un siècle, de 251 à 356. Cinq mille moines, imitant son exemple, s'étoient, avant sa mort, retirés dans le désert de Nitrie; ils y faisoient vœu de pauvreté, de solitude, de prières, de saleté et d'ignorance; ils s'enrôloient cependant avec passion dans les querelles théologiques, et leurs invasions, dans lesquelles ils soutenoient leurs dogmes avec des massues et des pierres plus qu'avec des argumens, troublèrent la capitale de l'Egypte avant qu'elle fût exposée à celles des peuples barbares.

Entre l'Egypte et la Perse, la grande presqu'île de l'Arabie n'étoit qu'imparfaitement connue des Romains. Cette région, quatre fois plus étendue que la France, n'a point été destinée par la nature à se couvrir d'habitans ou à se soumettre à une civilisation qui ressemble à la nôtre. Les Romains, qui, par elle, entretenoient quelque commerce avec l'Inde, mais qui laissoient à l'Arabe la fatigante vie des caravanes, s'étonnoient qu'une même nation réunît constamment la pratique du commerce à celle du brigandage. Ils distinguoient déjà, par le nom de Sarrasins, ces voleurs intrépides qui, sortant du désert, infestoient les campagnes de la Syrie; souvent ils levoient parmi eux une cavalerie qui n'avoit pas d'égale au monde, surtout pour l'ardeur infatigable et la docilité de ses chevaux; mais ils n'avoient point deviné toutes les qualités que recéloit l'Arabe, toutes celles que, trois siècles plus tard, nous lui verrons développer, quand il se prépara à la conquête du monde.

C'étoit au milieu de ces déserts, à cinq cents milles de Séleucie sur le Tigre, l'une des plus grandes villes de la Perse, à deux cents milles des frontières de Syrie, que s'élevoit comme par enchantement la ville de Palmyre, dans un territoire fertile, arrosé par des eaux abondantes, et planté d'une multitude de palmiers. D'immenses plaines de sables l'entouroient de toutes parts, et lui servoient de défense contre les Parthes et les Romains, tandis qu'elles n'étoient ouvertes qu'aux caravanes des Arabes, qui échangeoient entre ces deux empires les richesses de l'Orient et de l'Occident, et qui se reposoient dans cette ville somptueuse.

Palmyre, dont la population, formée d'une colonie de Grecs et d'Arabes, unissoit les mœurs des deux nations, s'étoit gouvernée en république, et étoit demeurée indépendante durant la période de la plus haute puissance romaine. Les Parthes et les Romains recherchèrent également son alliance dans toutes leurs guerres; mais après ses victoires sur les Parthes, Trajan réunit cette république à l'empire romain. Le commerce n'abandonna cependant point encore Palmyre, ses richesses continuèrent à s'accroître, et ses opulens citoyens couvrirent le sol de leur patrie de ces superbes monumens d'architecture greque qui, s'élevant aujourd'hui au milieu des sables dans un pays absolument désert, frappent les voyageurs d'étonnement. Il ne reste de Palmyre que ces ruines, et le souvenir brillant, presque romanesque, de Zénobie, cette femme extraordinaire, fille d'un cheik arabe, mais qui se disoit descendue de Cléopâtre, et qui régna sur l'Orient avec bien plus d'éclat, avec bien plus de vertus, que celle-ci. Zénobie ne dut sa puissance qu'aux services qu'elle rendit à sa patrie. Pendant le règne de Gallien, tandis que l'empire étoit de toutes parts envahi, que Valérien étoit prisonnier du roi des Persans, et que l'Asie étoit inondée par ses armées, Zénobie enhardit son mari Odénat, riche sénateur de Palmyre, à résister par ses seules forces avec ses concitoyens et les Arabes du désert à l'invasion des Perses. Partageant tous les travaux de son mari, à la guerre et à la chasse aux lions, son amusement favori, elle vainquit Sapor; elle le poursuivit deux fois jusqu'aux portes de Ctésiphon, et elle régna d'abord avec Odénat, puis seule, après sa mort, sur la Syrie et l'Egypte, qu'elle avoit conquise. Trebellius Pollio, auteur contempo-

rain, qui la vit dans une occasion fatale, lorsqu'en 273 elle fut conduite en triomphe à Rome, la représente telle à peu près que doit paroître une beauté élevée parmi les Arabes : « Zénobie
« vécut avec une pompe persane, se faisant
« adorer comme les rois d'Orient, mais dans ses
« repas elle suivait les usages romains. Elle se
« présentoit pour parler au peuple avec le
« casque en tête et les bras nus, mais un voile
« de pourpre orné de pierres précieuses cou-
« vroit en partie sa personne. Son visage étoit
« un peu aquilin, et son teint avoit peu d'éclat,
« mais ses yeux noirs, singulièrement brillans,
« étoient animés d'un feu divin et d'une grâce
« indicible ; ses dents étoient d'une telle blan-
« cheur qu'on croyoit communément qu'elle y
« avoit substitué des perles ; sa voix étoit
« claire et cependant virile ; au besoin elle savoit
« montrer la sévérité des tyrans, plus souvent
« la clémence des bons princes ; bienfaisante avec
« mesure, elle sut garder ses trésors mieux que
« ne font les femmes ; on la voyoit à la tête de
« ses armées, en char, à cheval, à pied, mais
« rarement dans une voiture suspendue. » Telle fut la femme qui vainquit Sapor, et qui accorda sa confiance au sublime Longin, le précepteur de ses enfans, et son principal ministre.

Jusqu'à l'année 226 de J.-C., les Romains

avoient confiné à l'Orient avec les Parthes, depuis cette époque ce furent les Persans Sassanides qu'ils eurent pour voisins sur la même frontière. Les Parthes, tribu scythique sortie de la Bactriane, avoient fondé leur empire deux cent cinquante-six ans avant Jésus-Christ. Ils avoient conquis la Perse, de la mer Caspienne au golfe Persique. Cette vaste contrée, défendue par deux mers, de hautes montagnes et des déserts de sables, a presque toujours formé un Etat indépendant qu'il est difficile d'entamer, et qui peut difficilement faire ou maintenir au dehors des conquêtes. Pendant près de cinq siècles de domination, les Parthes étoient toujours demeurés étrangers au milieu des Persans; ils avoient donné à leur monarchie une constitution qui ressembloit presque à celle de l'Europe aux temps féodaux. Leurs rois de la famille des Arsacides avoient accordé de petites souverainetés tributaires à un grand nombre de princes de leur maison ou à d'autres seigneurs. Toute cette noblesse, toute la race des conquérans combattoit à cheval pour la défense de la patrie; plusieurs colonies grecques conservoient leurs lois républicaines et leur indépendance dans l'enceinte de l'Etat; mais les Persans étoient écartés des pouvoirs comme de la milice, et tenus dans l'oppression.

Ces Persans furent poussés à la révolte par

Artaxercès ou Ardshir, fondateur de la dynastie des Sassanides, qui, après ses victoires, se dit descendu de ces rois de l'ancienne Perse qu'Alexandre avoit vaincus. Il fut puissamment secondé par l'enthousiasme religieux, plus encore que par le sentiment de l'honneur national ou de l'indépendance. L'antique religion de Zoroastre fut reportée sur le trône; la croyance aux deux principes, Ormusd et Ahriman, la révélation du Zenda-Vesta, le culte du feu ou de la lumière, comme représentant le principe du bien, l'horreur pour les temples et les images, le pouvoir des mages, qui s'étendoit jusqu'aux actions les plus indifférentes de chaque fidèle, l'esprit de persécution qui s'exerça avec cruauté contre les chrétiens quand ceux-ci commencèrent à se répandre dans la Perse, furent rétablis par un concile national où quatre-vingt mille mages s'assemblèrent d'après la convocation d'Artaxercès.

Les Persans prétendoient que la domination de leurs rois s'étendoit sur quarante millions de sujets; mais la population des empires orientaux a toujours été mal connue, et l'on a établi les nombres sur les exagérations hyperboliques du langage de leurs écrivains, et non sur des recensemens. On ne sauroit compter les Persans ni parmi les peuples civilisés ni parmi les barbares, quoique les Grecs et les Romains leur donnassent toujours ce dernier nom. Ils avoient acquis ces arts qui suffisent au luxe et à la mollesse, mais qui ne développent point le goût; ces lois, fondées sur le despotisme, qui maintiennent l'ordre, mais qui ne garantissent ni la justice ni le bonheur; cette culture littéraire qui nourrit l'imagination, mais qui n'éclaire point l'esprit : leur religion, celle des deux principes, et leur aversion pour l'idolâtrie, satisfaisoient plutôt la raison qu'elles ne purifioient le cœur. C'est avec cette civilisation imparfaite, cette civilisation qui contient en elle-même un obstacle à tout progrès nouveau, que les Orientaux ont fondé de grands empires, et qu'ils n'ont jamais développé l'homme. Artaxercès, de 226 à 238, et son fils Sapor, de 238 à 269, remportèrent de grandes victoires sur les peuples que protégeoient les Romains et sur les Romains eux-mêmes; mais ensuite leur monarchie éprouva le sort habituel des États despotiques, jusqu'à sa subversion par les Musulmans, en 651. Son histoire se compose de trahisons et de massacres dans la famille des rois, qui se précipitoient rapidement du trône; de longs intervalles consacrés au vice ou à une mollesse efféminée, avec des éclairs d'ambition et de génie militaire signalés par des guerres destructives.

Les Parthes avoient conquis l'Arménie, qui

se trouvoit située entre leur empire et celui des Romains, et ils avoient assis sur le trône d'Artaxate, capitale des Arméniens, une branche cadette de la famille des Arsacides leurs rois. La liberté n'avoit jamais été connue en Arménie, et les hautes montagnes qui couvrent ce pays n'avoient point suffi pour inspirer à ses habitans le courage qui, presque partout, a distingué les montagnards. Les Arméniens étoient patiens, industrieux, mais toujours conquis et toujours dépendans. Au moment de la chute de l'empire des Parthes, ils furent soumis par Artaxercès et par Sapor. Toutefois Tiridates, héritier de leurs anciens rois, secoua le joug des Persans en 297; et, avec l'aide des Romains, il rendit à l'Arménie son indépendance. Son règne, de 297 à 342, est considéré par les Arméniens comme la période de leur gloire; c'est alors qu'ils adoptèrent la religion chrétienne, qui resserra leur alliance avec les Romains; alors qu'ils inventèrent l'alphabet et l'écriture dont ils se servent encore aujourd'hui; qu'ils donnèrent à leur langue une littérature qu'ils admirent toujours, mais qu'ils admirent seuls; qu'enfin ils commencèrent à traduire en arménien la Bible et quelques ouvrages grecs qu'on a retrouvés chez eux de nos jours. Cette prospérité ne fut pas longue, et à la mort de Tiridates ils éprouvèrent ce que doit éprouver un peuple qui confie sans garanties son existence aux chances de la succession d'une monarchie absolue.

Telles étoient les monarchies de l'Asie qui confinoient avec les Romains; mais au nord du Caucase et du Thibet, et des montagnes de l'Arménie, on trouvoit une race d'hommes entièrement différente, une race libre et sauvage, qui ne tenoit point à la terre qu'elle habitoit, qui menaçoit tous ses voisins, et qui devoit avoir sur le sort de l'empire romain l'influence la plus désastreuse : c'étoit la grande race des peuples pasteurs Scythes ou Tartares. La race tartare s'étend de l'occident à l'orient, des bords de la mer Noire, où elle se rapproche de la race slave, jusqu'à la mer du Japon et aux îles Kuriles, ou jusqu'aux murailles de la Chine; et du nord au sud, du voisinage de la mer Glaciale jusqu'aux hautes chaînes du Thibet, qui sépare les climats froids des climats brûlans de l'Asie, et qui n'y laisse point d'espace pour une zône tempérée. Le centre de l'Asie semble être composé d'un vaste plateau qui s'élève au niveau de nos plus hautes montagnes, et que sa température rend peu propre à une culture variée, quoique ses steppes sans bornes se couvrent naturellement d'une herbe abondante. Dans ces déserts la race tartare a toujours, dès l'antiquité la plus reculée, conservé les mêmes mœurs et le même genre de vie; toujours elle a méprisé la culture de la terre, elle a vécu uniquement de ses troupeaux, et toujours elle s'est montrée prête à suivre, non en corps d'armée, mais en corps de nation, le capitaine qui voudroit la conduire au pillage de régions plus tempérées et de peuples plus civilisés. Les hommes y vivent toujours à cheval ou sous la tente, n'estimant que la guerre, ne respectant que le sabre, qui, autrefois, étoit l'emblême de leur sanguinaire divinité. Les femmes y suivent toujours leurs époux dans des chars couverts qui contiennent leur famille et toutes leurs richesses, et qui sont pendant une moitié de l'année leur seul domicile. Leur mépris est toujours le même pour les arts sédentaires; ils se font toujours un honneur ou un devoir de détruire, d'extirper cette civilisation qu'ils détestent et qui leur semble hostile; et si un chef doué des talens ou du caractère d'Attila, de Zingis, de Timur, se présentoit à eux, ils seroient aussi disposés qu'ils le furent autrefois à élever les horribles trophées qui signaloient leurs conquêtes, les pyramides de têtes pour lesquelles Timur, le plus humain des trois, fit massacrer soixante-dix mille habitans à Ispahan, et quatre-vingt-dix mille à Bagdad. Aujourd'hui comme alors, ils se proposeroient peut-être, dans une province conquise, d'abattre toutes les murailles, tous les édifices, pour qu'aucun obstacle, selon leur expression favorite, ne pût arrêter dans sa course le pied de leurs chevaux.

Aujourd'hui, il est vrai, leur nombre n'est plus le même; les habitans de la Sibérie et de tous les bords de la mer Glaciale, asservis par l'âpreté du climat et par leurs besoins, se sont fixés dans des demeures constantes et soumis au gouvernement russe. Les habitans des vallées du Thibet, enchaînés par une vigoureuse théocratie, ont aussi perdu leur énergie dans les couvens du grand Lama. La Tartarie indépendante, celle des Kalmucs, des Usbecs, des Mongols, s'est fort resserrée; elle n'occupe plus guère que le tiers de l'espace qu'elle occupoit du temps des Romains; son étendue est cependant encore effrayante, et sa population menace peut-être toujours l'Asie de nouvelles révolutions.

Les Tartares sont demeurés libres : il seroit difficile d'établir le despotisme au milieu des déserts, là où il ne peut appeler à son aide ni prisons, ni forteresses, ni troupes de ligne, ni police, ni tribunaux. La souveraineté réside dans le couroultaï, ou assemblée de la nation, où tous les hommes libres se rendent à cheval. Là ils décident de la paix ou de la guerre, ils proclament des lois, et ils rendent la justice. Mais les Tartares ont admis de tout temps l'esclavage domestique dans leurs mœurs; l'absence de toute culture dans le pays est une garantie de l'obéissance de l'esclave : il ne reçoit de nourriture que de la main de son maître; il a besoin, pour vivre, du lait et des chairs de ces troupeaux qu'il soigne par ses ordres; et s'il tentoit de s'enfuir dans ces vastes steppes, où la nature n'offre à l'homme aucun fruit, aucun aliment, il y périroit bientôt de misère. D'ailleurs, quoique le maître tartare ait sur son esclave le droit de vie et de mort, il le traite avec une certaine douceur, et le regarde comme un des membres de la famille; il lui confie même des armes pour la défense de son camp et de ses troupeaux. Quand la civilisation n'a pas raffiné les manières et séparé les rangs par une distance infinie, des occupations semblables, une communauté de besoins et de travaux, engagent l'homme à reconnoître l'homme dans son esclave, et l'étendue sans bornes donnée à la puissance paternelle, en confondant les fils de famille avec les esclaves, augmente ce rapprochement. Le chef ou le khan d'une famille tartare se plaît à voir s'accroître le nombre de ses enfans et de ses serfs, comme celui de ses troupeaux. Sans sortir d'une condition privée, il finit quelquefois par se trouver ainsi à la tête d'une armée. Chaque année il transporte ses tentes des pâturages d'été aux pâturages d'hiver, et il exécute ainsi, pour son économie domestique, de grandes marches militaires. Ces mêmes enfans, ces mêmes esclaves, sont prêts à le seconder dans ses querelles, et à venger son honneur offensé, lorsqu'il se croit attaqué ou insulté par un voisin ou par un supérieur. Ces petites guerres privées ont souvent été la cause première des grandes révolutions de l'Asie; souvent on a vu un chef, encouragé par ses victoires sur quelque ennemi privé, tourner ses armes contre les riches cités de la Sogdiane ou de la Bactriane, piller Bochara ou Samarcande, et marcher enfin à la conquête de la Perse, de l'Inde, de la Chine ou de l'Occident. Souvent aussi l'on a vu un vaincu, même un esclave fugitif, traversant le désert pour se dérober à la vengeance de son ennemi, recueillir en passant d'autres hordes errantes, grossir chaque jour sa troupe, et se présenter enfin en conquérant sur les frontières des États civilisés.

L'habitude constante de braver en plein air les intempéries des saisons, l'habitude des dangers et des combats, ou contre les hommes, ou contre les animaux ennemis des troupeaux; l'art des campemens, celui des marches, qui font partie de la vie journalière; la sobriété, et cependant la facilité à se pourvoir de vivres, car les troupeaux des Tartares suivent leurs armées comme ils ont suivi leurs bergers; tout prépare à la guerre dans la vie pastorale. En effet, tout homme est soldat dans la race scythique;

et, si elle tente une invasion, ce n'est pas contre une armée qu'on doit se défendre, c'est contre une nation. Cette considération doit expliquer le phénomène d'abord contradictoire du désert, qui verse sur les pays peuplés et civilisés des flots d'hommes armés. Cette région septentrionale, qu'on a nommée la *mère des nations*, n'est point animée d'une si grande surabondance de vie : un berger vit avec peine sur le terrain qui nourriroit vingt laboureurs; toutefois une région si fort supérieure à l'Europe en étendue peut bien vomir un million d'habitans; parmi eux se trouvent au moins deux cent mille combattans, et bien souvent c'en est assez pour renverser un empire. Le pays qu'ils abandonnent reste désert, et il n'a point donné la preuve qu'il contînt plus d'habitans qu'il n'en pouvoit nourrir.

Les flots de l'émigration de la grande Tartarie se sont dirigés tour à tour vers le levant, le couchant et le midi. A l'époque où l'empire romain fut renversé, tout l'essor de ces nations sembloit se tourner vers l'occident. Un empire, autrefois puissant, la première monarchie des Huns, avoit été renversé à quinze cents lieues de distance des frontières romaines, et près de celles de la Chine, par les Sienpi, dans le 1er siècle de l'ère chrétienne; et les Huns, chassés de chez eux, s'étoient rejetés sur les nations voisines, et les poussoient devant eux vers l'occident. Cependant leurs guerres et leurs conquêtes se seroient renfermées dans l'enceinte des vastes steppes tartares, si des milliers de captifs romains et des immenses richesses enlevées par les peuples septentrionaux, durant le règne désastreux de Gallien, n'avoient été répandus par le commerce dans tout le nord de l'Asie. L'adresse et l'habileté des esclaves, l'éclat des étoffes précieuses qu'on étaloit en vente dans les marchés de la Tartarie, tentèrent les guerriers d'aller chercher ces mêmes richesses dans le pays où on les achetoit, avec du sang, non avec de l'or; ensuite le souvenir de précédens pillages fut la grande cause de la répétition des mêmes attaques.

La race tartare, aux yeux de toutes les autres, est signalée par sa laideur. Une grosse tête, une couleur jaunâtre, des yeux petits et enfoncés, un nez plat, une barbe rare et foible, de larges épaules, un corps court et carré, sont les caractères communs de toute la nation. Les Tartares semblent sentir eux-mêmes leur difformité; et dans tous leurs traités avec les peuples vaincus, ils les ont toujours contraints à leur fournir un tribut annuel de jeunes filles; aussi le mélange des races a par degrés corrigé les formes hideuses de ceux qui s'établissoient dans de meilleurs climats. Les premiers connus des Romains, au IVe siècle, les Alains, qui dressoient alors leurs tentes entre le Volga et le Tanaïs, à égale distance de la mer Noire et de la mer Caspienne, ne frappèrent point les peuples de l'Europe par leur laideur; mais lorsque les Tayfales, les Huns, les Avares, les Hongrois, les Turcs, arrivèrent successivement sur leurs frontières, les écrivains grecs manifestèrent un sentiment d'horreur pour leur apparence extérieure, que les nègres ou les Abyssins, leurs voisins au midi, n'avoient jamais excité chez eux.

Nous arrivons enfin aux peuples barbares de l'Europe, à ceux avec lesquels nous avons nous-mêmes les rapports les plus immédiats, et qu'il nous importe le plus de connoître. Trois grandes races d'hommes, différentes par leur langage, leurs habitudes, leur religion, paroissent s'être partagé autrefois cette partie occidentale et septentrionale de l'ancien monde : les Celtes, les Slaves et les Germains. Les érudits les ont souvent confondues par un singulier amour de gloire, pour s'attribuer les conquêtes et les ravages de la race voisine, comme s'ils ne trouvoient pas dans la leur propre assez de crimes et de cruautés. Entre ces trois races il y en avoit deux, la celtique et la slave, qui, au IIIe siècle, étoient presque absolument subjuguées; la troisième, au contraire, devoit triompher des Romains.

La race celtique avoit peuplé en partie l'Italie et l'Espagne, où elle étoit mêlée avec la race des Ibères, probablement venue d'Afrique; elle peuploit encore la Gaule et la Grande-Bretagne. Elle étoit sortie de l'état primitif de barbarie : elle avoit bâti des villes; elle avoit exercé les arts et l'agriculture; elle avoit amassé des richesses et établi dans ses cités des gradations de rang qui indiquent une organisation, si ce n'est savante, du moins ancienne. Mais elle s'étoit arrêtée dans tous ses progrès, parce qu'elle s'étoit soumise au joug pesant d'une société de prêtres fortement organisée : c'étoient les druides, qui, jaloux de toute autre autorité que la leur, régnoient par la terreur sur une nation qu'ils rendoient féroce. Leurs divinités exigeoient que du sang humain fût versé sans cesse sur leurs autels; leur culte, pratiqué dans l'épaisseur des bois, dans des cavernes souterraines, étoit accompagné de circonstances effrayantes. Le pays des Carnutes ou de Chartres étoit le centre de leur puissance et de leur religion. Le gui du chêne étoit regardé comme la manifestation de la divinité, et cette plante parasite étoit cueillie par eux en grande cérémonie chaque année. Mais la race celtique avoit presque partout courbé la tête sous le joug des Romains. Auguste avoit interdit aux druides les sacrifices humains; Claude avoit dissous leurs associations, prohibé leurs initiations et détruit leurs bois sacrés. Tous les hommes riches dans la nation, en Gaule, en Espagne, en Bretagne, avoient reçu une éducation romaine; ils avoient renoncé à la langue et à la religion de leurs pères; les agriculteurs, opprimés presque à l'égal des esclaves, ou étoient morts de misère, ou avoient appris le langage de leurs oppresseurs; et la race des Celtes, autrefois répandue sur un tiers de l'Europe, avoit presque disparu. On ne retrouvoit plus leurs mœurs et leur langage que dans une portion de l'Armorique, ou la Petite-Bretagne, dans les parties occidentales de la Grande-Bretagne et de l'Hibernie, où les Romains s'étoient établis plus tard, et en moindre nombre; enfin dans les montagnes de la Calédonie, habitées par les Scots, seuls peuples de la race celtique ou gaëlique qui, des temps les plus reculés jusqu'à nos jours, soient demeurés indépendans.

Le sort de la race slave n'avoit pas été beaucoup plus heureux. Originairement elle avoit occupé toute la presqu'île Illyrique, à la réserve de la Grèce : aussi sa langue est encore aujourd'hui plus communément désignée par le nom d'illyrien. Des bords du Danube et de la mer Noire, elle s'étoit étendue jusqu'à la mer Glaciale. Les Slaves, propriétaires des plus grandes plaines de l'Europe, et de plaines que de grands fleuves avoient fertilisées par leur limon, furent cultivateurs dès les temps les plus reculés. Mais la terre qui les nourrissoit servit à les enchaîner. Ils ne purent défendre les fruits acquis par leurs sueurs, et ils ne voulurent pas les perdre ; ils furent envahis par tous leurs voisins : au midi par les Romains, au levant par les Tartares, au couchant par les Germains; et leur nom même, qui, dans leur langue, signifie *glorieux*, est devenu, dans les langues modernes, le nom de la servitude (esclave, esclavage). Ce nom y reste comme monument de l'oppression d'un grand peuple et de l'abus de la victoire par tous ses voisins.

Tous les peuples slaves, au midi du Danube, avoient été soumis par les Romains; cependant il est possible que, dans les âpres montagnes de la Bosnie, de la Croatie, de la Morlaquie, cette race, qui ne s'est jamais civilisée, ait conservé une sauvage indépendance. On l'y retrouve en effet après la chute de l'empire, et elle a retenu jusqu'à ce jour la langue slave, comme la passion de la guerre et les habitudes du brigandage. Au nord de la mer Noire, les Russes, l'un des plus puissans entre les peuples slaves, n'avoient pu défendre leurs riches plaines contre les invasions des Alains, qui y furent bientôt suivis par les Huns et d'autres peuples tartares ; les Slaves qui occupoient la Prusse et une partie de la Pologne, furent envahis par les peuples divers de la race gothique ou germanique qui étoient sortis de la Scandinavie. Au IVe siècle, les Romains ne connoissoient d'autres peuples slaves indépendans que les Quades, les Sarmates et les Hénèdes, qui conservoient avec peine, dans la Bohême et la Pologne, quelque partie de leur ancien territoire. Le cavalier sarmate passoit alors pour plus redoutable par l'extrême rapidité de ses mouvemens que par sa valeur. Il conduisoit d'ordinaire deux ou trois chevaux en main, pour pouvoir passer de l'un à l'autre quand sa monture étoit fatiguée; dépourvu de fer, il armoit ses flèches d'os acérés et souvent empoisonnés; il se faisoit une cuirasse en couvrant son pourpoint de lames de corne qui se serroient l'une sur l'autre comme les écailles des poissons. Il précédoit les armées plus redoutables; il s'associoit à leurs succès et à leurs pillages, comme fait aujourd'hui le Cosaque; mais il mettoit peu de hardiesse dans l'attaque, peu de constance dans la défense, et il causoit peu de terreur.

Enfin, tout le nord de l'Europe étoit occupé par cette grande race germanique à laquelle les Etats modernes ont dû plus immédiatement leur origine. Les Tartares s'étoient avancés pour détruire; les Germains s'avancèrent pour conquérir et reconstituer. Leurs noms même se lient à notre existence actuelle : les Saxons, les Francs, les Allemands, les Bourguignons, les Lombards, ou occupoient déjà, ou étoient près d'occuper le pays où nous les retrouvons encore ; ils parloient une langue que plusieurs d'entre eux parlent encore ; ils apportoient des opinions, des préjugés, des usages, dont nous retrouvons chaque jour la trace parmi nous.

Dans la vaste étendue de la Germanie, dans laquelle il faut comprendre la Scandinavie, le sentiment de la fierté et de l'indépendance de l'homme avoit prédominé sur tous les autres, et il avoit déterminé les mœurs et la constitution nationales. Les Germains étoient barbares, mais c'étoit en quelque sorte parce qu'ils vouloient l'être : ils avoient fait vers la civilisation ces premiers pas qui sont en général les plus difficiles, puis ils s'étoient arrêtés pour ne pas compromettre leur liberté. L'exemple des Romains, qu'ils avoient appris à connoître par des combats continuels, leur avoit persuadé qu'ils ne pouvoient unir l'élégance et les douceurs de la vie avec leur fière indépendance. Ainsi les Germains connoissoient les arts utiles, ils savoient travailler les métaux, et ils se montroient experts et ingénieux dans la fabrication de leurs armes ; mais toute occupation sédentaire leur inspiroit du mépris. Ils ne vouloient point s'enfermer dans des villes qui leur paroissoient les prisons du despotisme ; et parce que les Bourguignons, alors établis sur les bords de la Baltique, s'étoient déterminés à habiter des bourgs (leur nom est même venu de cette circonstance) et à y exercer les professions mécaniques, ils étoient peu estimés de leurs compatriotes. Les Germains pratiquoient l'agriculture; mais, de peur que le laboureur ne s'affectionnât trop à la terre, de peur qu'on ne pût enchaîner l'homme en saisissant sa propriété, de peur que la richesse ne devînt l'objet de l'ambition des guerriers plutôt que la gloire militaire, non seulement ils voulurent que la terre fût distribuée entre tous les citoyens par portions égales; ils voulurent encore qu'on tirât au sort chaque année celle que chacun devroit cultiver, de manière à rendre impossible toute affection locale, mais aussi tout perfectionnement durable. Les Germains paroissent avoir eu un genre d'écriture, les caractères runiques; mais il semble qu'ils la réservoient pour des inscriptions sur le bois ou la pierre, et la lenteur d'un pareil travail empêchoit que l'usage en fût fort répandu. L'objet inanimé qui, à l'aide de ces inscriptions, sembloit parler un langage entendu seulement du sage, parut au reste du peuple doué d'un pouvoir surnaturel, et les caractères runiques furent regardés comme appartenant à la magie.

Le gouvernement des Germains, tant qu'ils habitèrent leur propre pays, étoit le plus libre possible. Ils avoient des rois, c'est du moins le nom que les Romains donnèrent à leurs chefs, en traduisant le nom teutonique *koenig* ; ces rois même étoient assez communément héréditaires, ou toujours pris dans une même famille, la seule qui eût un nom commun. Les rois, distingués en général entre leurs sujets par de longs cheveux flottans, n'étoient cependant que les présidens des conseils de guerre ou de justice, dans lesquels tous les citoyens étoient admis. Ils commandoient les expéditions ; ils faisoient faire sous leurs yeux le partage du butin ; ils proposoient au peuple les mesures qu'ils jugeoient convenables ; ils entretenoient des relations avec les États voisins. Mais si, par quelque foiblesse ou quelque vice, ils se montroient indignes, dans l'exercice du pouvoir, de conduire des hommes libres, alors la hache militaire en faisoit bientôt justice ; car l'on sembloit croire que plus d'honneur devoit être racheté par plus de danger, et que la vie du roi ne devoit point être entourée d'autant de garanties que celle du sujet. En effet, presque chaque page de l'histoire germanique est ensanglantée par le meurtre de quelque roi. Les simples citoyens n'étoient pas exposés aux mêmes chances ; non seulement les rois n'avoient point le droit de leur ôter la vie ; la puissance souveraine du *mallum* ou de l'assemblée du peuple ne s'étendoit pas jusque là. L'homme à qui la société retiroit sa protection étoit encore maître de s'éloigner : l'exil remplaçoit la peine capitale, et il étoit considéré comme le dernier supplice que pût infliger le pouvoir souverain.

Les Germains obéissoient seulement à la voix de leurs femmes et à celle de leurs prêtres. Dans les premières, ils reconnoissoient quelque chose de divin; ils croyoient que la beauté devoit être inspirée, et ils prenoient pour la voix du ciel celle de leurs prophétesses. Ces prêtres devoient leur crédit sur les Germains bien autant à la politique qu'aux dispositions superstitieuses du peuple. Les divinités étoient guerrières, et par leur exemple et leur culte, elles formoient les âmes bien plus à l'indépendance qu'à la crainte. Le monde inconnu des esprits qui se relevoient du tombeau, qui siégeoient sur les nuages, dont la voix lugubre se faisoit entendre la nuit au milieu des vents et des tempêtes, avoit été créé ou revêtu de toutes ses terreurs par l'imagination teutonique; cependant il étoit en quelque sorte placé en dehors de la religion. Ces pouvoirs surhumains n'étoient point ceux de la divinité; ils étoient malfaisans; on devoit se défier autant de leur perfidie que de leur force; on devoit les combattre; bien plus, les prêtres d'Hermansul ou d'Odin sembloient à peine offrir quelque secours contre l'ombre pâle des morts, le roi des esprits de la forêt, ou les terribles waldkires, qui filoient les destinées humaines. Les prêtres germains n'étoient point réunis en corps; ils n'avoient point cette organisation vigoureuse qui avoit rendu les druides si terribles, et qui maintint leur pouvoir. Les Germains ne sembloient pas non plus tenir à leur religion avec un zèle bien ardent : aussi furent-ils aisément convertis au christianisme toutes les fois que leurs rois leur en donnèrent l'exemple; et il est remarquable que, dans l'histoire d'aucune de ces conversions, il n'est question de l'opposition que durent y apporter leurs prêtres. Mais les chefs eux-mêmes de la nation paroissent avoir fait un usage politique du pouvoir sacerdotal; ils avoient mis sous la protection des dieux la police des assemblées, et c'étoit le prêtre seul qui, sous la garantie du roi, osoit punir de mort, comme sacrilége, celui qui troubloit les délibérations des plaids publics ou du *mallum;* car le coupable, malgré cette insulte faite à la souveraineté, n'auroit point été atteint par le glaive de la loi.

Les Germains qui attaquèrent l'empire se présentèrent sous des noms divers, et ces noms, abandonnés et quelquefois repris après un long temps, jettent une assez grande confusion sur la géographie de l'ancienne Germanie, d'autant plus que les peuples qu'ils désignoient changeoient fréquemment de demeure. Nous nous contenterons d'en rappeler un petit nombre. Sur le Bas-Rhin se trouvoient les Francs ; sur le Haut-Rhin, les Allemands, et vers les bouches de l'Elbe, les Saxons; ces trois nations, qui occupoient toujours la terre où avoient vécu leurs ancêtres, étoient toutes trois formées d'une confédération de petits peuples plus anciens qui s'étoient unis pour leur défense ; elles avoient abandonné, vers le milieu du IIIe siècle, leur ancien nom pour prendre le nom générique, les Francs, d'*hommes libres;* les Allemands, de *tous hommes;* les Saxons, de *cultivateurs* ou d'*hommes établis;* parmi eux on voyoit encore les Suabes, ou *hommes errans.* Dans chacune de ces confédérations, on comptoit autant de rois que de petits peuples, et presque de villages; mais, pour leurs plus grandes expéditions ou leurs guerres les plus dangereuses, ils se réunissoient sous un chef commun.

Sur les bords de la Baltique, dans la Prusse et le centre de la Germanie, on trouvoit les Vandales, les Hérules, les Lombards et les Bourguignons, qu'on regardoit comme appartenant originairement à une même race, et qui différoient des Germains plus occidentaux, et par leur dialecte, et par un gouvernement plus complétement militaire, qui sembloit s'être consolidé durant des migrations dont on ne conservoit qu'une mémoire incertaine.

Enfin, dans la Pologne et plus tard dans la Transylvanie, on trouvoit la grande race des

Goths, qui, sortie en trois divisions de la Scandinavie, avoit d'abord habité près des bouches de la Vistule, et s'étoit ensuite avancée, toujours plus au midi, jusqu'aux rives du Danube. Les Visigoths (Goths occidentaux), les Ostrogoths (Goths orientaux) et les Gépides (traîneurs) formoient ces trois divisions; entre les peuples germaniques, elles se distinguèrent par une culture supérieure de l'esprit, des mœurs plus douces, et une plus grande disposition à s'avancer dans la carrière de la civilisation. Nous verrons bientôt cependant ce que c'étoit qu'une telle douceur de mœurs, et quel devoit être le sort des peuples civilisés, quand ils en étoient réduits à mettre dans les Visigoths ou les Ostrogoths leur dernière espérance.

CHAPITRE IV.

Constantin, ses fils et son neveu.

Nous nous sommes proposé d'établir, dans les trois chapitres qui précèdent, quelques notions générales sur l'état interne de l'empire romain dans sa décadence, sur les révolutions qu'il avoit éprouvées, et sur les barbares qui l'entouroient et le menaçoient. Nous avons aussi signalé l'invasion générale de ces barbares, sous le règne de Gallien, en 253, comme le commencement de la grande lutte qui devoit amener la ruine de l'empire et le déclin de la civilisation universelle. Nous nous proposons, dans le reste de cet ouvrage, de suivre de siècle en siècle les événemens qui hâtèrent la même crise, et qui la terminèrent. Nous ne pouvons prétendre à donner, dans deux petits volumes, un récit complet et détaillé de la chute de l'empire romain, ou de l'établissement des monarchies barbares au milieu de ses ruines; tout ce que nous pouvons tenter ici, c'est de rapprocher les tableaux de ces grands événemens, de les classer avec plus de clarté dans l'esprit, et de montrer leur influence sur le genre humain. Peut-être, pour ceux même qui ont fait de cette histoire une étude plus approfondie, un bref résumé de ses résultats généraux sera-t-il utile. L'immensité même de la catastrophe a empêché sans doute bien des lecteurs d'ouvrages plus longs et plus complets d'en concevoir l'ensemble.

Le IVe siècle se divise assez naturellement en trois périodes presque égales : le règne de Constantin, de 306 à 337; celui de ses fils et de son neveu, de 337 à 363, et les règnes de Valentinien, de ses fils et de Théodose, de 364 à 395. Durant la première, l'antique empire d'Auguste et de Rome fit place à une monarchie nouvelle, sur les confins de l'Europe et de l'Asie, avec d'autres mœurs, un autre caractère et une autre religion. Durant la seconde, cette religion, passant d'un état de persécution à la souveraineté, éprouva les effets funestes qui, presque toujours, sont attachés à une prospérité trop rapide, à un pouvoir trop nouveau. La violence des querelles religieuses, durant cette période, imposa silence à tous les sentimens, à toutes les passions civiles. Pendant la troisième période, l'empire, de nouveau ébranlé par l'attaque générale des barbares, n'échappa qu'avec peine à sa complète subversion. Ce chapitre est destiné à présenter le tableau des deux premières seulement de ces périodes.

Nous avons vu que Dioclétien, après avoir donné quatre chefs au despotisme militaire qui gouvernoit l'empire, détermina son collègue Maximien à abdiquer avec lui le pouvoir, le 1er mai 305; les deux césars Constance Chlore dans la Gaule, et Galérius dans l'Illyrie, furent alors élevés au rang d'augustes, tandis que deux nouveaux césars, Séverus et Maximinus, furent chargés de les seconder. Mais, du moment que Dioclétien ne modéra plus la haine ou la jalousie des subalternes qu'il honoroit du nom de ses collègues, le gouvernement qu'il avoit donné à l'empire ne fut plus qu'une scène de confusion et de guerre civile, jusqu'à l'époque où tous les collègues succombèrent l'un après l'autre, et firent place, en 323, au seul Constantin.

Celui-ci n'avoit point été appelé à la succession; Dioclétien, partial pour Galérius, son gendre, lui avoit abandonné la nomination des deux nouveaux césars. Constance Chlore, qui avoit conduit une partie des légions de la Gaule en Bretagne, pour tenir tête aux Calédoniens, étoit alors malade, et Galérius, sûr de l'appui de ses deux créatures, attendoit impatiemment la mort de son rival, pour réunir sous ses lois tout l'empire romain. Mais la modération et la justice de Constance l'avoient rendu d'autant plus cher aux soldats et aux provinciaux qui lui étoient soumis, qu'elles faisoient un plus grand contraste avec la férocité de ses collègues. Au moment de sa mort, les légions reconnoissantes et attachées à sa mémoire saluèrent du nom de césar, à York, et décorèrent de la pourpre, le 25 juillet 306, son fils Constantin. Quelque ressentiment qu'en témoignât d'abord Galérius, il sentit bientôt le danger de s'engager dans une guerre civile. Comme aîné des empereurs et comme représentant Dioclétien, il reconnut le collègue que les légions lui avoient donné; il lui laissa l'administration des Gaules, de la Bretagne et de l'Espagne, mais il ne lui assigna que le quatrième rang entre les chefs de l'empire, et le titre seul de césar. Constantin, avec ce titre, administra six ans (306-312) la préfecture des Gaules, et ce fut peut-être la période la plus glorieuse et la plus vertueuse de sa vie.

La nature avoit doué Constantin, alors âgé de trente-deux ans, des qualités qui commandent le respect; sa taille était imposante, sa figure noble et gracieuse, sa force de corps remarquable, même parmi les légionnaires, et son courage brillant au jugement des plus braves. Quoique son esprit n'eût point été orné par une éducation libérale, il étoit cependant facile, et sa conversation animée : seulement il étoit trop enclin à la raillerie pour un homme qu'on ne pouvoit point railler à son tour. La hauteur de ses conceptions, la constance de son caractère, et ses talens consommés pour l'art de la guerre lui assignèrent un rang éminent parmi les généraux et les hommes d'État ; heureux si la fortune, qui avec une rare constance seconda tous ses projets, n'avoit pas en même temps développé ses vices, si la hauteur à laquelle il parvint ne l'avoit pas ébloui, si l'enivrement du pouvoir absolu n'avoit pas altéré son caractère, et si chaque pas qu'il fit vers une nouvelle puissance n'avoit pas été compensé par la perte d'une ancienne qualité ou d'une ancienne vertu.

Lors de son élévation au trône, Constantin balançoit entre le paganisme et le christianisme : aussi il accorda dans la préfecture des Gaules une tolérance universelle à toutes les opinions religieuses. Déjà son père avoit empêché que les persécutions de Dioclétien ne s'étendissent sur les provinces qu'il gouvernoit, et la Gaule étoit la partie de l'empire qui avoit pu compter le moins de martyrs. La religion chrétienne y étoit au reste fort peu répandue encore. Mais la tolérance de Constantin, opposée à la férocité des persécutions de Galérius et des deux césars, attira sous sa domination un très grand nombre de réfugiés, et fit faire dans l'Occident de rapides progrès à la religion nouvelle.

Constantin avait ramené son armée dans les Gaules, après avoir pacifié la Bretagne; il avoit diminué la pesanteur des impôts, et nous apprenons que la ville d'Autun lui témoigna sa reconnoissance pour avoir allégé le poids de la capitation. Au moment où les Francs, cantonnés sur le bord du Rhin, apprirent la mort de son père, ils passèrent ce fleuve, et ravagèrent une partie des Gaules : Constantin conduisit contre eux les légions de Bretagne, les vainquit, et leur fit un grand nombre de captifs. Il célébra ensuite des jeux dans Trèves sa capitale, en commémoration de sa victoire, et il livra ces captifs aux bêtes féroces, pour être dévorés sous les yeux d'un peuple qui applaudissoit avec transport. Parmi ces victimes on distinguoit deux rois des Francs, Ascaric et Ragaise. C'est le plus ancien souvenir qui nous ait été conservé de la première dynastie.

Ni Constantin ni personne à sa cour ne songeoit que quelque humanité pût être due aux vaincus, quelque compassion à des rois barbares; c'est dans un panégyrique qui lui étoit adressé, et qui fut récité devant lui, que cette action est racontée; le supplice des deux rois francs y est mis au-dessus des plus nobles victoires. Mais Constantin devoit verser encore, et à plus d'une reprise, un sang bien plus sacré pour lui. Son ambition ne fut jamais tempérée par aucune pitié, et sa jalousie du pouvoir étouffa en lui les premiers sentimens de la nature.

Pendant ce temps le sénat et le peuple de Rome, abandonnés par tous les empereurs qui avoient fixé hors d'Italie leur résidence, irrités par l'annonce des contributions nouvelles qu'ils demandoient, proclamèrent auguste, en 306, Maxentius, fils de Maximien, qui de même que Constantin n'avoit point été élevé par Galérius au rang de césar, auquel il sembloit avoir des droits. A cette nouvelle, le vieux Maximien, qui avoit été entraîné contre son gré à une abdication que désavouoit sa constante inquiétude, se hâta de reprendre la pourpre, pour protéger son fils et l'éclairer de ses conseils. Il accorda sa fille Fausta en mariage à Constantin, avec le titre d'auguste; et il réclama de tout l'Occident, gouverné par son fils et son gendre, cette déférence que les deux princes devoient au plus ancien chef de l'empire et à l'auteur de leur grandeur. Mais la jalousie du pouvoir s'accorde mal, dans les âmes royales, avec les vertus plébéiennes de l'affection filiale et de la reconnoissance. Le vieillard illustré par tant de victoires fut chassé de l'Italie par son fils Maxentius, repoussé de l'Illyrie par son ancien collègue Galérius, et admis dans les Gaules par Constantin, seulement sous condition qu'il renonceroit, pour la seconde fois, au pouvoir suprême : il y vécut quelque temps dans la province narbonnaise ; mais ayant pris une troisième fois la pourpre, sur la nouvelle de la mort de Constantin, qu'il avoit peut-être répandue lui-même, son gendre accourut à la tête de ses légions, l'assiégea dans Marseille, se le fit livrer par les soldats, et le fit étrangler, au mois de février 310.

L'empire avoit vu pendant deux ans six empereurs à la fois, tous également reconnus comme légitimes ; mais la mort de Maximien fut suivie de près par celle de Galérius, en mai 311, après une cruelle maladie; alors quatre augustes égaux en rang se partagèrent de nouveau les quatre préfectures. A peine cependant avoient-ils annoncé à l'empire leur union qu'ils songèrent à se détrôner. Maxentius avoit exercé sur l'Italie et l'Afrique une odieuse tyrannie ; il avoit dépouillé, persécuté, déshonoré le sénat qui l'avoit élevé sur le trône ; et tandis qu'il se livroit sans retenue à de honteux plaisirs, il prodiguoit aux soldats dont il vouloit faire son seul appui l'argent qu'il enlevoit aux citoyens par d'injustes confiscations. Maximinus, qui régnoit sur l'Orient, n'étoit ni moins cruel, ni moins avide, ni moins odieux au peuple. Constantin offrit son alliance et sa sœur en mariage au troisième des augustes, Licinius, qui gouvernoit l'Illyrie ; il lui abandonna l'Orient à conquérir, en prenant pour sa part l'Italie et l'Afrique. Il passa les Alpes à la tête des légions des Gaules ; il remporta sur celles de Maxentius, que ce lâche empereur n'avoit point conduites lui-même, trois grandes victoires, à Turin, à Vérone et devant les murs de Rome. Après la troisième, le 28 octobre 312, la tête de Maxentius, en qui Constantin avoit peu de motifs de ménager un beau-frère, fut montrée au peuple séparée de son corps. Constantin fut reçu dans Rome avec acclamation ; l'Afrique le reconnut aussi bien que l'Italie, et un édit de tolérance religieuse, donné à Milan, étendit sur cette nouvelle préfecture les avantages dont jouissoit déjà celle des Gaules.

Licinius n'avoit pas eu moins de succès contre Maximinus, et l'usage féroce qu'il fit de sa victoire épargna peut-être des crimes à Constantin. Licinius fit égorger tous les fils de Maximinus, les fils de Galérius et de Séverus, qui, quoique dans une condition privée, pouvoient se souvenir un jour que leur père avoit porté la pourpre, et jusqu'à la femme et à la fille de Dioclétien, qui ne lui étoient signalées que par les bienfaits qu'il avoit reçus d'elles et le respect du peuple. Il vouloit n'avoir point de rivaux au trône, et par ces crimes il n'en laissa point à Constantin. Ces deux alliés, ces deux beaux-frères, demeurés maîtres du champ de bataille, se préparèrent immédiatement au combat. Dans une première guerre civile, en 315, Constantin conquit sur Licinius l'Illyrie. Après huit ans, la guerre se renouvela, Licinius fut vaincu devant Adrianople le 3 juillet 323, et l'empire entier reconnut pour monarque le grand Constantin.

Constantin étoit né dans les provinces d'Occident; leur langue étoit la sienne; c'étoit là qu'il s'étoit distingué par ses victoires, par une administration bienfaisante, et que son souvenir et celui de son père étoient chers aux peuples et aux soldats. Cependant un des premiers usages qu'il fit de sa victoire fut d'abandonner ces provinces, pour aller au milieu des Grecs bâtir une nouvelle Rome, à laquelle il s'efforça de transmettre tout le luxe et les droits de l'ancienne. Depuis long-temps celle-ci étoit pour les empereurs un objet de jalousie. Ils évitoient le séjour d'une ville où le peuple se souvenoit encore qu'il avoit été souverain, où chaque sénateur se sentoit plus noble que le monarque, plus accoutumé à ces manières élégantes, qui marquent les rangs et les distances aristocratiques, et qui humilient ceux qui ne peuvent les atteindre. Constantin vouloit avoir une capitale plus moderne que le pouvoir royal, un sénat plus jeune que le despotisme. Il vouloit la pompe de Rome sans ses moyens de résistance. Il fit choix de Byzance sur le Bosphore de Thrace, et la nouvelle capitale qui prit son nom, aux confins de l'Europe et de l'Asie, avec un port superbe, ouvert au commerce de la mer Noire et de la Méditerranée, a montré par sa longue prospérité, par la résistance invincible qu'elle opposa mille ans aux barbares, combien le choix du fondateur avoit été bien entendu.

Mais ce fut pendant qu'il s'occupoit de la fondation de Constantinople (329), pendant les quatorze années de paix par lesquelles se termina son règne (323-337), que le héros descendit au niveau du commun des rois. En se rapprochant de l'Orient, il adopta les mœurs orientales, il affecta la pompe des anciens monarques persans, il décora sa tête de faux cheveux de diverses couleurs, et d'un diadême couvert avec profusion de perles et de pierres précieuses. Il remplaça l'habillement austère des Romains, ou la pompe militaire des anciens empereurs, par des robes flottantes de soie, brodées de fleurs. Il remplit son palais d'eunuques, et il prêta l'oreille à leurs insinuations perfides ; il se laissa guider par leurs basses intrigues, leur cupidité et leur jalousie ; il multiplia les espions, et il soumit le palais comme l'empire à une police soupçonneuse. Il prodigua les trésors de Rome pour la pompe stérile de ses bâtimens ; il affoiblit les légions, qu'il réduisit de six mille guerriers à mille ou quinze cents hommes, par jalousie contre ceux à qui il auroit dû donner le commandement de ces corps redoutés. Enfin il répandit à flots le sang de tout ce qui étoit distingué dans l'empire, et surtout celui de ses proches.

La plus illustre des victimes de sa tyrannie fut Crispus, le fils qu'il avoit eu de sa première femme, et qu'il avoit d'abord associé à l'empire, comme au commandement des armées. Crispus, chargé de l'administration des Gaules, y avoit gagné les cœurs des peuples par ses vertus. Dans la guerre contre Licinius, il avoit manifesté des talens distingués, et Constantin lui avoit dû sa victoire. Une jalousie honteuse étouffa, dès lors, dans le monarque tous les sentimens paternels ; les acclamations du peuple lui paroissoient saluer son rival et non pas son fils. Il fit retenir Crispus dans le palais, il l'entoura d'espions et de délateurs ; enfin il le fit arrêter au mois de juillet 326, au milieu des fêtes de la cour, il le fit traîner à Pola en Istrie, et il l'y fit mettre à mort. Un cousin de Crispus, fils de Licinius et de la sœur chérie de Constantin, fut en même temps envoyé sans jugement, sans accusation au supplice : sa mère, qui demandoit en vain pour lui la vie, en mourut de douleur ; Fausta, fille de Maximien, femme de Constantin et mère des trois princes qui lui succédèrent, fut peu après étouffée dans le bain, par l'ordre de son mari.

Dans le palais qu'il avoit rendu désert, après avoir fait périr son beau-père, ses beaux-frères, sa sœur, sa femme, son fils, son neveu, Constantin auroit senti le remords, si de faux prêtres, des évêques courtisans, n'avoient endormi sa conscience. Nous avons encore les panégyriques dans lesquels ils le représentent comme un favori du ciel, comme un saint digne de toute notre vénération. Nous avons aussi plusieurs des lois par la publication desquelles Constantin rachetoit ses crimes aux yeux des prêtres, en comblant l'église de faveurs inouïes. Les dons qu'il lui accordoit, les immunités qu'il étendoit sur les personnes et sur les biens, tournèrent bientôt toutes les ambitions vers les dignités ecclésiastiques ; ceux qui, si récemment encore, étoient des candidats pour le martyre, se trouvèrent dépositaires des plus grandes richesses et du plus grand pouvoir. Comment leur caractère n'en auroit-il pas été changé ? Cependant Constantin lui-même étoit à peine chrétien ; jusqu'à l'âge de quarante ans (314) il avoit continué à faire une profession publique du paganisme, quoique depuis long-temps il accordât sa faveur aux chrétiens; sa dévotion se partageoit entre Apollon et Jésus-Christ, et il ornoit également de ses offrandes les temples des anciennes divinités et les nouvelles églises. Le cardinal Baronius censure sévèrement l'édit par lequel, en 321, il ordonnoit de consulter les aruspices. Mais en avançant en âge, Constantin accorda toujours plus sa confiance aux chrétiens; il leur livra sans partage la direction de sa conscience et l'éducation de ses enfans. Lorsqu'il se sentit atteint de sa dernière maladie, à l'âge de soixante-trois ans, il fut reçu formellement dans l'Église comme catéchumène, et peu de jours avant de mourir il fut baptisé. Il expira à Nicomédie, le 22 mai 337, après un règne de trente-un ans depuis la mort de son père, de quatorze ans depuis la conquête de l'Orient.

Durant tout son règne, Constantin avoit combattu pour réunir de nouveau l'empire divisé. Il avoit éprouvé lui-même quelle jalousie le pouvoir absolu excitoit entre des collègues, quelle foible garantie les liens du sang donnoient aux traités entre des princes; toutefois, à sa mort, il divisa de nouveau l'empire; et déjà depuis plusieurs années il avoit fait faire à ses trois fils et à deux de ses neveux l'apprentissage du gouvernement aux dépens des peuples, dans les provinces qu'il leur destinoit en héritage. Constantin, l'aîné des jeunes princes, âgé de vingt-un ans, régnoit dans la préfecture des Gaules; Constance, âgé de vingt ans, étoit auprès de son père, et l'Orient lui étoit destiné; Constant, âgé de dix-sept ans, étoit envoyé en Italie, et il devoit la gouverner avec l'Afrique; à ses deux neveux, Dalmatius et Hannibalianus, il avoit assigné en partage la Thrace et le Pont. A peine étoit-il expiré que ses fils songèrent à détruire son ouvrage. Constance, trompant ses deux cousins par de faux sermens, les attira auprès de lui, et excita contre eux la jalousie de l'armée. L'évêque de Nicomédie produisit un prétendu testament de l'empereur, dans lequel il exprimoit le soupçon qu'il avoit été empoisonné par ses frères, et recommandoit à ses fils de le venger. En effet, Constance fit massacrer, moins de quatre mois après la mort de son père, deux de ses oncles, sept de ses cousins, parmi lesquels étoient ses deux collègues, et un très grand nombre d'autres personnages distingués, alliés de quelque manière à la famille impériale. Deux enfans, Gallus et Julien, neveux du grand Constantin, furent seuls dérobés par une main pieuse à cette boucherie.

Constance avoit usurpé l'héritage de ses deux cousins; Constantin II prétendit à celui de son plus jeune frère. La troisième année de son règne, il descendit des Gaules en Italie, pour dépouiller Constant; mais entraîné dans une embuscade, il y fut tué par ordre de son frère, le 9 avril 340. Constant, reconnu dès lors également dans la Gaule et l'Italie, fut, au bout de dix ans, assassiné dans les Pyrénées, le 27 février 350, par Magnence, son capitaine des gardes, qui lui succéda. Ce ne fut qu'en 353 que Constance réussit à recouvrer sur Magnence l'Occident, où avoient régné ses deux frères.

Cette chronologie de meurtres est presque tout ce qui reste de l'histoire civile de ces trois princes. Ni les patriotes ni les hommes ambitieux ne pouvoient trouver alors de satisfaction à s'occuper des affaires publiques. Pendant toute cette période elles furent mises en oubli, et les esprits se fixèrent sans partage sur les querelles religieuses qui présentoient à toutes les passions un aliment nouveau. C'étoit par l'esprit de secte qu'on pouvoit se rendre cher au peuple ou puissant à la cour; c'étoit par des subtilités théologiques seulement qu'on réussissoit à émouvoir les passions populaires. Ceux à qui l'on ne pouvoit mettre les armes à la main pour défendre, contre les barbares, leurs biens, leur vie, leur honneur, les saisirent avec emportement, pour forcer leurs concitoyens à penser comme eux. Tous les temples du paganisme étoient encore debout, plus de la moitié des sujets de l'empire professoient encore la religion ancienne, et déjà l'histoire des fils de Constantin ne se compose plus que de débats entre les sectes chrétiennes.

Deux grandes querelles théologiques avoient éclaté au moment même où Constantin arrêta les persécutions, et tandis que Licinius opprimoit encore l'Eglise d'Orient; l'une et l'autre eurent sur le sort de tout l'empire une influence longue et fatale. La première cependant, celle des donatistes d'Afrique, semble si futile qu'on ne peut expliquer l'importance qu'on y attacha que par la nouveauté des passions religieuses et par la disposition universelle des esprits au fanatisme, disposition que des prédications passionnées nourrissoient toujours plus parmi le peuple. Pour les donatistes il ne s'agissoit point de dogme, mais d'une pure question de discipline ecclésiastique, savoir, de la légitimité de l'élection d'un archevêque de Carthage. Deux compétiteurs, Cécilius et Donat, avoient été élus concurremment, pendant que l'Eglise étoit encore opprimée et que l'Afrique obéissoit au tyran Maxence. A peine Constantin avoit-il soumis cette province que les deux rivaux firent valoir leurs titres auprès de lui. Constantin, qui faisoit encore profession publique du paganisme, mais qui avoit manifesté combien il étoit favorable aux chrétiens, fit examiner attentivement les droits réciproques, de 312 à 315, puis il se décida en faveur de Cécilius. Quatre cents évêques d'Afrique protestèrent contre cette décision, et furent dès lors désignés par le nom de donatistes. Leur nombre indique quels progrès avoit déjà faits l'Eglise dans la Mauritanie et la Numidie. Il faut cependant observer que, selon toute apparence, en Afrique, chaque paroisse étoit gouvernée, non par un curé, mais par un évêque.

Par un ordre de l'empereur, sollicité par Cécilius, les biens des donatistes furent saisis et transmis à l'autre moitié du clergé. Les schismatiques s'en vengèrent en excommuniant tout le reste du monde chrétien, et en déclarant que quiconque ne croyoit pas l'élection de Donat canonique seroit damné éternellement; ils forcèrent même tous ceux de la secte opposée qu'ils convertissoient à recevoir un nouveau baptême, comme s'ils n'étoient pas chrétiens. La persécution d'une part, le fanatisme de l'autre, se perpétuèrent pendant trois siècles, et jusqu'à l'extinction du christianisme en Afrique. Les prédicateurs ambulans des donatistes vivoient des aumônes de leurs troupeaux; ils ne pouvoient acquérir du crédit ou de la gloire qu'en échauffant toujours plus les imaginations, en ébranlant les esprits les plus foibles, et en répandant ensuite sur le reste de l'assemblée cette contagion morale qu'ils avoient excitée chez les femmes et les adolescens : aussi ils renchérirent les uns sur les autres, et arrivèrent bientôt aux plus étranges fureurs. Des milliers de paysans, enivrés par ces prédications, abandonnèrent leur charrue pour s'enfuir dans les déserts de la Gétulie; leurs évêques se mirent à leur tête, et se firent appeler les capitaines des saints; puis ils portèrent la désolation et la mort dans toutes les provinces voisines. On les distingua par le nom de circoncellions : l'Afrique fut désolée par leurs ravages. A leur tour, quand ils tomboient entre les mains des officiers impériaux ou des orthodoxes, ils étoient abandonnés aux plus horribles supplices. On vouloit effrayer ainsi leur parti : vaine tentative! car ce qu'ils ambitionnoient par-dessus tout, c'étoit la palme du martyre. Persuadés que l'offrande la plus agréable qu'ils pussent faire à la Divinité étoit celle de leur propre vie, souvent ils arrêtoient le voyageur effrayé, et, le poignard sur la gorge, ils lui demandoient de leur donner la mort. Souvent, les armes à la main, ils pénétroient dans les salles des tribunaux, et ils forçoient les juges à les envoyer au supplice; souvent, enfin, ils mettoient eux-mêmes un terme à leur existence. Ceux qui se croyoient suffisamment préparés pour le martyre assembloient au pied de quelque rocher, de quelque tour élevée, leurs nombreuses congrégations, et, au milieu des prières et du chant des litanies, ils se précipitoient les uns après les autres de cette éminence, et ils expiroient sur le pavé.

L'autre querelle religieuse tenoit à des causes plus relevées, plus importantes, mais en même temps plus imperscrutables; elle a divisé l'Eglise dès le second siècle, elle la divisera peut-être jusqu'à la fin : c'étoit la controverse sur l'explication du mystère de la Trinité. Le mot lui-même de Trinité ne se trouve ni dans l'Évangile ni dans les écrits des premiers chrétiens; mais il avoit été employé dès le commencement du IIe siècle, lorsqu'une direction plus métaphysique ayant été donnée aux esprits, les théologiens cherchèrent à expliquer l'essence divine. Alexandrie étoit une des premières villes où la religion chrétienne avoit fait des prosélytes parmi les classes relevées de la société. Ceux qui avoient reçu leur éducation dans les écoles des platoniciens, florissantes dans cette grande cité, cherchèrent dans l'Évangile une lumière nouvelle sur les questions qu'ils avoient tout récemment le plus débattues. Le dogme d'une mystérieuse trinité, qui constituoit l'essence divine, avoit été enseigné par les platoniciens païens d'Alexandrie. Il sembloit s'être lié pour eux à l'étonnement que leur avoit causé, dans l'étude des sciences abstraites, les propriétés mathématiques des nombres; ils avoient cru voir en eux quelque chose de divin, et la puissance que ces nombres exerçoient sur les calculs leur parut devoir s'étendre sur ce qui leur étoit le plus étranger; illusion qu'on a vue se renouveler dans tous les siècles de demi-science. Les nouveaux convertis platoniciens employèrent le langage de leur philosophie à l'exposition des dogmes de la foi chrétienne.

Quelle que fût cependant l'origine de ces spéculations, la question ne fut pas plus tôt descendue des hauteurs de la métaphysique, pour s'appliquer à l'exposition de la nature de Jésus-Christ, qu'elle acquit une importance qu'aucun chrétien ne sauroit nier. Le fondateur de la religion, l'être qui avoit apporté sur la terre une lumière divine, étoit-il dieu, étoit-il homme, étoit-il d'une nature intermédiaire, et quoique supérieur à tout ce qui avoit été créé, avoit-il été créé lui-même? Cette dernière opinion étoit celle d'Arius, prêtre d'Alexandrie, qui la développa dans de savantes controverses, entre les années 318 et 325. Des accusations réciproques, de la nature la plus grave, remplacèrent les subtilités métaphysiques, dès que cette discussion fut sortie des écoles pour se répandre dans le peuple. Les orthodoxes reprochèrent aux Ariens de blasphémer la Divinité elle-même en refusant de la reconnoître dans le Christ. Les Ariens accusèrent les orthodoxes de violer la loi fondamentale de la religion, en rendant à la créature le culte qui n'est dû qu'au Créateur. Tous deux purent soutenir avec une apparence de raison que leurs adversaires bouleversoient les bases mêmes du christianisme, les uns en méconnoissant la divinité du Rédempteur, les autres en niant l'unité du Tout-Puissant. Les deux opinions paroissent s'être tellement balancées qu'on les vit triompher tour à tour, et qu'il seroit difficile de dire laquelle compta le plus de sectateurs ; mais les têtes les plus ardentes et les plus enthousiastes, la populace dans toutes les grandes villes, et surtout à Alexandrie, les femmes et l'ordre nouveau des moines du désert, qui, dans une contemplation continuelle, avoient subjugué leur raison, se déclarèrent presque universellement pour la croyance qui a été déclarée orthodoxe. L'opinion contraire leur paroissoit une insulte à l'objet de leur amour. Cette opinion contraire, celle des Ariens, fut embrassée par tous les nouveaux chrétiens de la race germanique, par le peuple de Constantinople et d'une grande partie de l'Asie, par la grande majorité des dignitaires de l'Eglise et par les dépositaires de l'autorité civile.

Constantin avoit cru pouvoir faire décider cette question de dogme par une assemblée de toute l'Eglise. Il convoqua le concile de Nicée, en 325, où trois cents évêques se prononcèrent en faveur de l'égalité du fils avec le père, ou de la doctrine reconnue comme orthodoxe; ils condamnèrent les Ariens à l'exil et leurs livres aux flammes; mais trois ans après, l'opinion arienne parut prévaloir dans tout le clergé de l'Orient: elle fut sanctionnée par un synode tenu à Jérusalem, et protégée par l'empereur. Lorsque Constance monta sur le trône, tous les évêques et tous les courtisans qui l'entouroient avoient adopté les opinons d'Arius, et les lui communiquèrent. L'empereur, abandonnant tout autre soin pour s'occuper de ces questions religieuses, ne fut presque plus que théologien pendant son long règne; il occupoit sa cour, il consumoit son esprit à trouver des expressions propres à exprimer les nuances de sa croyance et les fluctuations de ses opinions. Chaque année il rassembloit quelque nouveau synode ou quelque nouveau concile, il enlevoit les évêques à leurs troupeaux, il détruisoit ainsi la religion en faveur de la théologie; et comme les évêques qu'il appeloit sans cesse d'une province à une autre voyageoient aux frais du public, les postes impériales furent presque ruinées par la multiplicité des conciles. Cependant un terrible adversaire lui résistoit avec fermeté et rendoit ses efforts impuissans : c'étoit saint Athanase, archevêque d'Alexandrie, qui, de 326 à 373, demeura le chef du parti orthodoxe. Il opposa aux persécutions un caractère indomptable; il communiqua son zèle à la populace fanatique d'Alexandrie et aux moines du désert; et, après une longue lutte entre les soulèvemens du peuple et les persécutions des soldats, il assura enfin la victoire à son parti.

Pendant la durée du règne des trois fils de Constantin, les historiens s'occupèrent à peine d'autre chose que des querelles ecclésiastiques, et le souverain ne paroissoit point croire que le gouvernement de l'État lui imposât d'autres devoirs. Les peuples eurent cependant plus d'une occasion de sentir qu'ils avoient besoin d'être protégés contre un autre danger encore que celui des hérésies. L'Orient fut, durant toute cette période, exposé aux attaques de Sapor, deuxième roi de Perse, dont le long règne (310-380) avoit, par une destinée singulière, commencé quelques mois avant sa naissance. A la mort de son père Hormisdas, sa mère s'étoit déclarée grosse; elle avoit été présentée dans un lit de parade à l'adoration du peuple, et la couronne, déposée par les mages sur ce lit, avoit été supposée couvrir la tête de l'enfant-roi qu'on espéroit d'elle. Sapor II manifesta bien plus de talent et de courage qu'on n'auroit dû en attendre d'un roi né sur le trône. Il envahit à plusieurs reprises les provinces romaines de l'Orient; en 348, il défit Constance dans une grande bataille à Singara, près du Tigre; mais il fut toujours arrêté dans ses invasions par la forteresse de Nisibe, le boulevard de l'Orient. Trois fois il l'assiégea avec toutes ses forces, et trois fois il fut repoussé.

L'Occident, depuis la mort des deux frères de Constance, avoit plus souffert encore. Cet empereur, pour le reconquérir sur l'usurpateur Magnence, avoit sollicité les nations germaniques d'attaquer la frontière septentrionale des Gaules, dans le temps même où la guerre civile forçoit Magnence à dégarnir le Rhin, et à conduire ses légions en Illyrie. Les Francs et les Allemands se précipitant, en effet, les premiers sur la Belgique, les seconds sur l'Alsace, pillèrent et brûlèrent quarante-cinq des cités les plus florissantes des Gaules. Leur cruauté inspiroit une telle terreur que, dans le reste de cette province, personne n'osoit plus sortir de l'enceinte des cités; mais dans l'intérieur des murs les bourgeois, au milieu des décombres, avoient ensemencé de nouveaux champs sur les récoltes desquels ils comptoient pour vivre. Il ne restoit que treize mille soldats dans toute l'étendue des Gaules, pour les défendre contre ces flots de barbares; tous les magasins, tous les arsenaux étoient épuisés; le trésor étoit vide, et les contribuables, réduits à la dernière détresse, s'enfuyoient et abandonnoient leurs propriétés, plutôt que de se soumettre plus long-temps aux vexations du fisc. La défense de l'Occident sembloit déjà devenue presque impossible, quand Constance la confia, en 355, à son cousin Julien. Après la première persécution qu'il avoit exercée contre toute sa famille, sa fureur s'étoit calmée, il avoit promis de laisser vivre ses deux cousins; et comme, parvenu au milieu de sa carrière, il n'avoit point d'enfans, point de successeurs naturels, il avoit songé à leur déléguer quelque autorité. Il avoit, en 351, accordé à Gallus, frère de Julien, la dignité de césar, et l'avoit envoyé à Antioche; mais celui-ci n'y ayant déployé que ses vices, Constance le rappela au mois de décembre 354, et lui fit trancher la tête en prison. Peu de mois après, il revêtit d'une autorité semblable Julien, dernier survivant de cette famille nombreuse, et il lui donna les Gaules à gouverner.

Julien n'avoit connu de sa haute naissance qu'une haute adversité; mais elle avoit éprouvé son courage et fortifié son âme. Il avoit demandé des consolations à la philosophie de la Grèce et aux études de l'antiquité; il avoit comparé les vertus des temps passés aux crimes de son siècle et à ceux de la race de Constantin, et par esprit d'opposition à tout ce qui l'entouroit, il s'étoit plus vivement attaché à la religion de ses pères, le polythéisme; il l'avoit embrassé avec une ferveur rare chez les païens, et avec une dévotion superstitieuse qui sembloit ne pouvoir s'unir à ses études philosophiques. Cette religion cependant s'étoit épurée pour lui par ses controverses mêmes avec le christianisme. Il avoit adopté plusieurs des vérités plus sublimes de la religion qu'il combattoit, et il croyoit les retrouver légèrement voilées sous les allégories du paganisme. Ce n'étoient pas les oracles grossiers des prêtres, mais Platon et le reste des philosophes qui, pour lui, étoient devenus les interprètes des anciens dieux. Enfin ce culte si récemment dominant, qu'il voyoit persécuté, lui étoit devenu cher, comme les malheureux le deviennent toujours aux âmes généreuses, par sympathie, non par justice ou par raison.

Julien, dans les écoles d'Athènes, dans la pratique de la philosophie et dans l'étude des anciens, avoit acquis une connoissance des hommes et des choses que la théorie rend accessible aux seuls génies les plus élevés. Passant de la retraite la plus profonde au commandement d'une armée et d'une province désorganisées, entouré d'espions et de délateurs qui le surveilloient pour le perdre, mal obéi par ses subalternes, mal secondé par le gouvernement de son cousin, il releva la majesté de l'empire dans deux campagnes glorieuses, en 356 et 357 ; il vainquit les Allemands à Strasbourg, et les chassa au-delà du Rhin : pendant les trois années suivantes, il pénétra à trois reprises dans la Germanie; il inspira aux Allemands une terreur profonde, il rappela les Francs à leur ancienne alliance avec l'empire, il admit leurs plus valeureux soldats dans ses armées, il y fit entrer aussi des Gaulois, qui sentoient enfin le besoin de défendre et leur patrie et leur existence personnelle; il releva les villes détruites, il remplit le trésor tout en réduisant des deux tiers les impositions les plus onéreuses, et il inspira aux habitans de l'Occident un enthousiasme qui n'étoit pas sans danger pour lui. En effet, la cour de Byzance avoit commencé par tourner en ridicule le philosophe devenu général; mais bientôt Constance avoit ressenti contre lui une âpre jalousie. Devant rendre compte aux provinces des victoires remportées dans les Gaules, tandis que lui-même ne s'étoit pas éloigné de Constantinople, Constance s'attribua à lui seul tous les succès; c'étoit lui, disoit-il dans ses proclamations, qui par sa prudence, sa valeur, son habileté militaire, avoit chassé les Germains, et Julien n'y étoit pas même nommé.

Bientôt la jalousie de l'empereur se manifesta par d'autres signes. Les invasions de Sapor menaçoient toujours l'Orient. Constance ordonna aux légions de la Gaule d'abandonner le Rhin, pour venir défendre l'Euphrate. C'étoit laisser sans défense l'une et l'autre contrée pendant une campagne entière, car il ne leur falloit pas moins de temps pour accomplir une si longue marche; mais Constance songeoit surtout à ôter au césar ses anciens compagnons d'armes, et il jouissoit déjà comme d'une douce vengeance du mécontentement même de ces légions, qui quitteroient les froides contrées de la Belgique pour les sables brûlans de la Mésopotamie. Il n'en avoit pas cependant calculé tous les effets. Les barbares, qui, par enthousiasme pour Julien, s'étoient engagés sous ses étendards; les Gaulois, qui, pour défendre leurs foyers, avoient renoncé à la mollesse, refusèrent de traverser tout l'univers romain sur un ordre capricieux. Ils se mutinèrent, ils saluèrent Julien du nom d'auguste, ils l'élevèrent sur un bouclier, ils ceignirent son front, au lieu du diadème, avec un collier de soldat, et ils déclarèrent alors qu'ils étoient prêts à passer en Orient, non plus pour subir la vengeance d'un maître jaloux, mais pour y conduire en vainqueur leur chef adoré. Julien céda à leur enthousiasme, il prit la route de l'Illyrie; mais la mort de Constance, survenue le 3 novembre 361, et qu'il apprit à moitié chemin, lui sauva les horreurs d'une guerre civile. Il fut reconnu avec joie par tout l'empire.

Julien rendit publiquement grâces de ses succès aux anciens dieux ; il professa avec pompe le paganisme, qui n'avoit point encore partagé les persécutions déjà exercées contre les hérétiques. Il admit toutes les sectes chrétiennes à une égale tolérance ; mais cette tolérance étoit mêlée de sarcasmes ou d'expressions de mépris, et Julien cherchoit à miner les fondemens de cette Eglise, qu'il n'osoit pas écraser. Il interdit aux chrétiens les écoles de grammaire et de rhétorique, il les éloigna des places de confiance, il mesura sa faveur sur le zèle des courtisans pour le polythéisme, et il obtint bientôt des conversions nombreuses parmi ceux qui suivent le pouvoir, et qui n'ont de religion que la faveur du maître.

Cependant Julien languissoit de chasser les barbares de l'Orient, comme il les avoit chassés de l'Occident, et tout le reste de son court règne fut consacré aux préparatifs de sa campagne contre Sapor. Pour cela il vint passer à Antioche l'hiver de 362, et au commencement de l'année 363 il se mit en route pour envahir la Mésopotamie. Mais déjà l'on pouvoit remarquer qu'il n'avoit point échappé à la corruption du pouvoir et de la prospérité. Trompé par l'obéissance des courtisans, il crut pouvoir commander avec la même hauteur à ceux qui ne dépendoient pas de lui. Il offensa les Arabes au moment où il avoit besoin de leur aide, en leur refusant les présens d'usage, et les Arméniens, en méprisant leurs sentimens religieux. Il crut même pouvoir s'élever au-dessus des lois de la nature et commander aux élémens. Malgré l'avis de ses généraux, il s'avança dans des déserts de sable, où son armée étoit exposée à la soif, à la fatigue et aux ardeurs d'un soleil brûlant. Il est vrai qu'alors les dangers firent reparoître le grand homme. Partout il donna aux soldats l'exemple du courage qui supporte les privations, comme de celui qui brave l'ennemi. Jamais il n'atteignoit celui-ci sans le battre. Mais Sapor, qui ne vouloit pas affronter ces légions gauloises couronnées par tant de lauriers, les harceloit par sa cavalerie légère, et reculoit sans se laisser atteindre. Julien, après avoir passé le Tigre, parcourut avec ses légions haletantes tout le territoire de Bagdad, où il étoit égaré par des guides perfides. Il voyoit au bord de l'horizon un village, une grande ville où il se flattoit de trouver quelque repos, quelques provisions; mais dès qu'il approchoit, des flammes dévorantes, allumées par les habitans eux-mêmes, consumoient les habitations et les magasins, et il n'arrivoit que sur des monceaux de cendres. Le 16 juin 363, il se vit enfin obligé d'ordonner une marche rétrograde; alors les Persans se rapprochèrent, la cavalerie légère fut secondée par les éléphans et par la pesante cavalerie bardée de fer. Chaque marche étoit un combat, chaque bois, chaque monticule cachoit une embuscade. Le 26 juin, comme les Romains étoient encore bien loin du Tigre, une attaque générale fit espérer à Julien qu'il pourroit encore vaincre l'ennemi qui s'étoit toujours dérobé à ses coups. Averti, comme il étoit à l'avant-garde, que son arrière-garde avoit été mise en désordre par une charge de cavalerie, il y vole sans autre armure que son bouclier. Les Persans fuient, mais Julien est atteint d'une flèche par un de ces cavaliers qui n'étoient jamais plus redoutables que dans leur fuite. Elle avoit passé au travers de ses côtes, et lui avoit transpercé le foie; comme il s'efforçoit de la retirer, une autre flèche lui coupa les doigts : il tomba de cheval évanoui et baigné dans son sang, et fut ainsi transporté dans sa tente. Dès qu'il revint à lui, il redemanda son cheval et ses armes, pour ranimer ses compagnons qu'il avoit vus foulés sous les pieds des éléphans. Mais il n'étoit plus temps : le sang, qui recommença à couler avec abondance, lui enleva le reste de ses forces. Ne pouvant se soulever, reconnoissant à sa foiblesse la mort qui s'approchoit, il demanda le nom du lieu où il étoit tombé. « Phrygia, lui répondit-on. — C'est là que ma mort m'avoit été prédite, reprit-il ; ma destinée est accomplie. »

Ses amis se pressoient autour de lui; celui auquel nous devons tous ces détails, le soldat qui le dernier a écrit en latin l'histoire contemporaine des Romains, Ammien Marcellin, étoit présent. Ils étoient en pleurs, et cependant on avoit annoncé dans sa tente que les Romains, transportés de fureur, l'avoient déjà dignement vengé, que l'armée de Sapor étoit en fuite, que ses deux généraux, cinquante satrapes, la plupart des éléphans et les plus braves guerriers de Perse étoient tués, que si Julien pouvoit encore conduire l'armée, cette victoire seroit décisive.

« Amis et compagnons d'armes, leur dit Ju-
« lien, le temps de me retirer de la vie est ar-
« rivé; je dois, débiteur de bonne foi, rendre à
« la nature, qui la redemande, cette âme qu'elle
« m'a confiée. J'ai trop appris des philosophes
« combien l'âme est supérieure au corps pour
« m'affliger, pour ne pas me réjouir de ce que
« la substance la plus noble recouvre sa liberté.
« Les dieux eux-mêmes n'ont-ils pas quelque-
« fois accordé la mort aux plus pieux des hom-
« mes comme la plus haute des récompenses?
« Je le sens bien, cette grâce, ils me l'ont accordée
« aujourd'hui, pour que je ne succombasse
« point aux difficultés qui nous entourent, pour
« que je ne m'abaissasse point, que je ne me
« prosternasse point. Quant aux douleurs, elles

« accablent les lâches, mais elles cèdent à la
« persistance de la volonté. Je ne me repens
« point de mes actions, je ne sens point dans
« ma conscience le remords d'aucun grand crime,
« pas plus lorsque, caché dans l'ombre, je tra-
« vaillois à me corriger que depuis que j'ai reçu
« l'empire. Je m'en flatte, j'ai conservé sans
« tache cette âme que nous avons reçue du ciel,
« et qui lui est apparentée. J'ai recherché la mo-
« dération dans le gouvernement civil, et ce
« n'est qu'après avoir examiné mes droits que
« j'ai entrepris ou repoussé la guerre. Le succès
« cependant ne dépend pas de nos conseils, c'est
« aux puissances célestes à diriger l'événement
« de ce que nous ne pouvons que commencer.
« J'ai cru que le but d'une juste autorité devoit
« toujours être l'avantage et le salut de ceux
« qui obéissent : aussi ai-je cherché à repousser
« de toutes mes actions cette licence arbitraire
« qui corrompt également et les choses et les
« mœurs...... Je rends grâce à cette Divinité
« éternelle qui a décrété avant ma naissance
« que je ne succomberois point à des embûches
« clandestines, ni aux douleurs des maladies,
« ni aux supplices qui ont frappé tous les miens,
« mais qui m'a accordé une glorieuse sortie de
« ce monde, au milieu du cours des prospéri-
« tés..... Mes forces, qui s'enfuient, ne me per-
« mettent plus d'en dire davantage. Je crois

« prudent de ne point influencer votre choix
« dans la nomination d'un empereur. Je pour-
« rois ne point reconnoître le plus digne; je
« pourrois exposer celui que j'indiquerois à vos
« suffrages et que vous n'approuveriez pas.....
« Je souhaite seulement que la république ob-
« tienne de vous un bon chef. »

Avec le reste de ses forces, Julien essaya de distribuer ses effets à ses amis, qui l'entouroient. Il ne vit point parmi eux Anatolius, auquel il destinoit un gage de son souvenir. *Lui aussi est heureux*, lui répondit Sallustius, et Julien versa sur la mort de son ami les larmes qu'il refusoit à la sienne propre. Cependant on n'avoit pu empêcher une nouvelle hémorrhagie. Julien demanda un verre d'eau froide, et à peine l'eut-il bu qu'il expira.

Jovien, que l'armée lui donna pour successeur, acheta la permission d'accomplir une retraite désastreuse, en abandonnant à Sapor cinq provinces d'Arménie, avec la forteresse de Nisibis, le boulevard de l'empire d'Orient.

CHAPITRE V.

Valentinien et Théodose. — Invasion de l'Europe orientale par les Goths. — 364-395.

Chaque révolution nouvelle qu'éprouvoit l'empire le faisoit descendre d'un pas dans l'abîme qui devoit bientôt l'engloutir. Les efforts imprudens de Julien pour rétablir une religion déjà frappée de mort, pour affoiblir celle qu'il attaquoit par une sourde persécution et un système d'injustices, excitèrent contre lui, chez ses sujets chrétiens, le plus violent ressentiment, et exposèrent son nom aux accusations, aux injures qui, jusqu'à ce jour, ont noirci sa mémoire. Quand son successeur Jovien, qui ne régna pas assez long-temps pour conduire jusqu'à Constantinople l'armée qu'il ramenoit des bords du Tigre, déclara qu'il professoit le christianisme, il écarta en même temps du commandement un grand nombre de vaillans officiers, d'habiles administrateurs, que Julien avoit avancés en raison de leur zèle pour le paganisme; et dès lors, presque jusqu'à la chute de l'empire, une secte hostile, qui se regardoit comme injustement dépouillée de ses anciens honneurs, invoqua sans cesse la vengeance des dieux contre les chefs du gouvernement, se réjouit des calamités publiques, et les attira peut-être par ses intrigues, quoiqu'elle s'y trouvât elle-même enveloppée. La foi des païens, qui n'étoit point attachée à un corps complet de doctrine, qui n'étoit point soutenue par des corporations de prêtres, qui n'avoit point la ferveur de la nouveauté, ne se manifesta presque jamais par des révoltes, et n'affronta que rarement le martyre; mais les païens occupoient encore le premier rang dans les lettres : les orateurs, ceux qu'on nommoit ou philosophes ou sophistes, les historiens appartenoient presque tous à leur religion; elle demeuroit toujours en possession des écoles les plus illustres, surtout de celles d'Athènes et d'Alexandrie; la majorité du sénat lui étoit attachée à Rome, et dans les rangs inférieurs du peuple, dans les campagnes surtout, elle se conserva plusieurs siècles encore; mais là on la signala bientôt par le nom de magie, nom par lequel on se hâte toujours de désigner une religion déchue, persécutée et obligée de se cacher.

Si les païens désiroient que leur culte fût vengé sur leurs concitoyens et sur eux-mêmes, ils purent obtenir cette triste consolation dans les trente-deux ans dont nous allons parcourir l'histoire, ceux qui s'écoulèrent de la mort de Julien à celle du grand Théodose (363-395). Cette période, durant laquelle l'empire eut cependant des chefs distingués, fut marquée par de sanglantes calamités ; le talent, le génie même des empereurs ne pouvoient déjà plus sauver le monde civilisé des attaques de ses ennemis, ou de celles plus redoutables de ses propres vices. La vigueur déployée pour la défense de l'Occident par Valentinien, de 364 à 375, l'imprudence de Valens, qui ouvrit aux nations gothiques l'intérieur de l'empire, et les désastres qui en résultèrent, de 375 à 379, la politique enfin du grand Théodose, qui, de 379 à 395, réussit à désarmer des ennemis qu'il ne pouvoit vaincre, seront successivement l'objet de nos réflexions.

Moins de huit mois après son élection, Jovien étoit mort, le 17 février 364, dans une petite ville de la Galatie. Au bout d'un intervalle de dix jours, l'armée qu'il ramenoit de Perse lui avoit, dans une assemblée solennelle tenue à Nice en Bithynie, donné pour successeur le comte Valentinien, fils d'un capitaine né dans un petit village de Pannonie, que sa valeur et sa force de corps avoient élevé à un des premiers rangs de l'armée. Valentinien, qui s'étoit distingué dans les Gaules, ne savoit d'autre langue que le latin ; il ne connoissoit d'autre science que l'art militaire ; et après avoir manifesté dans une condition subordonnée de l'indépendance de caractère, il crut conserver les

mêmes vertus, en se montrant à la tête du gouvernement ferme, inflexible, prompt dans ses jugemens et souvent cruel; oubliant que, pour résister à la puissance, il faut du courage, que, pour écraser la foiblesse, il suffit de la brutalité. Malgré sa rudesse sauvage et la violence de ses emportemens, l'empire romain retrouva en lui un chef habile, au moment où il en avoit le plus besoin. Malheureusement l'étendue de cet empire demandoit au moins deux modérateurs; l'armée le sentit et le demanda : « Si vous son-
« gez à la patrie, lui dit un vaillant officier,
« choisissez un collègue entre ses enfans; si vous
« ne songez qu'à vous-même, vous avez un
« frère. » Valentinien ne s'irrita pas; mais il choisit son frère. Valens, qu'il s'associa, étoit d'un caractère foible, timide et cruel, comme le sont presque toujours les lâches. Valentinien, né dans l'Occident, qui ne parloit que la langue de l'Occident, qui en aimoit les mœurs et le climat, s'en réserva le commandement; il céda à Valens son frère une partie de l'Illyrie sur le Bas-Danube, et tout l'Orient; il établit par les lois une tolérance universelle, et il ne se prononça point entre les sectes qui se partageoient le christianisme. Valens adopta les opinions ariennes, et persécuta les orthodoxes.

Les finances exigeoient une réforme que les deux empereurs n'étoient point en état d'entreprendre : il leur falloit de l'argent, et ils ne savoient où trouver les sources dès long-temps taries de la prospérité publique. Trois impositions directes également ruineuses pesoient sur les citoyens : les indictions, ou l'impôt territorial, calculé sur le tiers du revenu, et souvent doublé ou triplé par les superindictions que les besoins des provinces forçoient d'exiger ; la capitation, qui s'élevoit quelquefois jusqu'à une valeur équivalente à 300 francs par tête; et les corvées, ou travaux considérables et gratuits, imposés pour le service des terres et le transport des denrées appartenant au fisc. Ces impôts avoient tellement ruiné les propriétaires qu'on les voyoit de tous côtés abandonner des terres qui ne leur rendoient plus de quoi payer les charges. De très grandes provinces, dans l'intérieur, étoient désertes; les enrôlemens devenoient tous les jours plus difficiles ; les magistrats des curies ou municipalités, rendus responsables pour leur ville, et de l'impôt et de la levée des soldats, cherchoient par mille subterfuges à se dérober à l'honneur de la magistrature; tel d'entre eux s'enfuyoit sur les terres de quelque sénateur puissant, se cachoit parmi ses esclaves, se soumettoit volontairement à des notes d'infamie, dans l'espérance qu'elles le rendroient incapable d'occuper des charges aussi ruineuses, mais toujours inutilement : on les

ramenoit par force de leur honteuse retraite, pour les revêtir des marques de ces dignités si redoutables. Puis, quand quelque désordre excitoit le ressentiment de Valentinien, c'étoit avec des mouvemens de fureur qu'il leur en demandoit compte; on l'entendit un jour ordonner aux licteurs de lui apporter la tête de trois magistrats par ville dans toute une province. « Que Votre Clémence veuille bien or-
« donner, lui dit alors le préfet Florentius, ce
« que nous devrons faire si, dans une ville, il
« n'y a pas trois magistrats », et l'ordre fut révoqué. Quoique l'empereur fût chrétien, le peuple et les moines inscrivoient presque toujours au rôle des martyrs ceux dont il faisoit ainsi répandre le sang dans sa brutale colère. Pendant toute la durée du règne de Constantin et de ses enfans, la souffrance intérieure avoit été en croissant; Julien n'y avoit pu apporter qu'un remède temporaire, et seulement dans un petit nombre de provinces; enfin sa fatale expédition de Syrie, en ruinant la meilleure armée de l'empire, augmentoit les besoins de l'État et forçoit à recourir à des expédiens toujours plus désastreux.

Pendant les douze années que Valentinien régna sur l'Occident (364-375), il racheta ses cruautés par plusieurs éclatantes victoires. Il repoussa les Allemands de la Gaule et de la Rhétie, qu'ils avoient envahie et dévastée; il les poursuivit dans leur propre pays, et les y vainquit encore; il les mit enfin aux prises avec les Bourguignons, auxquels il persuada de venir venger jusque sur les bords du Rhin une querelle qu'ils avoient avec les Allemands pour quelques salines.

Valentinien avoit entrepris lui-même la défense des Gaules, et il résidoit le plus habituellement à Trèves, alors capitale de cette grande préfecture; mais, dans le même temps, des invasions non moins redoutables avoient dévasté les autres provinces de l'Occident. Les différentes tribus des Scots, les ancêtres de ces mêmes highlanders écossais encore si sauvages en 1745, quand ils envahirent l'Angleterre, s'avancèrent tout au travers de l'île de Bretagne. Les Scots y exercèrent des cruautés si effroyables qu'on crut alors et que saint Jérôme a écrit qu'ils se nourrissoient de chair humaine. Londres même se vit menacée par leur approche, et l'île entière, qui, comme toutes les parties de l'empire, avoit perdu toute vertu militaire, ne pouvoit leur opposer aucune résistance. Théodose, officier espagnol, père du grand homme de ce nom qu'on vit depuis associé à l'empire, fut chargé par Valentinien de la défense de la Bretagne; il força les Scots (367-370) à se retirer, mais sans avoir pu les amener à livrer bataille. A peine avoit-il délivré les Bretons de ces farouches ennemis, lorsque Valentinien lui confia la conduite d'une guerre non moins difficile contre les Maures, qu'une oppression intolérable avoit poussés à la révolte. Ceux-ci avoient trouvé dans Firmus, un de leurs princes, tributaires de Rome, un chef habile et expérimenté. Théodose le poursuivit sans se décourager (373) dans les plaines brûlantes de la Gétulie et les vallées de l'Atlas; il ne lui donna point de relâche, et après l'avoir vaincu dans plusieurs combats, il le réduisit, pour dernière ressource, à se donner lui-même la mort. Mais Théodose éprouva le sort fréquemment réservé aux grands hommes sous les tyrans de Rome; il écrivit à l'empereur que la révolte des Maures étoit l'ouvrage du préfet Romanus, qui, par une tyrannie insupportable, les avoit réduits au désespoir; il demanda son rappel pour le salut de la province. Se plaindre, c'est mettre en doute la vertu ou la sagesse d'un despote; l'empereur ressentit cette offense : il fit trancher la tête, à Carthage, à son vertueux général, et il récompensa Romanus de ses crimes.

Dans le même temps, Valens régnoit sur les Grecs, dont il n'entendoit pas la langue (de 364 à 378). Sur sa frontière orientale, il étoit menacé par les Perses, et sur la septentrionale par les Goths. Il est vrai qu'observant avec plus de timidité encore que de scrupule la paix honteuse que Jovien avoit conclue avec les premiers, il s'efforçoit de satisfaire Sapor, auquel les places frontières avoient été livrées. Mais une des conditions déshonorantes de ce traité imposé aux Romains étoit l'abandon du roi d'Arménie et de son voisin le roi d'Ibérie : tous deux furent attaqués par Sapor. Le premier, trompé par une négociation artificieuse, et attiré à un festin, fut chargé de chaînes d'argent et ensuite massacré; le second fut réduit à s'enfuir. L'Arménie et l'Ibérie furent soumises à la Perse; cependant, comme le peuple de ces contrées étoit chrétien, il demeuroit, en dépit de la conquête, fidèle aux intérêts de Rome. Un fils du roi d'Arménie, nommé Para, trouvoit toujours les sujets de son père prêts à prendre les armes en sa faveur; les fréquentes révoltes des Arméniens troublèrent les frontières de la Perse, et occupèrent les armes de Sapor dans sa vieillesse. Para auroit même probablement fini par triompher, et par affermir l'indépendance de l'Arménie, si l'empereur Valens, d'après une politique qu'on ne sauroit expliquer, ne l'avoit pas fait assassiner, en 374, au milieu d'un festin que lui donnoit un de ses généraux.

L'empire des Goths s'étendoit le long du Danube et de la mer Noire, et trente ans s'étoient écoulés sans qu'ils eussent envahi les frontières de l'empire romain. Durant cette période, cependant, ils s'étoient accrus en grandeur et en puissance. Le vieillard Hermanric, le plus illustre chef de la race des Amales, régnoit sur toute la nation. Son pouvoir s'étoit étendu des Ostrogoths sur les Visigoths, puis sur les Gépides. Il avoit poussé ses conquêtes jusqu'aux côtes de la mer Baltique : les Æsthoniens et les Russes ou Roxolans étoient au nombre de ses sujets, aussi bien que les Hénèdes des plaines de la Pologne, et les Hérules des Palus Méotides. Au commencement du règne de Valens, une tentative de Procopius, parent éloigné de Julien, pour se faire couronner à Constantinople, attira au midi du Danube les Goths, ses alliés; mais ils furent repoussés dans trois campagnes (367-369), et la paix fut rétablie sur cette frontière.

Malgré le voisinage formidable des Goths et des Persans, malgré la lâcheté et l'incapacité de Valens, l'Orient étoit demeuré en paix, sous la protection du nom seul de Valentinien, dont toutes les nations barbares connoissoient les talens militaires, la promptitude et la sévérité. Mais cet empereur si redouté et de ses ennemis et de ses sujets, comme il portoit la guerre contre les Quades dans la Pannonie, et qu'il donnoit audience à leurs ambassadeurs, qui venoient en supplians lui demander la paix, se livra contre eux à un si violent accès de colère, qu'une veine éclata dans sa poitrine, et qu'il mourut en leur présence, le 17 novembre 375, étouffé dans son sang, qu'il vomissoit à gros bouillons. Ses deux fils, Gratien, à peine entré dans l'adolescence, et Valentinien II, encore dans l'enfance, se partagèrent l'Occident, tandis qu'à la tête de l'empire demeura, en Orient, ce même Valens qu'on avoit jugé incapable d'occuper la seconde place.

Jamais l'empire cependant n'avoit eu plus besoin d'un chef habile et vigoureux. La nation des Huns tout entière, abandonnant aux Sienpi ses anciens pâturages, dans le voisinage de la Chine, avoit traversé, par une marche de plus de treize cents lieues, tout le nord de l'Asie. Elle s'étoit accrue de toutes les hordes vaincues, qu'elle entraînoit sur son passage, et s'étoit jetée sur le pays des Alains. Elle les défit sur les bords du Tanaïs, dans une grande bataille ; alors elle accueillit dans son sein une partie de la nation vaincue, avec laquelle elle continua de s'avancer vers l'Occident ; tandis que d'autres Alains, trop fiers pour renoncer à leur indépendance, se retirèrent, les uns dans la Germanie, d'où nous les verrons dans la suite passer dans les Gaules ; les autres, dans les montagnes du Caucase, où jusqu'à ce jour ils conservent leur ancien nom.

Les Goths, limitrophes des Alains, avoient alors enrichi par leurs travaux les fertiles plaines qui s'étendent au nord du Danube et de la mer Noire. Déjà plus civilisés que les autres peuples d'origine germanique, ils commençoient à faire des progrès rapides dans les sciences sociales. Ils s'attachoient à l'agriculture, ils cultivoient les arts, ils perfectionnoient leur langage, ils rassembloient les traditions ou chantées, ou peut-être inscrites en lettres runiques, qui conservoient la mémoire de leurs migrations et de leurs anciens exploits ; ils entretenoient avec la Grèce un commerce utile, à l'aide duquel le christianisme commençoit à s'introduire parmi eux ; et en adoptant des connoissances plus relevées et des mœurs plus douces, ils n'avoient encore rien perdu ni de leur amour pour la liberté ni de leur bravoure. Tout à coup ils furent confondus par l'apparition des Huns, par l'arrivée imprévue de cette nation sauvage qui, au moment qu'elle eut passé le Borysthène ou Dniéper, commença à brûler leurs villages et leurs moissons, et à massacrer sans merci les hommes, les femmes, les enfans, les vieillards, tout ce que le cavalier scythe pouvoit atteindre. La langue des Huns n'étoit entendue de personne, et les Goths doutoient même si ses sons aigus et discordans étoient un langage humain. Leur nom n'avoit jamais été prononcé en Europe ; bientôt la superstition septentrionale expliqua l'apparition subite de ces myriades de guerriers, en attribuant leur naissance aux esprits infernaux, seuls époux, disoit-on, qu'eussent mérité de trouver des femmes du rebut de l'Europe, accusées de magie, et qu'on avoit chassées dans les déserts.

La difformité des Huns accréditoit cette généalogie diabolique. « Ils mettoient en fuite, « dit Jornandès, l'historien des Goths, par la « terreur qu'inspiroit leur visage, ceux que leur « bravoure n'auroit pu vaincre. La couleur li- « vide de leur peau avoit quelque chose d'ef- « frayant. Ce n'étoit pas un visage, mais une « masse de chair difforme, où deux points noirs « et louches tenoient la place des yeux. Leur « cruauté, s'exerçant sur leurs propres enfans, « avoit martyrisé leurs joues avec le fer avant « qu'ils eussent goûté le lait de leur mère : aussi « aucun duvet ne couvroit leur menton dans « l'adolescence, aucune barbe ne donnoit de la « dignité à leur vieillesse. Le corps ne sembloit « pas moins hideux que le visage. » On ne les prenoit point pour des hommes, dit Ammien Marcellin, mais pour des bêtes relevées sur leurs pieds de derrière, comme en dérision de notre espèce.

Le grand Hermanric, dont le royaume s'étendoit de la Baltique à la mer Noire, n'auroit pas abandonné aux Huns le sceptre sans combat; mais à cette époque même, il fut assassiné par un ennemi domestique. Les nations qu'il avoit subjuguées se préparèrent de toutes parts à la rébellion; les Ostrogoths, après une courte hésitation, rompirent leur alliance avec les Visigoths, et ces derniers, comme un troupeau effrayé, se rassemblant de tout leur vaste royaume sur la rive du Danube, renoncèrent à combattre les êtres surhumains qui les poursuivaient. Ils tendirent aux Romains, sur l'autre rive, des mains suppliantes; ils demandèrent que pour les dérober à la boucherie dont ils étoient menacés, on leur permît de chercher un refuge dans ces déserts de la Mœsie et de la Thrace dont l'empire ne tiroit plus aucun parti; ils promirent qu'ils les remettroient en culture, qu'ils en paieroient les impôts, et qu'ils les défendroient de leurs armes. Valens, qui depuis cinq ans avoit fixé sa résidence à Antioche, apprit avec surprise qu'un empire égal au sien en étendue, supérieur en vaillance, et qui lui avoit inspiré une si longue terreur, s'étoit tout à coup écroulé dans la poussière, et que tous ses plus redoutables ennemis demandoient à devenir ses sujets.

L'humanité ordonnoit peut-être d'accorder aux Goths leur demande, la politique pouvoit le conseiller aussi; mais des passions plus basses déterminèrent l'empereur, ses conseillers, et les subalternes chargés de l'exécution de ses ordres.

Leur cupidité sordide rendit bientôt odieuse l'hospitalité qu'ils offrirent aux Goths. L'empereur y avoit mis deux conditions, l'une qu'ils dépossasent leurs armes, l'autre qu'ils donnassent leurs enfans en ôtages. Les officiers chargés de recevoir le dépôt des armes se laissèrent séduire par des présens, et fermèrent les yeux sur la non-exécution de cet ordre : toutefois, lorsque le transport, non d'une armée, mais d'une nation, fut effectué ; lorsque, en 376, deux cents mille guerriers, sans compter les femmes et les enfans, eurent passé le Danube, qui au nord de la Mœsie a plus d'un mille de largeur, les ministres impériaux essayèrent de profiter d'une famine, ou réelle ou artificielle, pour dépouiller de tout l'or qu'ils avoient apporté ces guerriers auxquels ils avoient laissé du fer. Toutes les choses nécessaires à la vie ne leur furent offertes en vente, par le monopole, qu'à un prix exorbitant. Jamais l'avarice ne fut plus aveugle, jamais un gouvernement insensé ne prépara mieux sa propre ruine.

Tant que la nourriture la plus malsaine et la plus vile put être achetée avec de l'argent, avec des effets, avec des esclaves, les Goths consentirent à se dépouiller ; la crainte de mettre leurs ôtages en danger soutint leur longanimité jusqu'au dernier terme ; ils vendirent même jusqu'aux enfans qui leur étoient restés, et qu'ils ne pouvoient plus nourrir, pour acheter la subsistance de quelques jours. Mais lorsque, la défiance des Romains s'accroissant avec leurs injures, des mesures furent prises pour disperser les Goths dans tout l'empire, et des troupes rassemblées pour les écraser s'ils essayoient de résister, ceux-ci resserrèrent au contraire les liens qui les unissoient entre eux ; leur chef Fritigern, auparavant désigné par le titre de juge, commença à exercer les fonctions d'un roi, et une querelle ayant éclaté à Marcianople, capitale de la Basse-Mœsie, entre cette nation opprimée et leurs oppresseurs, le général de Valens, Lupicinus fut défait, son armée mise en fuite, et les hôtes opprimés des Romains se trouvèrent les maîtres de la Mœsie.

Un premier succès assuroit presque tous ceux qui devoient venir ensuite. A cette nouvelle, les Ostrogoths, qui avoient maintenu leur indépendance contre les Huns, passèrent le Danube à main armée, et vinrent se réunir aux Visigoths; long-temps avant l'apparition des Huns on avoit vu un grand nombre de jeunes Goths s'engager au service des Romains, comme dans une carrière honorable et lucrative ; ils levèrent en même temps l'étendard de la révolte, pour se réunir à leurs compatriotes. Mais les plus dangereux des auxiliaires des barbares furent les esclaves, qui échappèrent de toutes parts à leurs maîtres cruels, ceux surtout qui se dérobèrent aux travaux des mines du mont Rhodope pour venir demander vengeance aux étrangers, et leur communiquer leur connoissance du pays et leurs secrètes intelligences. Cependant la guerre se maintint deux ans avec des succès variés. La discipline romaine, l'avantage d'avoir des arsenaux, des magasins, des places fortes, compensoit en faveur des généraux de Valens la bravoure des Goths et les talens de Fritigern. Mais l'orgueil de l'empereur d'Orient demandoit une victoire gagnée sous ses auspices. Il marcha lui-même contre les Goths, avec la plus brillante armée; il ne voulut point attendre Gratien, qui de l'Occident s'avançoit à son aide, et sa défaite à Adrianople, le 9 août 378, après laquelle il périt dans les flammes d'une cabane où il avoit cherché un refuge, laissa l'empire sans défenseurs.

Les forces de l'Orient furent presque anéanties par la terrible bataille d'Adrianople. Plus de soixante mille soldats romains périrent dans le combat ou dans la poursuite, et les temps étoient bien changés depuis ceux où une perte semblable auroit pu être aisément réparée par de nouvelles levées. Cependant, même après cet effroyable massacre, les murs d'Adrianople opposèrent encore aux barbares une résistance insurmontable; la valeur peut suppléer à l'art de la guerre en rase campagne ; mais les peuples civilisés retrouvent tous les avantages de la science militaire dans l'attaque et la défense des places. Fritigern s'éloigna des murs d'Adrianople en déclarant que ses compatriotes étoient en paix avec les pierres. Ces pierres s'offroient rarement à eux ; les Romains avoient négligé les fortifications de presque toutes les cités provinciales. Pour les défendre, il auroit fallu accorder des armes aux bourgeois, les accoutumer à la guerre, mettre à leur portée des moyens de résistance dont ils auroient pu faire usage dans une révolte ou une guerre civile. Les empires ne tardent guère à périr quand les gouvernans craignent plus les gouvernés que les ennemis, et cette crainte est presque toujours le signe des injures par lesquelles ils ont mérité le ressentiment des peuples. Les Goths, laissant Adrianople en arrière, s'avancèrent, en ravageant tout autour d'eux, jusqu'au pied des murs de Constantinople ; puis, après quelques vaines escarmouches, ils retournèrent au couchant, en traversant la Macédoine, l'Épire et la Dalmatie. Du Danube jusqu'à l'Adriatique, le fer et la flamme marquèrent partout leurs progrès.

Pendant que les provinces d'Europe de l'empire grec succomboient à ces calamités, les provinces d'Asie en tiroient une effroyable vengeance. Nous avons dit que les Goths, en passant le Danube, avoient été forcés de donner leurs enfans en ôtage ; que ceux qui n'avoient point alors été retenus en gage avoient été depuis achetés à vil prix, de leur pères affamés ; que le danger de ces enfans avoit seul retenu, pendant long-temps, les bras de ces barbares, qui, même en les vendant, les déroboient à la famine. Lorsqu'ils perdirent patience, lorsque tout l'Orient retentit du bruit de leurs exploits, leurs enfans, avec une audace qui devançoit leurs forces, quoique désarmés, quoique dispersés dans toutes les villes d'Asie, célébrèrent le triomphe de leurs pères ; ils répétèrent les chants nationaux, ils affectèrent de ne plus parler que le langage de leur pays, ils se promirent de participer bientôt aux mêmes victoires, d'aller bientôt rejoindre les phalanges de leur nation. Les habitans de l'Orient, par ressentiment ou par crainte, prévirent des dangers dans ces démonstrations imprudentes, ils craignirent le soulèvement de tous ces jeunes gens. Julius, maître général des soldats du Levant, les dénonça, comme des conspirateurs, au sénat de Constantinople, et demanda ses ordres ; car, depuis la mort de Valens, l'empire étoit encore sans chef. Le sénat emprunta sans pudeur à l'antique constitution de la république ses institutions arbitraires, tandis qu'il n'en avoit conservé aucune des formes protectrices ; il autorisa Julius à pourvoir à ce que la république n'éprouvât point de dommage (*Caveant consules ne quid detrimenti R. P. capiat*); les jeunes Goths furent invités, par des promesses trompeuses, à se réunir dans la capitale de chaque province. A peine furent-ils assemblés au Forum que des gardes en occupèrent toutes les avenues, que des archers parurent sur les toits de toutes les maisons; et à un signal donné, le même jour, à la même heure, dans toutes les villes d'Asie, toute cette brillante jeunesse désarmée fut assaillie par une volée de traits, puis égorgée sans miséricorde.

Un grand acte de cruauté est presque toujours un signe de lâcheté, non de courage. Ces Orientaux qui, par le massacre de tant de milliers de jeunes gens, sembloient avoir voulu rendre impossible une réconciliation avec leurs pères, n'osèrent jamais les rencontrer en rase campagne. La même terreur que les Goths avoient si récemment éprouvée devant les Huns, les Grecs l'éprouvoient devant les Goths. Bien plus, les deux nations scythe et germanique s'étoient unies pour le dommage de l'empire romain. Les Huns, parvenus en Dacie, s'y étoient arrêtés, et y avoient fixé leurs tentes. Le capitaine qui les avoit conduits jusque là étoit mort; des discordes civiles éclatèrent entre leurs hordes, et ce ne fut plus comme poursuivant une guerre nationale, mais comme cherchant des aventures personnelles, que plusieurs divisions de Huns et d'Alains passèrent le Danube, contractèrent alliance avec Fritigern, et secondèrent la valeur ferme et mesurée des Goths par l'impétuosité de leur cavalerie légère.

Aucun général, dans le Levant, ne songeoit à profiter de l'anarchie pour sa propre ambition, aucune armée n'offroit la pourpre à son chef, chacun redoutoit la responsabilité du commandement dans une crise si terrible, tous les yeux se tournoient vers la cour de Trèves; c'étoit de là seulement qu'on attendoit des secours. Mais Gratien, fils aîné de Valentinien, et empereur d'Occident, n'avoit encore que dix-neuf ans. Il avoit, il est vrai, acquis déjà quelque gloire dans les armes; il la devoit surtout aux conseils d'un Franc ambitieux, nommé Mellobaudes, l'un des rois de ce peuple guerrier, qui n'avoit point dédaigné le titre de comte des domestiques de la cour impériale; ce chef, réunissant son crédit sur ses compatriotes aux arts et aux intrigues des courtisans, étoit devenu l'arbitre de l'Occident. Gratien marchoit vers l'Illyrie, avec son armée, lorsqu'il apprit la défaite d'Adrianople et la mort de Valens, qui, pour garder seul la gloire de la victoire, n'avoit pas voulu l'attendre. Hors d'état de faire tête à l'orage, il recula jusqu'à Sirmium. La nouvelle d'une invasion des Allemands dans les Gaules le rappeloit à la défense de ses foyers : le danger se montroit partout à la fois ; l'empire avoit besoin d'un nouveau chef et d'un chef vaillant. Gratien eut la générosité de le choisir parmi ses ennemis, et d'après le sentiment seul du mérite. L'Espagnol Théodose, général de son père, qui avoit vaincu successivement les Ecossais, puis les Maures, et qui avoit ensuite été envoyé à l'échafaud par une injuste sentence, au commencement du règne de Gratien, avoit laissé un fils âgé de trente-trois ans, de même nom que lui, qui s'étoit distingué dans le commandement de la Mœsie, mais qui vivoit alors dans la retraite et la disgrâce, sur ses terres en Espagne ; ce fut lui que Gratien choisit avec une noble confiance, lui qu'il présenta aux armées, le 19 janvier 379, et qu'il déclara son collègue et empereur d'Orient.

La tâche imposée au grand Théodose étoit infiniment difficile : le Danube abandonné avoit ouvert l'entrée de l'empire, non pas aux Goths seulement, mais à toutes les nations de la Germanie et de la Scythie. Elles parcouroient d'une extrémité jusqu'à l'autre l'immense presqu'île Illyrique sans rencontrer de résistance, mais sans se lasser dans leur fureur. Le sang des jeunes Goths répandu en Asie étoit vengé chaque jour avec usure sur ce qui restoit de Mésiens, de Thraces, de Dalmates et de Grecs; c'est pendant les quatre ans de cette guerre d'extermination que les Goths acquirent surtout cette funeste célébrité attachée à leur nom, qui les fait regarder encore aujourd'hui comme les destructeurs de toute civilisation. Théodose, munissant les villes fortifiées, renouvelant les garnisons, aguerrissant ses soldats par de petits combats, toutes les fois qu'il se sentoit assuré de l'avantage, attendoit pour profiter des circonstances, cherchoit, par des intrigues, à diviser ses ennemis, et surtout s'empressoit de désavouer la rapacité des ministres de Valens ou la cruauté de Julius; il protestoit en toute occasion de son affection, de son estime pour la nation des Goths, et il parvint enfin à leur persuader que son amitié étoit sincère. Il fut heureux de se trouver alors en paix sur sa frontière d'Asie, heureux que Sapor II, dans sa vieillesse, ou que son successeur Artaxerces II, ne songeassent point à attaquer l'empire romain; car il auroit infailliblement succombé.

Les victoires mêmes des Goths, leur orgueil, leur intempérance, finirent par causer leur affoiblissement. Fritigern, qui, dans les momens les plus difficiles, les avoit dirigés avec tant d'habileté, étoit mort; la jalousie entre les tribus indépendantes se réveilla; elles refusèrent d'obéir à un chef commun; les peuples scythes, les

Huns, les Alains, qui avoient participé au pillage de l'empire, se séparèrent de nouveau des peuples germaniques : ils reprochoient aux Goths d'avoir fui devant eux, et les Goths sentoient renaître leur répugnance pour ces sauvages. Théodose profita avec habileté de ces semences de discorde; il attira successivement à son service plusieurs chefs de mécontens ; il convainquit bientôt les barbares qu'ils trouveroient plus de richesses, plus de jouissances à la solde de l'empereur qu'ils n'en pourroient conquérir par l'épée dans des provinces dévastées avec tant de rage; il eut soin de témoigner tant d'égards, tant de support à ceux qu'il avoit reçus sous ses étendards, que l'exemple devint contagieux; ce fut par une suite de traités avec autant de chefs indépendans que la nation gothique fut engagée à poser les armes : le dernier de ces traités fut conclu le 3 octobre 382, et il rendit la paix à l'empire d'Orient, six ans après que les Goths eurent traversé le Danube.

Cependant cette nation formidable se trouvoit désormais établie dans l'enceinte de l'empire d'Orient. Les vastes régions qu'elle avoit ravagées lui furent abandonnées, si ce n'est en toute souveraineté, du moins à des conditions qui blessoient peu son indépendance. Les Goths, dans le sein de l'empire, n'eurent pas de roi; leurs chefs héréditaires se contentèrent du nom de juges; mais leur pouvoir fut ce qu'il étoit auparavant; ils demeurèrent les commandans militaires et les présidens des assemblées populaires qui jugeoient et administroient la nation. Les Goths reconnurent d'une manière vague la souveraineté de l'empereur romain; mais ils ne se soumirent ni à ses lois, ni à ses magistrats, ni à ses impôts. Ils s'engagèrent à maintenir quarante mille hommes au service de Théodose, tout en demeurant en corps d'armée, en n'obéissant qu'aux chefs qu'ils s'étoient choisis eux-mêmes, en ne se confondant point avec les soldats romains, et en se distinguant d'eux par le titre de fédérés. Ils reprirent, dans la Mœsie et dans tous les pays situés à la droite du Danube, les travaux de l'agriculture, qu'ils avoient été forcés d'abandonner dans la Dacie. Ils se partagèrent les terres désertes; par leur mélange avec les anciens habitans, ils acquirent des connoissances nouvelles, ils poursuivirent les progrès qu'ils avoient déjà faits dans la civilisation. Ce fut alors probablement que leur apôtre, l'évêque Ulphilas, qui avoit traduit dans leur langue les évangiles, inventa pour eux l'alphabet mœso-gothique, qui porte le nom de leur nouvelle demeure. Occupant la frontière entre les deux empires et les deux langues, ils empruntèrent pour cet alphabet même quelque chose au latin comme au grec. En même temps qu'ils agissoient en maîtres dans ces provinces, leurs chefs se présentoient comme candidats pour tous les emplois à la cour de Constantinople; du commandement des armées ils passoient à celui des provinces, et le grand Théodose se vit contraint à décorer plus d'un Goth du consulat; car chaque année les deux empereurs s'entendoient encore pour élire ces anciens magistrats de la république, demeurés sans fonctions, mais dont les noms désignoient l'année dans les fastes consulaires.

Ainsi l'empire subsistoit toujours; mais dans son sein les barbares possédoient déjà et la puissance des armes et celle des magistratures; ils étoient déjà établis en corps de nation dans l'enceinte des frontières. Théodose donnoit le consulat à des Goths, et son collègue Gratien à des Francs; il le donna entre autres à Mérobaudes, l'un des rois de cette nation belliqueuse. Celle-ci avoit contracté avec l'empire une utile alliance; elle composoit presque seule les armées de l'Occident, et elle dirigeoit sans partage les conseils de la cour. Vers cette époque cependant le jeune Gratien, qui avoit obtenu de bonne heure une réputation brillante, et qui avoit délivré les Gaules d'une invasion redoutable par une grande victoire remportée sur les Allemands, près de Colmar, au mois de mai 378, commençoit à perdre sa popularité et l'appui de ses alliés germaniques. Passionné pour la chasse, il admiroit l'habileté supérieure des archers de la Scythie. Il appela à sa solde un corps considérable de ces Alains, qui avoient été obligés d'abandonner aux Huns les bords du Volga; il les établit sur la Seine; il les associa à ses plaisirs et à ses exercices; il en forma la garde de sa personne, il revêtit même leur habit. Les Romains, et les Francs leurs confédérés, ressentirent également cette préférence comme une insulte. Les légions de la Bretagne se révoltèrent, et décorèrent de la pourpre le sénateur Maximus; celles de la Gaule abandonnèrent Gratien, et ce jeune empereur, réduit à fuir, fut tué à Lyon le 25 août 383. Théodose, alors occupé d'une nouvelle agression des Ostrogoths et des Gruthunges, qu'il vainquit, et Valentinien II, qui, encore enfant, étoit censé régner sur l'Italie et l'Afrique, furent tous deux contraints à reconnoître dans Maximus (383-387) le collègue que le choix des soldats leur avoit donné.

Le règne de Théodose n'est connu que fort imparfaitement. Les historiens contemporains pour cette période manquent également à l'Orient et à l'Occident. Cependant cet empereur a été présenté sous le titre de grand à l'admiration de la postérité, et il paroît avoir mérité ce titre: d'abord par ses talens militaires, qui furent toujours pour les rois le moyen le plus sûr d'atteindre à une gloire vulgaire; ensuite, par une grande prudence dans le gouvernement difficile d'un Etat ébranlé, par une générosité qui se manifesta d'une manière brillante dans quelques occasions, et par des vertus domestiques, un amour de ses proches, une pureté dans ses mœurs, une douceur dans ses relations sociales, toujours rares dans un rang élevé, plus rares encore sur le trône de Constantinople. Cependant ce ne furent ni ses victoires, ni ses talens, ni ses vertus, qui lui procurèrent le titre de grand, ou qui excitèrent le zèle avec lequel son nom a été célébré d'âge en âge ; ce fut surtout la protection qu'il accorda à l'église orthodoxe, protection qui la fit triompher des hérétiques et des païens ; mais qui, selon l'esprit du siècle, fut entachée de la plus odieuse intolérance.

Lorsque Théodose parvint au trône de l'Orient, l'arianisme, protégé par Valens, y étoit triomphant, surtout à Constantinople. Le patriarche étoit arien, la plus grande partie du clergé et des moines, et la grande masse du peuple, étoient attachés à la même persuasion. Théodose, élevé dans des opinions contraires, évita de s'engager dans les subtiles disputes des Grecs, ou d'examiner lui-même les diverses confessions de foi et leurs preuves ; il crut plus prudent de faire choix de deux symboles vivans, deux prélats, qu'il déclara, par son premier édit religieux (380), être *les trésors de la vraie doctrine*, savoir : Damase, évêque de Rome, et Pierre, évêque d'Alexandrie. Ceux dont la foi étoit conforme à celle de ces deux luminaires de l'Eglise, furent déclarés seuls orthodoxes, seuls catholiques, et durent demeurer seuls en possession de toutes les églises, de toutes les fondations ecclésiastiques et de toutes les richesses léguées au clergé. Tous les autres furent repoussés, punis, par quinze édits successifs, de peines toujours plus sévères, privés de l'exercice de tous les droits civils, puis du droit de tester, bientôt de leur propre domicile, et chassés en exil; enfin, contre de certaines hérésies, contre celle entre autres des quartodecimans, qui célébroient la pâque le même jour que les juifs, au lieu de la célébrer un dimanche avec les autres chrétiens, la peine de mort fut prononcée. En même temps une magistrature nouvelle, celle des inquisiteurs de la foi, fut instituée par Théodose, pour épier et punir les opinions secrètes de ses sujets.

Par un sentiment d'équité, les magistrats et les prélats ne demandoient point encore compte aux païens de leurs pensées, avec la même rigueur qu'aux hérétiques; ils sembloient reconnoître en eux les droits d'une longue possession et la puissance des habitudes. Plusieurs des premiers sénateurs de Rome, des premiers orateurs et des premiers philosophes, professoient encore publiquement la religion antique. Théodose n'attacha point de punition à la manifestation de ces sentimens; il prohiba seulement l'acte le plus essentiel de l'ancien culte; il déclara qu'un sacrifice aux dieux étoit un crime de lèse-majesté, et qu'en conséquence il étoit punissable de mort.

L'Eglise, si récemment échappée aux persécutions des païens, demandoit avec un zèle déplorable à exercer la persécution à son tour. Trois hommes, pendant le règne de Théodose, s'élèvent dans les rangs du clergé, au-dessus de tous leurs rivaux, par leurs talens, la force de leur caractère, et par leurs vertus; ce sont: saint Grégoire de Nazianze, pendant un temps patriarche de Constantinople, saint Ambroise, archevêque de Milan, et saint Martin, archevêque de Tours : tous trois contribuèrent puissamment aux persécutions. Saint Grégoire, introduit par des soldats dans la cathédrale de Constantinople, malgré l'opposition de tout le troupeau qui lui étoit confié, prêta sa main à l'expulsion de tout le clergé arien, qu'il dépouilloit et qu'il remplaçoit. Lorsqu'il eut lui-même abdiqué ce siége élevé, il exhorta dans ses lettres son successeur Nectarius à ne point se relâcher dans son zèle contre les hérétiques. A Milan, saint Ambroise ne voulut pas même accorder le bénéfice de la tolérance à son propre empereur Valentinien II, qui étoit alors élevé par sa mère Justine, gouvernante de l'Italie et de l'Afrique, dans les opinions ariennes; Ambroise refusa à l'empereur, à sa mère et aux soldats goths qui formoient sa garde, l'usage d'une seule église. Il rassembla le peuple dans les basiliques (386), pour y faire la garde contre les soldats. Cette résistance populaire fit inventer alors le chant ambrosien, ou le chant perpétuel des psaumes, qui se prolongeoit la nuit comme le jour, et qui étoit destiné à tenir éveillée la multitude dans la défense des saints lieux. Saint Martin, enfin, qu'on peut regarder comme le grand apôtre des Gaules, entreprit, à la tête d'une troupe de gens armés (389), la destruction des idoles et de leurs sanctuaires dans le voisinage de Tours. Les paysans lui résistoient quelquefois, mais ils payoient bientôt cette résistance de leur vie. Cependant lorsqu'une instruction judiciaire fut entreprise à cette occasion, les saints déclarèrent et les juges prononcèrent que le sang des païens n'avoit été versé par aucun des soldats que saint Martin conduisoit à l'attaque de leurs temples: c'étoient les diables et les anges qui avoient combattu dans ces lieux divers, et les idolâtres avoient été tués en partageant la défaite des agens infernaux auxquels ils s'étoient associés.

L'influence de la religion fut exercée sur Théodose d'une manière plus digne d'elle et plus consolante pour ceux qui observent ses effets, dans la pénitence qui lui fut imposée par saint Ambroise, après un grand crime. Théodose étoit sujet aux emportemens les plus violens, et cette douceur de mœurs dont on le loue disparoissoit dès que la colère troubloit sa raison. Deux fois il fut provoqué par les séditions de deux des plus grandes villes de ses Etats. Antioche, capitale de la Syrie et de tout le Levant, et l'une des plus florissantes cités de l'empire, se souleva, le 26 février 387, contre un édit qui établissoit des taxes nouvelles; le peuple y traîna dans la boue les statues de l'empereur. La ville fut bientôt forcée à rentrer dans le devoir; mais elle dut attendre vingt-quatre jours avant de connoître quelle punition lui infligeroit Théodose, qui étoit alors à Constantinople. Ses premiers ordres furent cruels; un grand nombre de sénateurs devoient perdre la tête, beaucoup de riches devoient perdre leurs propriétés, toutes les distributions de pain devoient être supprimées au peuple, et la capitale de l'Orient devoit renoncer à tous ses priviléges pour être réduite au rang d'un village. Cependant les magistrats furent lents à exécuter ces ordres; ils intercédèrent eux-mêmes auprès de Théodose, et au bout d'un assez long délai, celui-ci accorda une grâce plénière. Le sort de Thessalonique fut plus cruel : cette puissante ville, capitale de toute la province Illyrienne, se souleva à l'occasion des futiles jeux du cirque, pour obtenir la mise en liberté d'un cocher habile qui avoit été arrêté (390). Le commandant de la ville, Botheric, fut tué avec plusieurs de ses officiers en cherchant à apaiser la sédition, et son corps fut traité avec indignité par la populace. Théodose, qui étoit alors à Milan auprès de Valentinien II, donna l'ordre aussitôt que sept mille têtes, d'autres disent quinze mille, fussent abattues à Thessalonique, en punition de cette sédition. Les habitans furent invités au cirque, comme si l'on devoit y célébrer de nouveaux jeux; ils y attendoient le signal pour le départ des chars; tout à coup les soldats s'élancent sur eux; ils frappent sans miséricorde, sans distinction d'innocent ou de coupable, d'hommes, de femmes ou d'enfans. L'horrible boucherie dura trois heures, et le tribut de têtes exigé par l'empereur fut réuni.

Cependant lorsque saint Ambroise reçut, à Milan, la nouvelle de ce massacre, il en témoigna la plus vive douleur; il écrivit à Théodose de s'abstenir de se montrer à une église où il ne pourroit paroître que souillé de sang innocent. Théodose, n'ayant pas tenu compte de cet avertissement, fut arrêté par saint Ambroise à la tête de son clergé, sur le portique par lequel il vouloit entrer dans le temple. « Ce roi qui plaisoit « à Dieu, dit Théodose, David, fut bien plus « coupable que moi; car au meurtre il avoit

« joint l'adultère. — Si vous avez imité David
« dans le crime, répondit l'archevêque, imitez-
« le dans la pénitence. » En effet, l'empereur se
soumit au châtiment de l'église, il déposa les
ornemens impériaux, il confessa ses péchés avec
larmes, dans la basilique, en présence du peuple, et seulement après huit mois de pénitence il fut réconcilié à l'église.

Théodose ne régna point sur l'Occident; son séjour à Milan fut la conséquence de l'assistance généreuse qu'il avoit donnée à son collègue Valentinien II, attaqué par surprise et chassé d'Italie, en 387, par Maximus, empereur des Gaules. Maximus, défait sur les bords de la Save en juin 388, eut la tête tranchée par l'ordre de Théodose, qui céda en même temps à Valentinien II, dont il avoit fait son beau-frère, la Gaule et tout le reste de l'Occident. Le règne nouveau de ce jeune prince ne fut pas long. Il avoit transporté sa résidence à Vienne, sur le Rhône; il y fut assassiné, le 15 mai 392, par l'ordre d'Arbogastes, général des Francs, qui long-temps avoit été plus maître que lui dans sa propre cour. Ce ne fut qu'au bout de deux ans que Théodose put rentrer en Occident pour venger son collègue; il vainquit au pied des Alpes Juliennes (6 septembre 394) le grammairien Eugène, dont Arbogastes avoit fait un fantôme d'empereur; et après cette victoire, son nom seul fut proclamé dans tout l'empire romain. Mais le terme fatal de sa vie approchoit. Atteint d'une hydropisie qui paroît avoir été la conséquence de son intempérance, il ne survécut que quatre mois à sa victoire, et il mourut à Milan le 17 janvier 395, âgé de cinquante ans; laissant le monde romain exposé à toutes les calamités que ses talens et son courage avoient eu peine à suspendre.

CHAPITRE VI.

Arcadius et Honorius. — Invasion de l'Occident par les peuples germaniques. — 395-423.

Le grand Théodose, qu'on avoit vu passer à plusieurs reprises de l'activité énergique d'un guerrier à l'indolence et à la mollesse d'un Sybarite, est accusé par Zozime, écrivain qui s'est toujours montré son ennemi personnel, d'avoir corrompu les mœurs de son siècle et précipité ainsi la chute de l'empire. Certainement, quand nous nous rappelons ce que furent les prédécesseurs de Théodose, ce qu'étoient les Romains sous Tibère et Néron, ce qu'ils étoient sous Gallien, nous trouverons qu'il restoit en eux peu de chose à corrompre ; il semble encore que Théodose, toujours fidèle aux devoirs domestiques, toujours bon mari et bon père, même au temps de cette mollesse qu'on lui reproche, ne pouvoit être considéré comme corrupteur. Cependant il se fit sans aucun doute durant son règne un dernier progrès vers cette dégénération des esprits, vers cet abaissement des courages, qui se manifesta sous le règne honteux de ses deux fils, et qui acheva d'ébranler le colosse de l'empire romain. Ce fut alors que dans les camps, les soldats qui ne rougissoient pas de se dire encore Romains, déposèrent leurs armures, et que cette redoutable infanterie accoutumée à combattre de près et à attaquer l'épée à la main les rangs qu'elle avoit ébranlés en lançant son pilum, se changea en une troupe timide d'archers, dépourvus d'armure défensive et forcés à fuir dès que l'ennemi essayoit de les joindre. Ce fut alors que dans les villes tous les bourgeois montrèrent la répugnance la plus invincible à se charger de fonctions publiques, et qu'on les vit s'y dérober par les expédiens les plus honteux. Ce fut alors que les magistrats, les sénateurs commencèrent à faire leur cour aux rois barbares, qu'on les vit transporter les arts de l'intrigue et la finesse de la flatterie dans les camps de ces capitaines goths ou francs qu'ils regardoient encore comme leurs inférieurs, mais de qui dépendoit leur fortune. Ce fut alors enfin que la croyance au pouvoir divin des rois, au crime du peuple dans toute résistance, s'accrédita dans tous les rangs de la société. Les prélats, pleins encore de reconnoissance pour l'appui que leur avoit prêté Théodose, enseignèrent que le pouvoir de Dieu et celui de ses ministres pouvoient seuls poser des limites au pouvoir des rois. S'il est une grande leçon à déduire des dégradantes révolutions de l'empire dont nous devons encore nous occuper dans ce chapitre et les deux suivans, c'est, au contraire, que le pouvoir absolu est fatal à celui qui l'exerce et à celui qui lui est soumis. Nous avons vu, nous allons voir encore des souverains qui ne méritent pas même d'être appelés méchans, affliger l'espèce humaine de calamités qui ne furent point égalées dans les révolutions qu'on a le plus signalées à notre épouvante, et dont on a accusé les passions orageuses des peuples.

Si les Romains se corrompirent pendant le IVe siècle, il faut aussi en tirer cette conclusion importante, c'est que l'adversité peut avoir sur la vertu des peuples des conséquences plus funestes encore que la prospérité. Sans doute la période de l'invasion des Allemands dans les Gaules, des Calédoniens en Bretagne, des Maures en Afrique, des Sarmates en Pannonie et des Goths dans toute l'Illyrie, n'étoit pas celle où les hommes devoient s'endormir dans la mollesse au sein des plaisirs. Mais c'est l'effet de la longue durée des États et de leur haute puissance de séparer les habitans en deux classes toujours plus étrangères l'une à l'autre, les riches et les pauvres; de faire toujours plus disparoître la classe intermédiaire; enfin, à mesure que cette classe est retranchée, de déraciner et d'anéantir toutes les vertus sociales.

Lorsque ce gouffre s'est ouvert entre les deux

parties extrêmes de la société, chacune des révolutions successives contribue à l'agrandir; les progrès de l'opulence avoient favorisé les riches, les progrès de la détresse les favorisent encore. La classe moyenne n'avoit pu soutenir leur concurrence durant la prospérité; elle est écrasée durant l'adversité sous les calamités que les plus riches ont seuls la force de soutenir. Rome avoit commencé à se corrompre dès les temps de la république, lorsque la classe moyenne cessa d'imprimer à toute la nation son caractère propre; la corruption s'accrut à mesure que les rangs intermédiaires disparurent, elle fut portée à son comble lorsqu'il ne resta plus dans l'empire que des millionnaires et de la populace.

En effet, c'est dans les rangs de la médiocrité que résident essentiellement les vertus domestiques, l'économie, la prévoyance de l'avenir et l'esprit d'association. C'est dans ses rangs qu'une certaine énergie est sans cesse mise en œuvre ou pour s'élever, ou pour se maintenir au point où l'on est parvenu. Ce n'est qu'en elle que peut se conserver ce sentiment d'égalité sociale sur lequel repose toute justice. Il faut voir ses égaux, il faut vivre avec eux, il faut rencontrer à toute heure leurs intérêts et leurs passions, pour s'accoutumer à chercher seulement dans le bien commun son propre avantage. La grandeur isole, l'immense opulence accoutume chaque individu à se regarder comme étant seul une puissance. Il sent qu'il peut subsister indépendamment de sa patrie, se maintenir ou tomber sans elle ; et bientôt ses valets, tous les subalternes qui l'entourent, achèvent de persuader à celui qui dépense autant qu'un petit peuple, que ses plaisirs, ses souffrances, ses caprices même, ont plus d'importance réelle que ceux des milliers de familles qu'il remplace.

On conserve la moralité d'une nation en associant ses sentimens à tout ce qui a de la durée ; on la détruit en les concentrant dans le moment présent. Que vos souvenirs vous soient chers, et vous soignerez aussi vos espérances ; mais si vous sacrifiez aux plaisirs d'un jour la mémoire de vos ancêtres ou vos devoirs envers vos enfans, vous n'êtes que des passagers dans la patrie, vous n'y êtes plus des citoyens. Dans l'empire romain, au temps du grand Théodose, les deux rangs qui restoient seuls dans la société avoient également honte du passé, peur de l'avenir, besoin de s'étourdir sur le présent. Au bas de l'échelle sociale, la populace, sortie des rangs des esclaves ou prête à y rentrer, vivoit des distributions publiques de vivres, ou d'un salaire journalier au-delà duquel elle ne voyoit plus rien. Sans espérance pour l'avenir, ces hommes ne pouvoient rien perdre que la vie, et cette vie il ne leur étoit pas même permis de s'accoutumer à la défendre. Qu'avoient-ils de mieux à faire que de s'étourdir sur des calamités qu'ils ne pouvoient point détourner, et qui ne les avoient pas plus tôt atteints qu'elles leur ôtoient la faculté de les sentir? A l'autre extrémité de l'échelle sociale, les sénateurs étoient encouragés dans la même indifférence. Les possessions de presque tous s'étendoient dans plusieurs provinces très éloignées : celui même qui apprenoit que ses récoltes dans la Gaule avoient été brûlées comptoit encore sur ses greniers d'Espagne ou d'Afrique; celui qui ne pouvoit dérober ses champs de la Thrace aux ravages des Goths comptoit que les Persans n'arriveroient pas jusqu'à ses oliviers dans la Syrie. Quelque sévères que fussent les pertes qu'il éprouvoit, elles n'alloient presque jamais jusqu'à lui faire connoître le besoin. A cause d'elles, il renonçoit souvent au mariage, et, en effet, toutes les grandes familles s'éteignoient rapidement; mais il ne renonçoit jamais au luxe. Sur une échelle bien moins étendue, nous avons vu, avant le premier partage de la Pologne, les princes de cette nation se reposer sur une garantie de même nature; les effroyables ravages des Cosaques zaporoves ne ruinoient pas un descendant des Jagellons; mais pour lui la sécurité de la fortune unie au patriotisme étoit un motif pour tout oser : la même sécurité dans le sénateur romain, unie à l'égoïsme, étoit seulement un motif pour ne pas tout craindre.

L'imprévoyance, le goût effréné du plaisir, dans la plus haute et la plus basse classe, se manifestent à chaque page de l'histoire romaine à cette époque. Le massacre de Thessalonique nous en a montré un singulier exemple. Thessalonique étoit la capitale de cette grande préfecture Illyrique qui avoit éprouvé pendant quatre ans les affreux ravages des Goths. Il y avoit huit ans, il est vrai, que la paix étoit faite, mais l'armée et la nation des Goths étoient demeurées maîtresses de la province ; d'ailleurs il y avoit moins de quatre ans qu'une nouvelle invasion, celle des Gruthunges, avoit fait trembler toute la province. C'étoit dans ces circonstances que le peuple de cette grande ville, qui n'avoit jamais résisté ni à l'ennemi ni aux abus du pouvoir, se souleva pour un cocher du cirque, et massacra le lieutenant de l'empereur, ses officiers et ses soldats. Bien plus, le goût de ces spectacles étoit si excessif et si imprévoyant que la foule, après avoir provoqué un monarque dont elle connoissoit les emportemens, se rendit de nouveau, sans défiance, dans le cirque, et attendoit encore des jeux quand elle fut livrée à la vengeance du maître. Le même goût régnoit dans toutes les capitales; la même fureur pour les jeux scéniques demeuroit seule aux Romains, de toutes leurs anciennes passions publiques. Des distributions de pain à la populace la dispensoient souvent du travail, et comme elle ne connoissoit aucun luxe, comme elle ne désiroit aucune autre jouissance, la vie entière du citadin, au milieu des souffrances publiques, se consommoit dans ces lâches plaisirs.

La succession des deux fils de Théodose entre lesquels l'empire fut divisé (17 janvier 395) n'étoit pas faite pour réveiller le monde romain de son sommeil. Deux enfans, qui jamais ne devinrent hommes, recueilloient l'héritage d'un héros. Arcadius, auquel l'Orient fut destiné, avoit dix-huit ans; Honorius n'en avoit pas plus de onze. Le premier régna treize ans (395-408), le second vingt-huit (395-423). On ne put jamais distinguer le moment où l'un ou l'autre parvint à l'âge de raison : toutefois la foiblesse de l'aîné se fit ressentir immédiatement par l'empire, parce qu'on ne pouvoit point se dispenser d'accorder quelque attention à ses volontés ou à ses goûts, et que la cour, se proportionnant à la nullité du maître, fut dirigée dès le commencement par les basses intrigues de la foiblesse et de la fraude, tandis que l'enfance du second laissa pendant treize ans, de 395 à 408, occuper la première place à celui qui en étoit le plus digne, au grand Stilichon.

Théodose avoit confié ses deux fils à ses deux

plus habiles ministres; il avoit espéré qu'ils se seconderoient l'un l'autre, et que l'unité de l'empire seroit préservée sous le gouvernement de deux anciens collègues, dirigeant deux frères mineurs. Le premier sentiment que manifestèrent ces ministres fut au contraire celui de la jalousie; la rancune du plus foible contre le plus habile chercha un appui dans les préjugés populaires: l'Orient, qui parloit grec, fut excité à se défier de l'Occident, qui parloit latin; la différence des mœurs s'accordoit avec celle des langages; deux nations furent mises en opposition l'une avec l'autre: l'unité du monde romain fut rompue, et deux empires, celui d'Orient et celui d'Occident, commencèrent à croire qu'ils n'avoient plus rien de commun l'un avec l'autre.

Rufin, habile jurisconsulte des Gaules, que Théodose avoit élevé au rang de préfet de l'Orient, étoit chargé de la direction des conseils d'Arcadius et de la cour de Constantinople. Dès long-temps on lui reprochoit son avarice et sa cruauté. Ses vices avoient cependant été contenus par l'œil du maître, ils éclatèrent sans contrainte lorsqu'il ne reconnut plus de supérieur. Déjà il croyoit avoir assuré pour jamais sa fortune, en faisant épouser sa fille unique à son souverain: Arcadius paroissoit content; le jour fixé pour la cérémonie, la pompe s'achemina vers le palais du préfet, pour y chercher la nouvelle impératrice. Mais en passant devant la demeure de la belle Eudoxia, Arcadius s'y arrêta; il déclara que c'étoit là l'épouse qu'il avoit choisie, et il la reconduisit au palais, au lieu de la fille du préfet. Ce n'étoit point cependant d'après un projet qui lui fût propre ou une passion qui le dominât que le monarque de l'Orient jouoit ainsi son vieux ministre : il avoit seulement donné les mains à une intrigue du palais, conduite par l'eunuque Eutrope; il cédoit, comme il devoit céder pendant tout son règne, aux insinuations de ses domestiques, les seuls de ses sujets qu'il dût jamais connoître. Peu après, le 27 novembre 395, Rufin fut massacré aux pieds de son maître, par ordre du Goth Gainas, qui ramenoit de l'Occident les légions de Théodose, et Arcadius, étranger à l'empire, abandonna les rênes du gouvernement aux vils favoris que la fraude ou la violence élevoient tour à tour à la domination du palais.

Stilichon, soldat de fortune, qu'on croit avoir été fils d'un Vandale, et qui déjà sous le règne de Théodose avoit déployé ses grands talens pour la guerre, se trouvoit à la tête de l'armée d'Occident au moment de la mort de l'empereur, et il demeura chargé sans partage de la tutèle d'Honorius. Stilichon est le héros de Claudien, le dernier des grands poètes de Rome; et les vers de celui-ci sont presque les seuls monumiens de l'histoire du tuteur d'Honorius : aussi il ne nous apparoît que d'une manière confuse sous cette lumière poétique, dans un temps où presque tous les historiens se taisent, et où, pour établir la réputation d'un grand homme, nous devons choisir entre des panégyristes et des calomniateurs, que nous savons avoir été payés par l'empereur les uns comme les autres. Ces témoignages contradictoires et également suspects laissent voir cependant Stilichon comme une ombre imposante et digne de cet empire dont il défendoit encore les ruines. Son génie militaire lui assura des victoires, quoiqu'il ne trouvât plus de soldats; il ne montra pas seulement du courage, mais aussi du dévouement, de l'oubli de soi-même pour une patrie qui déjà n'existoit plus; enfin il grandit encore à nos yeux pour avoir voulu intéresser à la défense nationale le sénat romain, les grands, les députés des provinces; mais il ne trouva chez eux tous qu'une éloquence vide de sens et un étalage vaniteux de sentimens d'emprunt au lieu de patriotisme.

Cet empire d'Occident, que Stilichon étoit appelé à défendre au moment du plus extrême danger, n'étoit déjà plus qu'un vaste désert, où l'on ne trouvoit point de soldats, où l'organisation régulière établie par les lois étoit suspendue, et où l'on ne reconnoissoit que deux autorités : celle d'une aristocratie territoriale qui n'étoit revêtue d'aucun privilége légal, mais qu'aucune loi ne pouvoit atteindre, et celle d'un clergé fanatique qui disposoit de la multitude.

L'Italie, la Gaule, avoient encore et des officiers nommés par l'empereur, et des magistrats municipaux élus par les villes ; mais les uns et les autres étoient impuissans pour faire exécuter les lois dans le vaste domaine d'un sénateur, car ce domaine couvroit des provinces. L'Afrique, dont les cinq provinces avoient entre elles un déploiement de trente degrés d'étendue, ou de plus de six cents lieues, le long des côtes de la Méditerranée, étoit tombée tout entière sous la dépendance des enfans du Maure Nabal, son plus riche propriétaire. Les esclaves de cette famille, ses créatures, ses cliens, lui donnoient une puissance contre laquelle celle de l'empereur lui-même ne pouvoit lutter. Firmus, dont nous avons vu ailleurs la révolte, étoit un de ces enfans ; après lui vint Gildo, son frère, qui, de 386 à 398, se fit presque une souveraineté indépendante de cette vaste contrée. Lorsque Stilichon voulut enfin le ramener à l'obéissance, il destina une armée de cinq mille soldats à conquérir une région grande au moins deux fois comme la France. Ce n'est pas tout : il ne crut point pouvoir tenter cette entreprise s'il n'associoit à la puissance impériale l'animosité d'un ennemi privé. Mascezel, frère de Gildo, avoit été dépouillé par lui de son héritage; ses enfans avoient été massacrés, et il nourrissoit contre son frère la haine et le désir de vengeance d'un Maure. Ce fut à lui que la conquête de l'Afrique fut réservée: il y effectua sa descente en 398, avec les cinq mille soldats qu'on lui avoit donnés pour combattre son frère, et après qu'il se fut vengé, sa mort inopinée, au passage d'un pont d'où son cheval le précipita, mit un terme à ce pouvoir patrimonial, qui n'étoit dû ni au choix du monarque ni à celui du peuple. Dans une autre occasion, les désastres du règne d'Honorius nous apprennent que les frères de Théodose, comme plus riches propriétaires de la Lusitanie, n'exerçoient pas moins de pouvoir sur l'Espagne que Gildo n'en exerçoit sur l'Afrique.

Le règne des fils de Théodose fut l'époque fatale de l'établissement des barbares dans l'Occident. D'une part, les Visigoths, partis de la Servie actuelle, après avoir ravagé la Grèce, puis l'Italie, obtinrent enfin une demeure stable au pied des Pyrénées, et y fondèrent la monarchie qui couvrit bientôt les Espagnes; d'autre part, les Germains, franchissant le Rhin et se répandant sur la Gaule et l'Espagne, fondèrent les monarchies des Bourguignons, des Suèves de Lusitanie et des Vandales de Bétique. Les actes de cette grande catastrophe demandent à être exposés dans leur ordre; nous sommes appelés tour à tour à voir marcher l'histoire devant nous, puis à juger ses résultats; et nous implorons l'indulgence du lecteur pour les arides expositions de faits dont nous devons quelquefois charger sa mémoire.

Les Visigoths, établis dans la Mœsie depuis 382, avoient déjà eu le temps de réparer les désastres éprouvés dans la guerre par laquelle ils avoient perdu leur ancienne patrie, et ils en avoient conquis une nouvelle. Une nation dans la vigueur de la jeunesse recouvre en effet rapidement ses forces par le repos; tandis que l'empire, parvenu à la décrépitude, perdoit les siennes par la fuite des armées. Une brillante jeunesse demandoit à se distinguer dans les armes, à l'exemple de ses pères; mais quoique sollicitée de s'engager au service d'Arcadius, elle méprisoit des récompenses militaires que la valeur ne décernoit pas; elle souffroit de voir la bravoure des soldats déshonorée par la lâcheté des chefs, ou la fortune des aventuriers rendue dépendante de la faveur des cours. Alaric, prince de la maison royale des Balthi, avoit, comme ses compatriotes, fait dans les troupes de l'empereur ses premières armes; lorsqu'il avoit ensuite demandé un avancement proportionné au rang qu'il occupoit dans sa nation, ou aux talens qu'il avoit développés au service de Rome, il fut refusé d'une manière offensante. Bientôt il enseigna au fils de Théodose quel ennemi ce foible monarque avoit imprudemment provoqué : les Visigoths, dont il réveilla les passions belliqueuses, l'élevèrent sur un bouclier, le saluèrent comme leur roi, et lui demandèrent de les conduire dans ces riches provinces où la gloire, la richesse et toutes les jouissances qu'elle procure, seroient la récompense de leur valeur. Aussitôt qu'Alaric eut annoncé qu'il alloit attaquer l'empire, de nombreuses hordes scythiques passèrent le Danube sur la glace, pour venir se ranger sous ses étendards; et au commencement de l'année 396, une formidable armée, qu'aucune ligne de fortifications ne pouvoit arrêter, s'avança jusqu'à Constantinople, en ravageant tout le pays qu'elle traversoit.

La Grèce avoit jusqu'alors échappé aux invasions des barbares, car celles-ci s'étendoient rarement plus au midi que Constantinople; mais Alaric voulut faire partager à ses soldats les richesses encore intactes de ces illustres contrées. Les défilés des Thermopyles, au pied du mont Oeta, lui furent abandonnés par la lâcheté des soldats; pendant une longue paix, toutes les fortifications des villes de l'Achaïe étoient tombées en ruines, et le Visigoth pénétra, en 396, dans le sanctuaire de l'antique civilisation. Il accorda une capitulation à Athènes; mais il abandonna à la rapacité de ses soldats tout le reste de cette contrée, enrichie par tant de monumens, et rendue sacrée par le souvenir de tant de vertus. C'est alors que le temple de Cérès Éleusis fut pillé, et que les mystères de Diane, qu'on y avoit célébrés pendant dix-huit siècles, furent interrompus.

Alors aussi commença la lutte mémorable entre l'habile tactique de Stilichon et l'impétuosité d'Alaric. Le premier, qui avoit passé l'Adriatique avec les légions d'Italie, savoit que ses soldats ne tiendroient jamais contre la vaillance des Goths : aussi mit-il tout son art à attirer ces derniers dans un pays de défilés, à les y enfermer par une guerre de postes, en évitant toujours une bataille, à les assiéger en quelque sorte sur une montagne et à les y affamer. Ce fut la même habileté que Stilichon déploya à plusieurs reprises, et contre Alaric et contre les autres généraux barbares; mais, dans la campagne de Grèce, ses mesures furent déjouées par ceux dont il devoit le moins se défier. Les lâches courtisans de Constantinople craignoient plus encore le crédit qu'un grand homme pourroit acquérir sur leur monarque par un service signalé que l'épée d'un ennemi, qui ne menaçoit pas leur personne. Ils engagèrent Arcadius à donner au général de l'Occident l'ordre d'évacuer son empire; en même temps l'empereur demanda la paix à Alaric, et il l'acheta en le nommant maître général de l'infanterie dans l'Illyrie orientale.

Non seulement les vices du gouvernement despotique avoient successivement détruit toutes les ressources de l'empire ; dans ses dernières calamités, ce fut encore l'acte immédiat, l'acte direct du souverain, qui attira les plus cruels désastres sur ses peuples. Lorsque Arcadius, d'après la plus basse jalousie, accorda à son ennemi le commandement de la province même qu'il venoit de dévaster, il mit en même temps à sa disposition les quatre grands arsenaux de la préfecture Illyrique, à Margus, à Ratiaria, à Naissus et à Thessalonique. Pendant quatre ans, tous les plus habiles armuriers de l'empire furent uniquement occupés, dans ces quatre ateliers, à forger des armes pour les Goths ; pendant quatre ans, Alaric forma ses soldats d'après la discipline romaine à l'usage de ces armes, si supérieures à celles qu'ils avoient auparavant portées ; et lorsqu'avec l'aide des Grecs, il eut rendu ses Visigoths bien plus redoutables qu'ils ne l'eussent jamais été, il les invita à venir montrer aux Romains quel usage ils savoient faire des leçons que leur avoient données leurs concitoyens. Dans l'automne de 402, il passa les Alpes Juliennes, et il entra en Italie par le Frioul.

Lors même que les campagnes de ces deux grands capitaines, Alaric et Stilichon, nous seroient connues avec assez de détail pour offrir quelque instruction à ceux qui voudroient y étudier l'art militaire, ce ne seroit point le lieu de les exposer ici; il y auroit moins d'avantage encore à nous appesantir sur des scènes de souffrances et de calamités dont cette histoire offre déjà un trop grand nombre. Une seule chose mérite donc de fixer notre attention, ce sont les preuves nouvelles qui se présentent à chaque pas de cet état d'épuisement, de cet état de mort d'un empire qui comprenoit encore l'Italie, l'Espagne, la France, l'Angleterre, la Belgique, l'Afrique et la moitié de l'Allemagne; d'un empire encore dirigé par un grand guerrier et un grand homme d'État, qui, avec tout son génie, ne pouvoit plus lui communiquer de vigueur. Stilichon étoit en effet le vrai monarque de l'Occident. Honorius, parvenu à l'âge de dix-huit ans, avoit alors fixé sa résidence au palais de Milan; tout son plaisir étoit d'y nourrir des poulets, qui connoissoient sa voix et qui venoient manger dans sa main. Nous ne voulons pas l'en blâmer; c'est un plaisir bien innocent, et qui ne dérangeoit rien à l'administration de l'empire. Pour ne pas déranger non plus celle de sa basse-cour, les courtisans n'avoient jamais prononcé devant lui le nom d'Alaric, ni laissé entrevoir le danger qui menaçoit l'empire, jusqu'au moment où le roi des Goths fut parvenu sur l'Adige. A la première nouvelle de l'approche de l'ennemi, l'empereur n'eut d'autre pensée que celle de sauver sa personne. Stilichon, qui craignoit la terreur que la fuite du jeune souverain répandroit dans toute l'Italie, eut une peine extrême à le retenir, par la promesse qu'il lui fit de revenir bientôt à lui avec une armée capable de le défendre. L'hiver, pendant lequel les Goths s'étoient mis en quartiers dans le voisinage de Trévise, lui donnoit un peu de temps pour rassembler des soldats; mais il n'y en avoit point dans toute l'Italie. Ce fut de la Gaule, de la Bretagne même que Stilichon fut obligé de les faire venir. Il abandonna à la foi des peuples barbares et toutes les rives du Rhin et le mur des Calédoniens; il fondit dans son armée tous les anciens ennemis de Rome qui voulurent bien s'engager sous ses étendards, et, avec quarante ou cinquante mille hommes, il repassa les Alpes, au printemps de 403, tandis qu'Alaric, qui de son côté avoit passé l'Adige, poursuivoit Honorius, et l'assiégeoit déjà dans Asti. Stilichon força le superbe roi des Goths à lever le siége; il profita de sa dévotion pour l'attaquer à Pollentia, pendant la solennité de Pâques, et le vaincre dans une sanglante bataille (29 mars 403). Il l'arrêta dans sa marche, comme il vouloit traverser les Apennins et porter ses ravages dans l'Italie méridionale; il le força de rebrousser chemin vers les Alpes, et il l'y battit encore dans le voisinage de Vérone. Malgré toutes ses victoires, il se regarda comme heureux que le terrible roi des Goths évacuât enfin l'Italie et se retirât dans la Pannonie.

Honorius s'attribua les honneurs d'un triomphe, pour célébrer les victoires de Stilichon, et cette solennité romaine fut, pour la dernière fois, souillée par les sanglans combats des gladiateurs : une loi d'Honorius les abolit pour jamais peu après. Mais cet empereur, qui avoit visité Rome avec éclat (404), qui, d'après les conseils de Stilichon, avoit montré au sénat et au peuple une déférence à laquelle les anciens souverains du monde étoient dès long-temps désaccoutumés, ne comptoit point assez sur les victoires qu'il célébroit ainsi pour oser fixer son séjour, ou dans l'ancienne capitale de l'empire, ou dans la métropole de la Lombardie. Son premier soin fut de chercher dans ses États une ville à l'abri des attaques de tous ses ennemis. Il fit choix de Ravenne, qui, bâtie alors sur pilotis, percée de canaux et entourée de marais, présentoit l'aspect qu'on retrouve aujourd'hui dans Venise, et n'étoit pas moins que cette dernière ville à l'abri de toute agression du côté de terre. A peine s'y étoit-il retiré que l'Occident fut alarmé par la marche de Rhadagaise, et par la grande et finale invasion des barbares, qui dès lors n'évacuèrent plus l'empire.

On a attribué à de nouveaux mouvemens des peuples scythes, aux victoires de Toulun, khan des Geougen, sur les Huns (400), l'ébranlement de toute la Germanie; je croirois plus probable cependant que la dernière invasion de l'empire d'Occident fut déterminée par les passions des peuples germains eux-mêmes. Déjà depuis plusieurs générations, leurs jeunes gens et leurs guerriers étoient venus chercher de la gloire et du butin dans l'enceinte de l'empire; l'habitude étoit prise; la direction étoit donnée aux esprits vers cette carrière. Chaque expédition faisoit connoître davantage la foiblesse des adversaires que les Germains se proposoient de piller; et lorsqu'ils virent les Goths s'établir au midi du Danube, ravager l'Italie et la Grèce, et menacer l'ancienne capitale du monde, ils purent commencer à craindre qu'Alaric ne leur laissât plus rien à prendre. Rhadagaise, roi d'un des peuples qui avoient leur demeure sur les bords méridionaux de la Baltique, dans le Mecklembourg, déclara qu'il avoit fait vœu de ne pas remettre l'épée dans le fourreau qu'il n'eût abattu les murailles de Rome, et qu'il n'en eût partagé les trésors entre ses soldats. Une foule de guerriers, et jusqu'à des peuples entiers, se déclarèrent alors prêts à le seconder; entre eux il est devenu difficile de reconnoître celui qui étoit soumis plus immédiatement à ses ordres. Les Bourguignons, les Vandales, les Silinges, les Gépides, les Suèves et les Alains s'ébranlèrent en même temps; plus de deux cent mille guerriers se réunirent, dans toute la Germanie, en trois grands corps d'armée; dans plusieurs provinces, ils conduisirent avec eux leurs femmes et leurs enfans, et le pays qu'ils abandonnèrent demeura désert.

Stilichon n'avoit pas pu renvoyer aux frontières de l'empire les légions qu'il en avoit rappelées pour repousser Alaric; il les retenoit sous ses ordres en Italie. Mais toutes les forces réunies de cette immense monarchie ne passoient guère trente-cinq mille soldats, tant avoit été grande la mortalité dans la dernière guerre, et telle étoit la difficulté des recrutemens. Le Bas-Danube étoit abandonné aux Goths; le Haut-Danube étoit ouvert; le Haut-Rhin étoit confié à la foi douteuse des Allemands, le Bas-Rhin à la fidélité des Francs. Rhadagaise, avec un des trois corps d'armée, entra (406) sans difficulté en Pannonie; il n'éprouva pas plus de résistance à passer les Alpes, à traverser le Pô, à franchir même la chaîne des Apennins. Honorius s'enfermoit en tremblant dans Ravenne; Stilichon réunissoit avec peine ses soldats à Pavie.

Ce dernier se mit enfin en mouvement pour suivre Rhadagaise; il l'atteignit près de Florence, et, déployant de nouveau cette même habileté avec laquelle il avoit deux fois attaqué Alaric, il le repoussa de poste en poste; il l'enferma dans ses fortifications sans jamais lui présenter l'occasion de combattre; il l'assiégea enfin sur les hauteurs arides de Fiésole, et il le réduisit, après avoir perdu le plus grand nombre de ses soldats par la faim, la soif et les maladies, à se rendre enfin à discrétion. Le vaincu, qui se confioit à la générosité d'Honorius, devoit conserver peu d'espoir; l'empereur, encore tremblant, fit couper la tête à son captif.

Mais la défaite de Rhadagaise ne délivroit point l'empire; deux autres corps d'armée s'avançoient sur la Gaule : l'un, conduit par Gondicaire, roi des Bourguignons, franchit le Haut-Rhin, entraîna les Allemands avec lui, et ravagea toute la Gaule orientale; l'autre, conduit par Godégisile, roi des Vandales, rencontra sur le Bas-Rhin les Francs qui lui opposèrent une vigoureuse résistance; après un combat obstiné dans lequel les Alains arrivèrent à temps à l'aide des Vandales déjà mis en déroute, le Rhin fut franchi, le 31 décembre 406, et toutes les nations barbares de la Germanie se répandirent dans les Gaules avec une égale fureur. Pendant trois ans le massacre, le pillage, l'incendie, se répétèrent de province en province, sans que les Gaulois pussent nulle part opposer de résistance, sans que le gouvernement impérial fît aucun effort pour les défendre, et sans que les conquérans se fatiguassent de leur cruauté. Comme le butin commençoit cependant à ne plus suffire à leur cupidité, car dans leur première rage ils avoient détruit des richesses dont ils regrettèrent ensuite l'usage, et ils avoient brûlé des magasins qui les laissèrent exposés à la famine, le 13 octobre 409, une partie des Suèves, des Vandales et des Alains, força les passages des Pyrénées, pour traiter l'Espagne comme elle avoit traité la Gaule. Alors ces peuples commencèrent enfin à sentir le besoin du repos; ils établirent leurs quartiers dans les provinces subjuguées, de telle sorte que chaque armée souveraine pût exercer une oppression régulière sur les provinciaux, traités désormais, non pas en ennemis, mais en esclaves. Vers l'an 410, l'Espagne fut divisée entre ses vainqueurs germaniques; les Suèves et les Vandales se partagèrent l'ancienne Galice, les Alains la Lusitanie, les Silinges la Bétique; tandis que dans la Gaule les Bourguignons s'avancèrent de la Moselle jusqu'au Rhône, les Allemands s'établirent dans l'Helvétie orientale, les Francs étendirent leurs quartiers dans la Belgique. Toutefois les Germains n'effectuèrent point un partage immédiat des terres, ils ne voulurent pas cesser d'être soldats pour devenir citoyens.

On s'étonnera que le grand Stilichon ne fît rien pour défendre l'empire; mais des intrigans de cour avoient déjà ébranlé son pouvoir. Honorius, après sa fuite de Milan, avoit commencé à se croire un grand capitaine, et sa confiance en lui-même s'étoit accrue par le triomphe qu'il s'étoit décerné. Il jugea qu'il étoit en âge de gouverner par lui-même, et son premier essai en politique fut de contrarier toutes les opérations de son général. Un vil favori, qu'il avoit approché de sa personne, Olympius, originairement chargé de soigner l'illumination de son palais, avoit éveillé son orgueil; il lui répétoit sans cesse qu'on s'étonnoit qu'à vingt-cinq ans l'empereur ne fût pas encore son propre maître. Dès que les courtisans avoient remarqué le déclin du crédit de Stilichon, ils avoient rassemblé avec art des obstacles de tout genre sur son chemin. Ce grand homme, digne d'appartenir à un temps meilleur, avoit voulu relever le crédit du sénat et engager le premier corps de l'État à prendre en mains les affaires de la république; mais il n'avoit trouvé dans cette assemblée que des rhéteurs, qui songeoient bien plus à acquérir de la popularité en étalant de nobles sentimens, ou en imitant le langage de leurs ancêtres, qu'à connoître les affaires de l'Etat, ses forces et ses ressources. Stilichon avoit été réduit à lutter long-temps pour les amener à souscrire avec Alaric un traité devenu nécessaire, mais qu'ils déclaroient indigne de l'antique majesté romaine. Stilichon n'avoit rien négligé non plus pour relever le courage de l'armée et pour rétablir sa discipline; mais l'expérience lui avoit appris qu'il ne pouvoit trouver dans les soldats de l'intrépidité, de la constance contre les privations, de la vigueur pour supporter les fatigues, que parmi les auxiliaires barbares. Les faveurs qu'il leur avoit accordées, les ménagemens politiques par lesquels il cherchoit à recruter les défenseurs de Rome chez ses ennemis, inspirèrent du mécontentement à ceux des soldats qui se disoient Romains. Honorius et son favori Olympius prirent à tâche d'aigrir encore ceux qui accusoient Stilichon. Le premier, en l'absence de son général, voulut passer en revue l'armée assemblée à Pavie; et il lui adressa un discours propre à enflammer son courroux. Il désiroit que les soldats lui demandassent d'écarter l'homme qu'il signaloit comme ayant abusé de sa confiance; mais la sédition éclata avec une violence qu'il n'avoit point prévue; les soldats massacrèrent deux préfets du prétoire, deux maîtres généraux de la cavalerie et de l'infanterie, et presque tous leurs généraux et leurs officiers, parce qu'ils leur avoient été donnés de la main de Stilichon. Aussitôt Honorius s'empressa de publier en tremblant un décret pour condamner la mémoire des morts, pour approuver la conduite et la fidélité des troupes insurgées. Au moment où la nouvelle de cette boucherie fut portée au camp des fédérés, de Boulogne, où se trouvoit Stilichon, tous les chefs de ces soldats barbares lui offrirent de le défendre, de le venger, de l'asseoir même sur le trône. Il ne voulut point exposer l'empire à une guerre civile pour le salut de sa personne. Il refusa leurs offres, il avertit même les cités romaines de se tenir en garde contre les soldats fédérés; et se rendant directement à Ravenne, il s'assit au pied de l'autel de la grande église, invoquant la sauvegarde de la superstition au défaut de celle de la reconnoissance; mais il ne put se dérober au sort que la lâcheté sur le trône réserve à la grandeur d'un sujet. Le comte Héraclius, envoyé pour l'arrêter par l'empereur, se seroit fait scrupule de violer l'asile du sanctuaire; il ne s'en fit aucun de tromper l'évêque de Ravenne par un faux serment; et s'étant fait livrer Stilichon, il lui abattit la tête de son épée devant la porte de l'église, le 23 août 408.

Stilichon avoit trop de grandeur d'âme pour ne pas apprécier cette qualité dans les autres. Il honoroit son adversaire Alaric; il savoit ce qu'il devoit en craindre, et il avoit employé toute sa politique à conserver la paix avec lui pendant l'invasion de Rhadagaise. Le lâche Honorius, au contraire, qui ne pouvoit être atteint par aucun danger dans sa retraite de Ravenne, crut qu'il suffisoit de montrer de l'arrogance pour avoir de la force, et d'insulter son ennemi pour être plus puissant que lui. Il écarta du commandement des armées les capitaines barbares qui avoient le plus de valeur et de réputation; il éloigna de tout office public quiconque professoit une autre religion que la sienne, et il se priva ainsi des services d'un grand nombre d'officiers distingués, ou païens ou ariens. Pour achever enfin de purifier son armée, il ordonna un massacre général, le même jour, à la même heure, de toutes les femmes et de tous les enfans des barbares, que ces barbares servant dans ses armées lui avoient remis comme ôtages; il livra aussi au pillage toutes leurs richesses. La foi des barbares fédérés étoit garantie par ces ôtages qu'ils avoient déposés dans toutes les villes de l'Italie. Quand ils apprirent que tout avoit péri au sein de la paix, au mépris des sermens, ils demandèrent vengeance avec des cris de rage; et trente mille soldats, auparavant dévoués à l'empire, passèrent au camp d'Alaric, et le pressèrent de les mener à Rome.

Alaric, conservant dans son langage une modération que les ministres d'Honorius prenoient pour de la peur, demanda la réparation des insultes qui lui étoient faites, et l'observation des traités conclus avec lui. Il n'obtint en réponse que de nouvelles offenses, et l'ordre d'évacuer toutes les provinces de l'empire. On auroit dit que de grandes armées étoient prêtes pour soutenir tant d'orgueil; cependant, lorsque Alaric franchit les Alpes, au mois d'octobre 408, il traversa le Frioul; il pilla les villes d'Aquilée, Concordia, Altino et Crémone; il arriva enfin jusqu'au pied des murs de Ravenne sans rencontrer un ennemi. Il n'avoit aucune espérance de réduire cette ville par un siége; mais personne n'essaya d'arrêter sa marche au travers de la Romagne lorsqu'il continua sa route, et il arriva enfin devant Rome, 619 ans après que cette ville avoit été menacée par Annibal. Dans ce long espace de temps les citoyens romains, du haut de leurs murs, n'avoient jamais vu de drapeaux ennemis.

Mais la longueur de la paix et de la prospérité n'avoit pas augmenté leurs moyens de défense : en vain on comptoit dans Rome dix-sept cent quatre-vingt maisons sénatoriales ou palais enrichis par le luxe; en vain on estimoit le revenu de plus d'un riche sénateur à quatre mille livres pesant d'or, 4 millions, ou 160,000 livres sterling; car il est bon de comparer cette opulence à celle du pays qui s'en approche le plus : ni l'or de leurs revenus, ni les marbres de leurs palais ne leur donnoient des soldats. Depuis long-temps on se défioit du peuple, de ce peuple que l'organisation générale rendoit misérable, et qui ne vivoit que des distributions publiques de pain, de viande et d'huile. La foule, que depuis plusieurs générations on tenoit désarmée, et qu'on auroit tremblé de voir s'exercer à la discipline militaire, se trouva sans force et sans courage quand l'ennemi fut devant les murs. Alaric ne livra point d'assaut à Rome; mais il bloqua les portes, il arrêta la navigation du Tibre; et bientôt une affreuse famine se manifesta dans une ville qui avoit dix-huit milles de tour et qu'on calcule avoir contenu encore plus d'un million d'habitans. Les Romains se virent réduits aux plus vils alimens, aux plus effroyables repas : on assure que ces hommes, qui n'osoient pas combattre, osèrent servir sur leurs tables des chairs humaines, celles même de leurs enfans. On ne voulut laisser en arrière aucun moyen surnaturel; et après avoir invoqué toutes les puissances célestes par les cérémonies de l'église, on eut aussi recours, le 1er mars 409, aux dieux du paganisme ou aux esprits infernaux, par des sacrifices défendus par les lois. Honorius ne cessoit de promettre des secours qu'il étoit hors d'état de donner, et qu'il ne s'occupoit pas même à rassembler. Cette attente trompeuse coûta des milliers de vies aux assiégés. Enfin les Romains recoururent à la clémence d'Alaric; et, moyennant une rançon de cinq mille livres d'or et d'une grande quantité de marchandises précieuses qu'ils livrèrent en nature, l'armée des Goths se retira en Toscane.

Mais on auroit dit qu'Honorius avoit juré la perte de Rome, que le barbare vouloit épargner. Des favoris nouveaux s'enlevoient, par une succession rapide, leur crédit auprès du monarque et la domination sur l'Europe; une route sûre leur étoit ouverte pour plaire à l'empereur, c'étoit de flatter son orgueil, de vanter ses ressources, et de repousser toute idée de concession à l'ennemi de l'Etat. Tandis qu'Alaric, au centre de l'Italie, renforcé par quarante mille esclaves d'origine germanique, qui avoient déserté de Rome, renforcé encore par le vaillant Ataulphe, son beau-frère, qui lui avoit conduit des bords du Danube une nouvelle armée, demandoit seulement une province où il pût établir en paix sa nation, Honorius rompoit successivement toutes les négociations entreprises par ses ordres; il refusoit obstinément ce qu'il avoit déjà promis, et il exigeoit enfin le serment solennel, le serment fait par tous les officiers de l'armée sur la tête de l'empereur, que dans aucun cas ils ne prêteroient l'oreille à aucun traité avec cet ennemi public.

Alaric, provoqué de mille manières par l'imprudent Honorius, eut cependant la générosité d'épargner encore la capitale du monde, pour laquelle il ne pouvoit s'empêcher de sentir du respect; mais se saisissant de l'embouchure du Tibre et de la ville de Porto, où se trouvoient les principaux greniers, il fit dire au sénat d'élire un nouvel empereur s'il vouloit dérober Rome à la famine. Le sénat fit choix d'Attalus, préfet du prétoire, qui fit la paix avec Alaric, et le nomma général de toutes les armées de l'empire. Mais le nouvel empereur n'étoit ni moins présomptueux ni moins incapable qu'Honorius; il ne voulut pas suivre les conseils d'Alaric, il négligea de se faire reconnoître en Afrique; il commit enfin tant de fautes, qu'après l'avoir laissé régner une année, Alaric fut obligé de le déposer. De nouveau il offrit la paix à Honorius, de nouveau il fut repoussé avec insulte; alors, pour la troisième fois, il ramena son armée devant Rome; et le 24 août 410, l'an 1163 depuis la fondation de cette ville auguste, la porte Salaria lui fut ouverte pendant la nuit, et la capitale du monde fut abandonnée à la fureur des Goths.

Cette fureur ne s'exerça point cependant sans

quelque mélange de pitié : Alaric accorda une protection éclatante aux églises, qui furent préservées de toute insulte, avec tous leurs trésors, et tous ceux qui s'étoient réfugiés dans leur enceinte. En abandonnant les richesses des Romains au pillage, il prit leur vie sous sa sauvegarde; et l'on assure qu'il n'y eut qu'un seul sénateur qui périt par le fer des barbares. On ne s'est point, il est vrai, donné la peine de compter la multitude des plébéiens qui purent être sacrifiés. Au moment de l'entrée des Goths, une petite partie de la ville fut la proie d'un incendie; mais ensuite les soins d'Alaric garantirent le reste des édifices; surtout il eut la générosité de retirer son armée de Rome le sixième jour, pour la conduire dans la Campanie; elle s'étoit cependant déjà chargée d'un immense butin. Onze siècles plus tard, l'armée du connétable de Bourbon ne montra pas tant de retenue.

Un respect religieux pour la ville qui avoit conquis le monde, pour la capitale de la civilisation, sembloit avoir protégé Rome contre son plus puissant ennemi. Bientôt on put croire que cet ennemi étoit puni d'avoir le premier attenté à sa majesté; car au bout de peu de mois, Alaric tomba malade, et mourut au milieu de ses victoires, lorsqu'il embrassoit déjà les conquêtes de la Sicile et de l'Afrique dans ses projets ambitieux. Alaric fut enseveli dans le lit du Bisenzio, petite rivière qui coule au pied des murs de Cosenza; et les captifs, qu'on avoit fait travailler à creuser son tombeau, à détourner la rivière, et à la ramener ensuite dans son lit, furent tous massacrés, pour qu'ils ne pussent jamais révéler la place où reposoit le corps du vainqueur de Rome.

En effet, les Goths, toujours errans, ne pouvoient point protéger les monumens de leurs grands hommes. Ils songeoient avec douleur qu'à leur mort ils laisseroient leurs os dans une terre ennemie, et que ces lâches habitans, qui n'osoient jamais les regarder de face, se vengeroient sur leurs dépouilles de la terreur qu'ils leur avoient inspirée. Satisfaits de tant de victoires et d'un si riche butin, ils demandoient de nouveau une patrie. Ataulphe, beau-frère d'Alaric, qu'ils élevèrent sur leurs boucliers et qu'ils proclamèrent leur roi, seconda leurs désirs, et renouvela avec la cour de Ravenne les négociations qu'Alaric n'avoit pu conduire à leur terme. La terreur qu'avoit causée le sac de Rome avoit enfin ébranlé l'empereur lui-même : ses ministres, affranchis de leur serment par la mort d'Alaric, s'empressèrent à lui représenter qu'en adoptant le roi et l'armée des Goths, comme soldats de la république, il augmenteroit sa puissance et se vengeroit de ses ennemis; qu'Ataulphe paroissoit prêt à délivrer la Gaule des barbares, moyennant la concession d'une petite partie des déserts de cette province ; qu'il s'offroit à rendre un service plus important encore, en combattant les usurpateurs qui avoient osé y revêtir la pourpre; que ceux-là étoient bien plus coupables et bien plus dangereux que les ennemis publics, puisqu'ils s'attaquoient à la majesté de l'empereur lui-même, tandis que les autres bornoient leurs hostilités à de vils sujets. Un traité fut en effet conclu, par lequel Ataulphe et la nation des Visigoths s'engagèrent à combattre les ennemis d'Honorius dans les Gaules et les Espagnes, tandis que celui-ci leur abandonnoit en retour les provinces d'Aquitaine et de Narbonnaise, pour s'en faire une nouvelle patrie et y fonder une nouvelle Gothie, où leur nation conserveroit son indépendance. En 412, Ataulphe reconduisit son armée et sa nation des extrémités de la Campanie jusque dans la Gaule méridionale. Les villes de Narbonne, Toulouse et Bordeaux leur furent ouvertes, et les Visigoths saluèrent avec joie la nouvelle demeure où ils venoient enfin se fixer.

Le Visigoth qui conduisit le premier ses compatriotes dans la Gaule méridionale et l'Espagne, Ataulphe, paroît avoir eu, pour sa réconciliation avec les Romains, un autre motif encore qui se rapproche plus du roman que de l'histoire. Parmi les captives enlevées à Rome, et contraintes à suivre le camp des Visigoths, se trouvoit une sœur d'Honorius, Placidia, fort supérieure à ses deux frères et en talent et en ambition. Ataulphe en devint amoureux, et il regarda comme une alliance glorieuse pour lui celle qu'il contracteroit avec la fille de Théodose et la sœur des empereurs. La famille régnante chez les Romains n'étoit point séparée de toutes les autres; le nom même de princesse étoit inconnu, et Placidia, si elle ne préféroit pas le célibat, auroit dû s'unir à quelqu'un des sujets de son frère. Cependant une telle alliance paroissoit encore à une Romaine bien supérieure à celle d'un roi barbare. Un préjugé invincible avoit jusqu'alors séparé les Romains des peuples étrangers à Rome, et la première proposition d'un mariage adressé à la cour d'Honorius fut regardée comme une insulte. Placidia n'en jugea point ainsi; elle voyoit Ataulphe, dont la noble figure lui paroissoit faite pour effacer les anciens préjugés de Rome. Avant que les Goths eussent quitté l'Italie, elle épousa leur roi à Forli; mais les noces royales furent de nouveau célébrées d'une manière plus somptueuse à Narbonne, dans le nouveau royaume des Goths. « Une salle fut ornée selon les mœurs romaines, « nous raconte Olympiodore, historien con- « temporain, dans la maison d'Ingenuus, un des

« premiers citoyens de la ville; la place d'hon-
« neur y fut réservée à Placidia, tandis
« qu'Ataulphe, revêtu de la toge romaine, vint
« s'y asseoir à côté d'elle. Cinquante beaux
« jeunes hommes revêtus de soie, qu'il lui des-
« tinoit en présent, s'avancèrent alors, portant
« chacun deux coupes, l'une pleine d'or, l'autre
« de pierres précieuses; c'étoit une partie des
« dépouilles que les Goths avoient enlevées à
« Rome. En même temps, Attalus, le même
« qu'Alaric avoit fait empereur, vint chanter
« devant eux un épithalame. » C'est ainsi que les
calamités du monde fournissoient des trophées
pour orner les fêtes de ses maîtres.

CHAPITRE VII.

Les barbares établis dans l'empire. — Invasion d'Attila. — 412-453.

Depuis que les barbares s'étoient établis de toutes parts dans l'enceinte de l'empire, cette vaste portion du monde, auparavant soumise au niveau du despotisme, qui avoit rendu tout égal, tout uniforme, présentoit au contraire le plus bizarre assemblage de mœurs disparates, d'opinions, de langages, de religions et de gouvernemens dissemblables. Malgré les anciennes habitudes de servilité des sujets de l'empire, leur subordination étoit interrompue; la loi ne les atteignoit plus; l'oppression ni la protection ne partoient plus de Rome ou de Constantinople. Le pouvoir suprême, dans son impuissance, les avoit appelés malgré eux à se gouverner eux-mêmes, et les anciennes mœurs nationales, les anciennes opinions locales commençoient à reparoître sous l'habit emprunté des Romains. Mais ce n'étoit rien encore que cette bigarrure provinciale, à côté de celle qu'apportoient les barbares, qui avoient établi leurs camps au milieu des villes romaines, et dont les rois se mêloient sans cesse avec les sénateurs et les évêques.

A l'extrémité de la domination romaine, la grande île de Bretagne échappoit à la puissance qui l'avoit civilisée, mais énervée. Stilichon en avoit retiré les légions pour défendre l'Italie. L'usurpateur Constantin, qui s'étoit soulevé contre Honorius, de 407 à 411, et qui, après avoir soumis la Bretagne, avoit tenté la conquête de la Gaule, y avoit ramené avec lui ce qui restoit encore de soldats dans son île. Après qu'il eut été défait, et que sa tête eut été envoyée à Ravenne, Honorius ne voulut plus, pour défendre un pays si éloigné, se priver d'aucune partie de ses troupes. Il écrivit aux cités de Bretagne, comme si elles formoient déjà une confédération indépendante, pour les engager à pourvoir elles-mêmes à leur défense. Quatorze de ces cités étoient considérables; plusieurs avoient fait déjà de grands progrès dans les arts, le commerce, et surtout dans ce luxe romain, qui abattoit si vite les plus fiers courages. Londres étoit une ville grande et florissante; mais parmi ses nombreux habitans on n'en trouvoit aucun qui osât manier les armes. Son gouvernement municipal, établi d'après les lois romaines, celui d'York, de Cantorbéry, de Cambridge, leur auroient donné les avantages d'une administration républicaine s'il s'y étoit conservé un peu d'esprit public; mais le poison d'un gouvernement étranger avoit anéanti toutes les forces vitales; ce fut dans les campagnes plutôt que dans les villes qu'on vit renaître quelques sentimens nationaux. La langue celtique, presque abandonnée dans les Gaules, s'étoit conservée en Bretagne; c'est une preuve que la population rurale n'y étoit pas encore détruite. Il semble que les riches propriétaires, que les sénateurs bretons comprirent qu'il ne pouvoit y avoir de salut et de puissance pour eux que dans leur union avec le peuple. Il est probable qu'ils se retirèrent au milieu de leurs paysans, et qu'ils rapprirent leur langue; du moins les voit-on reparoître avec des noms bretons et non romains, dans la lutte qu'ils furent bientôt contraints de soutenir contre les Pictes et les Ecossais, et plus tard contre les Saxons.

La condition de l'Armorique ou Petite-Bretagne étoit presque semblable, et par la nature de sa population, qui avoit aussi conservé la langue et les mœurs celtiques, et par son éloignement du siége de l'empire. Les cités de l'Armorique formèrent aussi une ligue qui mit sur pied quelques milices, qui pourvut à sa propre défense, et qui se rendit respectable au moins jusqu'au temps de l'invasion des Francs. La vigueur des farouches Osismiens, à l'extrémité de la Bretagne, leur courage, leur agilité, leur attachement à leurs chefs héréditaires, rappeloient au reste des Gaulois ce qu'avoient été leurs pères; ils ressembloient à ces montagnards d'Ecosse qu'un grand poète nous a si bien fait connoître tels qu'ils étoient il y a soixante ans. Malgré les lois prohibitives d'Auguste et de Claude, plusieurs d'entre eux rendoient encore un culte aux dieux des druides, à ces divinités cruelles qu'on adoroit dans les bois, et qu'on apaisoit avec du sang humain. D'autres avoient embrassé le christianisme, et, pendant quatre siècles, ils donnèrent à l'Eglise un grand nombre de saints. Tant que ces héros bretons, parmi lesquels on signale Hoël, Alain, Judicaël, auxquels on a dédié plusieurs églises, se conservoient dans la force de l'âge, ils n'avoient de passion que la guerre; ils fondoient la nuit sur les villages romains ou gaulois les plus voisins, pour les piller et les incendier; mais quand leurs passions, amorties par la vieillesse, faisoient place aux terreurs d'un jugement à venir, ils s'enfermoient dans les couvens, et s'y imposoient les plus dures pénitences.

Les Francs avoient commencé à passer de la rive droite du Rhin à la rive gauche, et ils avoient formé quelques établissemens dans la Belgique; mais fidèles à l'alliance de l'empire, qui avoit cherché à grand prix à se conserver leur amitié, ils se présentoient toujours comme soldats des empereurs; leurs divers petits rois sollicitoient les dignités impériales; l'objet de leur ambition étoit de s'élever à la cour des enfans de Théodose, et ils savoient joindre les arts de l'intrigue à la vaillance. S'il leur arrivoit souvent de dépouiller, d'opprimer le paysan chez lequel ils étoient cantonnés; si quelquefois, dans un accès subit de fureur ou d'avarice, ils attaquoient, ils surprenoient les plus grandes villes; si Trèves même, capitale de toutes les Gaules, et Cologne, chef-lieu de la Germanie inférieure, furent à plusieurs reprises pillées par eux, les empereurs et leurs préfets avoient trop besoin des Francs pour en conserver un long ressentiment, et la paix se faisoit bientôt aux dépens de ceux qui avoient été dépouillés.

Les Bourguignons, dans la Gaule orientale, les Visigoths, dans la Gaule méridionale, se disoient aussi soldats des empereurs; leur condition cependant étoit bien différente de celle des Francs. La nation tout entière s'étoit transportée dans ces nouvelles demeures; sans reconnoître de limites fixes, elle avoit étendu sa domination sur tous les lieux où l'on craignoit son pouvoir. Le roi des Bourguignons tenoit quelquefois sa cour à Vienne sur le Rhône, quelquefois à Lyon ou à Genève; celui des Visigoths à Narbonne, à Bordeaux, et plus souvent à Toulouse; la ville elle-même lui obéissoit, et cependant à côté de lui des magistrats romains continuoient à régler la police et la justice suivant les lois romaines, en faveur des sujets romains. Les Visigoths, les Bourguignons, s'étoient fait attribuer des terres, ou désertes, ou enlevées, sans beaucoup de formalités, à leurs propriétaires. Elles étoient abandonnées à leurs troupeaux, ou quelquefois cultivées par leurs esclaves, mais avec une sorte de nonchalance, et sans faire au sol aucune avance qui dût attendre des retours tardifs ; ils vouloient être prêts à quitter dès l'année suivante les champs qu'ils avoient ensemencés. Les deux nations n'avoient pas encore bien pris racine sur le sol. Les Visigoths se transportoient quelquefois de l'Aquitaine à l'Espagne, les Bourguignons, des bords du Rhône à ceux de la Moselle ; les habitudes d'une vie errante, contractées pendant plus d'un demi-siècle, ne pouvoient pas être abandonnées tout à la fois. Tous les Visigoths étoient chrétiens, mais de la secte des ariens ; la plupart des Bourguignons l'étoient aussi. Les évêques haïssoient bien plus l'hérésie que le paganisme, et ils avoient soin d'entretenir parmi leurs ouailles une aversion que les violences de ses hôtes arrogans suffisoit pour exciter, et qui se manifesta quelquefois par des commotions redoutables. Cependant les prélats comprenoient trop bien où étoit le pouvoir de l'épée pour disputer l'autorité des rois barbares, comme ils avoient disputé tout récemment celle des empereurs. Ils faisoient leur cour à Toulouse et à Vienne, conjointement avec les sénateurs. Les prélats, dans toute la pompe de leurs ornemens d'église, et les sénateurs, revêtus de la toge romaine, s'y mêloient aux guerriers sauvages, dont ils méprisoient la rudesse, qu'ils haïssoient, mais auprès desquels ils savoient cependant s'élever par d'adroites flatteries.

La même forme d'administration civile subsistoit encore; un préfet du prétoire avoit toujours son siége à Trèves; un vicaire des dix-sept provinces des Gaules avoit le sien à Arles; chacune de ces dix-sept provinces avoit son duc romain, chacune des cent quinze cités des Gaules avoit son comte, chaque ville sa curie ou municipalité. Mais à côté de cette organisation romaine, les barbares, rassemblés dans le mallum, sous la présidence de leurs rois, décidoient de la paix ou de la guerre, faisoient des lois ou rendoient la justice. Chaque division de l'armée avoit son graf ou comte, chaque subdivision avoit son centenier, et dans toutes ces fractions de la population libre, résidoit le même pouvoir de décider, par ses suffrages, dans des *mallum* ou plaids particuliers, toutes les affaires qui lui étoient communes. En cas d'opposition entre la juridiction barbare et la romaine, l'arrogance des uns, la lâcheté des autres, décidoient bientôt laquelle devoit l'emporter.

Dans quelques provinces, les deux dominations n'étoient pas mélangées; il n'y avoit pas de barbares entre la Loire et la Meuse, il n'y en avoit pas non plus entre les Alpes et le Rhône; mais la foiblesse du gouvernement romain y étoit d'autant plus sensible. Quelques grands propriétaires cultivoient avec leurs esclaves une partie de la province, le reste étoit désert, ou habité seulement par les bagaudes, esclaves fugitifs et réduits au brigandage. Quelques villes maintenoient encore l'apparence de l'opulence; mais aucune ne présentoit un indice de force, aucune n'enrégimentoit ses milices ou ne soignoit ses fortifications. Tours, illustrée par le tombeau de saint Martin et les miracles qu'on lui attribuoit, sembloit la capitale des prêtres; on n'y voyoit que processions, églises, chapelles, et livres de prières exposés en vente. Trèves et Arles n'avoient point renoncé à leur ancienne passion pour les jeux du cirque, et la foule ne pouvoit s'arracher des spectacles quand les barbares étoient à sa porte. D'autres villes et surtout les villages demeuroient fidèles aux anciens dieux, et malgré les édits des empereurs, plusieurs temples étoient encore consacrés au paganisme, plusieurs se maintinrent jusqu'à la fin du siècle suivant. Honorius voulut donner aux villes du midi de la Gaule une diète annuelle où elles auroient délibéré sur les affaires publiques ; il n'y trouva pas même assez d'esprit public pour accepter ces offres ; il est vrai que ce n'est peut-être pas sans raison qu'elles soupçonnoient que son édit cachoit quelque projet d'extorsion financière.

Ce que nous avons dit de l'Etat des Gaules s'applique également à celui des Espagnes, où les rois des Suèves, des Vandales, des Alains, des Silinges, étoient campés avec leurs soldats et le reste de leur peuple, au milieu des sujets romains, qui depuis long-temps ne résistoient plus, et qui cependant étoient presque toujours traités en ennemis. Une grande partie de l'Espagne étoit encore romaine ; mais les districts, où aucun barbare n'étoit entré, n'avoient aucune communication les uns avec les autres ou avec le siége de l'empire ; ils ne pouvoient espérer aucune protection contre une agression prochaine ; d'ailleurs, si les barbares les dépouilloient quelquefois avec rapacité, ou sacrifioient même à leur première arrivée les habitans exposés à leur brutale fureur, ils protégeoient ensuite ceux qui restoient contre les extorsions des percepteurs des contributions, et les prétentions du fisc étoient si excessives que les provinciaux préféroient encore l'épée du vandale à la baguette du licteur.

L'Italie elle-même, plus déserte peut-être qu'aucune des provinces éloignées, l'Italie, qui voyoit des forêts sauvages ou des marécages malsains défigurer ses plus riches plaines, n'étoit pas exempte du joug des barbares : elle n'étoit plus occupée par un conquérant ; mais les fédérés (c'étoit le nom que prenoient toujours les auxiliaires germaniques et scythes, qui composoient presque seuls les armées) continuoient à s'y conduire en maîtres ; ils abusoient, contre les malheureux habitans, du pouvoir de l'épée, qui, dans cette contrée, ne les préservoit pas du pouvoir plus oppressif encore du magistrat romain. Les Goths avoient à peine évacué la Pannonie et les rives du Danube que d'autres nations barbares s'y étoient jetées ; les Maures et les Gétules, et plus encore les fanatiques donatistes et les circumcellions, tenoient l'Afrique en alarme. Il n'y avoit enfin dans tout l'empire d'Occident pas une province où l'on fût soumis à un gouvernement uniforme, où l'on comptât sur une protection commune, où l'on fût sûr de vivre parmi ses concitoyens.

L'influence des premiers événemens du règne d'Arcadius et d'Honorius fut universelle, et sous quelques rapports, leurs conséquences se font sentir encore aujourd'hui. Il n'en est pas de même de la fin du règne de ces deux princes indolens, vaniteux et pusillanimes. On retireroit peu d'instruction des efforts qu'on feroit pour connoître le secret des basses intrigues de leur palais ; et quant aux compétiteurs de l'empire, qui s'élevèrent successivement en Bretagne, en Gaule, en Espagne et à Rome, il n'est point nécessaire de charger sa mémoire de leurs noms. Mais il est remarquable qu'en cinq ans, sept prétendans au trône, tous bien supérieurs à Honorius, en courage, en talens et en vertus, furent successivement envoyés captifs à Ravenne ou punis de mort ; que le peuple applaudit toujours à ces jugemens et ne se sépara point de l'autorité légitime : tant la doctrine du droit divin des rois, que les évêques avoient commencé à prêcher sous Théodose, avoit fait de progrès, et tant le monde romain sembloit déterminé à périr avec un monarque imbécille plutôt que tenté de se donner un sauveur.

Arcadius, tour à tour gouverné par ses ministres, par ses eunuques et par sa femme, mourut à l'âge de trente-un ans, le 1er mai 408, et laissa à la tête de l'empire d'Orient son fils Théodose II, encore enfant, avec un conseil de femmes pour le diriger. La vie d'Honorius se prolongea davantage ; il mourut seulement le 15 août 423, et il laissa aussi l'empire d'Occident à un enfant, Valentinien III, son neveu, et à une femme, qui étoit la mère de ce jeune prince.

Cette femme étoit la même Placidia, sœur d'Honorius et d'Arcadius, dont nous avons vu le mariage avec Ataulphe, roi des Visigoths. En secondes noces, elle avoit épousé Constancius, un des meilleurs généraux de l'empire d'Occident, qui fut décoré du titre de césar. Ce fut lui qui fut père de Valentinien III ; il mourut avant Honorius.

Jamais les circonstances n'avoient été plus défavorables pour laisser le gouvernail aux débiles mains des enfans et des femmes. La grande révolution qui s'accomplissoit lentement dans tout l'Occident fut facilitée encore par l'état de minorité des deux empereurs. Cependant le gouvernement de Placidie (425-450), quoique foible, fut honorable ; elle eut du moins le talent de choisir et d'approcher d'elle quelques grands hommes, quoiqu'elle n'eût point la force de contenir leurs passions et de les faire marcher constamment vers le bien public. Après sa mort, les vices et la lâcheté de son fils Valentinien III apprirent au monde à la regretter (450-455).

De même que nous n'accorderons point à ces foibles empereurs assez d'attention pour connoître tous les honteux détails de leur règne, nous ne devons point donner aux rois des barbares, à la même époque, un degré d'importance dont ils ne sont pas plus dignes. Ces rois, puissans sur le champ de bataille quand leur nation étoit tout entière en mouvement, quand, après avoir choisi celui qu'elle jugeoit le plus digne de la conduire, elle s'en reposoit aveuglément sur sa prudence pendant toute la durée de la guerre, ces rois cessoient d'être des personnages aussi importans dès que la paix étoit faite. Dès lors chaque Germain, déterminé à se défendre soi-même, à se venger soi-même, à choisir seul et sans conseil ce qu'il jugeoit avantageux, laissoit fort peu de part dans ses déterminations à l'autorité publique, et moins encore au pouvoir des rois; car le peu qu'il y avoit à faire pour le bien de la nation étoit fait par l'assemblée du peuple : aussi les rois ne sont-ils plus signalés dès lors que par leur conduite privée; leurs crimes ou leurs vices demeurent même seuls en évidence, puisque leurs vertus n'auroient pu briller que dans l'administration à laquelle ils n'avoient point de part. La grande richesse, l'assurance d'être au-dessus des lois, les efforts des flatteurs qui les entouroient, et surtout des sujets romains, plus versés que les barbares dans les arts de l'intrigue, développèrent étrangement la corruption de ces chefs du peuple. Il seroit difficile de trouver dans aucune classe d'hommes, pas même dans celle que la vindicte publique a déjà entassée dans les bagnes ou les galères, autant d'exemples de crimes atroces, d'assassinats, d'empoisonnemens, et surtout de fratricides, qu'en donnèrent ces races royales pendant les ve, vi^e et viie siècles. On feroit injure aux nations qu'elles gouvernoient, si on les jugeoit d'après les chefs qui paroissent seuls en évidence et qui sont seuls mentionnés dans l'histoire. Les sentimens de respect pour les mœurs, d'amour de ses proches, de compassion pour ses inférieurs, de justice et d'humanité générale, n'étoient point éteints chez les barbares, malgré toutes les horreurs que nous trouvons dans leurs annales, et dont nous n'indiquerons que le moindre nombre. Mais ces peuples s'étoient accoutumés à regarder leurs rois comme une espèce à part qui n'appartenoit point à l'humanité et à la nation, qui se distinguoit d'elle par sa longue chevelure, une espèce qui n'étoit point soumise aux mêmes lois, point remuée par les mêmes sentimens, point comprise sous la même garantie. Ces rois, de leur côté, se séparant du reste des hommes, avoient seuls dans leur nation des noms de famille; ils ne se marioient qu'entre eux, et ce furent eux qui introduisirent, à cette époque même, dans la diplomatie, un système de parenté entre toutes les familles royales, jusqu'alors inconnu au monde.

Nous ne savons rien sur les rois des Francs durant presque tout le ve siècle. Les règnes de Pharamond, Clodion, Mérovée, Childéric même, (420-486), qu'on trouve inscrits en tête des histoires de France, n'ont aucune réalité ; une chronique a rapporté leurs noms, seulement en ajoutant qu'ils régnèrent chez les Francs ; si le fait est vrai, encore ne s'ensuit-il pas qu'ils régnassent sur toute la nation ; le pays où ils résidoient est inconnu ; enfin, l'histoire de toute cette race ne peut commencer qu'à Clovis.

De même, nous ne savons rien sur Gondicaire, qu'on prétend avoir régné sur les Bourguignons, de 406 à 463. Les crimes de ses quatre fils, dont trois périrent d'une manière atroce, par des fratricides, et presque tous avec leurs femmes et leurs enfans, attireront plus tard notre attention.

La succession des rois visigoths est mieux connue. Ce peuple étoit plus civilisé qu'aucun autre entre les peuples germaniques ; l'autorité royale étoit chez lui mieux affermie, et la nation continuoit davantage à ne faire qu'un seul corps, même durant la paix. Elle a aussi eu plus tôt quelques historiens : Ataulphe, qui avoit conduit les Visigoths en Aquitaine et en Espagne, qui avoit contracté alliance avec les Romains et épousé Placidie, fut assassiné à Barcelonne au mois d'août 415, par un de ses domestiques ; son successeur Sigéric fit massacrer six enfans qu'Ataulphe avoit eus d'une première femme ; il réduisit Placidie au rang des captives, et la fit marcher douze milles, devant son cheval, à pied, dans la boue, avec la troupe de ses esclaves romains. Il fut à son tour massacré au bout de peu de jours, et Wallia, son successeur, contracta de nouveau alliance avec les Romains, rendit Placidie à son frère, et déclara la guerre aux autres barbares qui avoient envahi l'Espagne. Il les vainquit dans une suite de combats; il extermina les Silinges, il força les Suèves, les Alains et les Vandales à se retirer dans les montagnes de la Galice, puis il rendit le reste de l'Espagne à l'empire, et il revint s'établir en paix à Toulouse et dans l'Aquitaine, où il mourut vers la fin de l'année 418. Théodoric, fils du grand Alaric, que le libre choix de ses guerriers lui donna pour successeur, affermit, pendant un règne de trente-trois ans, la domination des Visigoths sur la Gaule méridionale et sur l'Espagne. Il fut tué, en 451, dans la bataille des plaines de Champagne, où Attila fut vaincu. Son fils aîné Thorismond, qui lui succéda, fut, au bout de deux ans, assassiné par son frère Théodoric II, qui monta sur le trône, et celui-ci, après treize ans de règne (453-466), fut à son tour assassiné par un autre frère nommé Euric, qui régna de 466 à 484. Les fratricides étoient alors si communs dans les races royales que Théodoric II et Euric, malgré ce crime, sont avec raison respectés comme les deux meilleurs et les deux plus grands rois qui soient montés sur le trône des Visigoths.

L'histoire des Suèves dans la Galice et une partie de la Lusitanie est à peine connue; on y trouve cependant aussi, à la même époque, des révoltes de fils contre leurs pères et des fratricides. Les Suèves se maintinrent plus d'un demi-siècle en Espagne avant d'embrasser la religion chrétienne et la secte des ariens. Entourés de toutes parts par les Visigoths, toute leur histoire se borne aux guerres qu'ils soutinrent contre ces voisins : elles furent longues et acharnées, et ce ne fut qu'après cent soixante-quatre ans de combats qu'ils finirent par succomber. Ils furent réunis en 573, par Leuwigilde, roi des Visigoths, à la monarchie d'Espagne.

Les Alains, dans la même province, avoient été presque détruits en 418, par Wallia. Le sort des Vandales fut plus remarquable; il eut une influence plus durable sur la civilisation, et il se lie plus étroitement à l'histoire de l'empire romain. Ils avoient été, comme les Suèves et les Alains, vaincus par Wallia, et repoussés dans les montagnes de Galice; mais lorsque l'Espagne fut rendue aux officiers d'Honorius, et plus tard à ceux de Valentinien III, les Vandales, conduits par leur roi Gondéric, recommencèrent à s'étendre dans la Bétique; ils soumirent Séville et Carthagène, et au commandement des plaines, ils joignirent alors celui d'une flotte qu'ils trouvèrent dans cette dernière ville. Vers le même temps, Gondéric mourut, et Genséric, son frère naturel, lui succéda. Petit de taille, boiteux par les suites d'une chute de cheval, austère dans ses mœurs et ses habitudes, et dédaignant le luxe des vaincus, Genséric parloit lentement et avec précaution; il inspiroit la réserve quand il se taisoit, l'effroi quand il se livroit aux emportemens de la colère. Son ambition étoit sans bornes et sans scrupule; sa politique, non moins raffinée que celle des peuples civilisés qu'il combattoit, savoit recourir à toutes les ruses, captiver toutes les passions, et embrasser en même temps l'univers dans l'étendue de ses projets. Il y avoit peu de temps qu'il étoit maître de Carthagène lorsque le comte Boniface, général des Romains en Afrique, lui adressa, en 428, l'invitation de passer dans cette contrée.

Placidie, qui gouvernoit la cour et les restes de l'empire, au nom de son fils Valentinien III, avoit choisi deux hommes, pour diriger ses conseils et ses armées, auxquels on ne pouvoit refuser de grands talens, un grand caractère, et des vertus telles du moins qu'on en peut conserver sous un pareil gouvernement. L'un, le patrice Aétius, fils d'un Scythe mort au service de l'empire, et élevé comme ôtage à la cour d'Alaric, gouvernoit l'Italie et les Gaules Romaines, plus encore par son crédit sur les barbares que par ses titres comme magistrat romain; l'autre, le comte Boniface, ami de saint Augustin, et distingué parmi les protecteurs de l'Église, gouvernoit l'Afrique. Aétius étoit jaloux de son collègue, et résolu à le perdre en le poussant à la rébellion. Avec une noire perfidie il engagea Placidie à rappeler Boniface, en même temps qu'il avertissoit Boniface, en ami, de ne pas revenir, et de recourir aux armes s'il vouloit sauver sa tête. Boniface crut n'avoir d'autre refuge qu'en recourant aux ennemis de son pays. Son crime, qui de sa nature est déjà inexcusable, semble le devenir davantage encore par l'étendue de ses conséquences. En ouvrant l'Afrique aux Vandales, il ne précipita pas seulement la ruine de l'empire, il anéantit les ressources d'une immense contrée, qui, par une suite même de cette première invasion, a été perdue pour le christianisme, perdue pour la civilisation, et qui garde jusqu'à ce jour le nom de Barbarie, avec un gouvernement digne de ce nom. Le repentir de Boniface cependant, la faveur de l'Église, et l'amitié de saint Augustin ont transmis son nom à la postérité sans le charger de l'infamie qui auroit été son partage, si les droits de la patrie avoient encore été connus.

Genséric aborda sur le rivage d'Afrique, au mois de mai 429, avec environ cinquante mille hommes, rassemblés non seulement parmi les Vandales, mais parmi tous les autres aventuriers germaniques qui voulurent joindre ses étendards. Il appela à lui les Maures, qui, au déclin de l'empire, avoient recouvré de l'indépendance et de la hardiesse, et qui saisirent avec joie l'occasion de piller et de se venger; il rangea encore sous ses drapeaux les donatistes et les circoncellions que la persécution avoit poussés aux derniers excès du fanatisme, et qui, comptant trois cents évêques et plusieurs milliers de prêtres parmi leurs adhérens, pouvoient entraîner une grande partie de la population. Avec ces terribles auxiliaires, Genséric s'avança au travers de l'Afrique, moins en conquérant qui vouloit soumettre un opulent royaume qu'en dévastateur qui ne songeoit qu'à le détruire. Ennemi furieux d'une mollesse qu'il méprisoit, d'une richesse qui pouvoit être tournée contre lui, d'une population qui, même soumise, lui faisoit toujours craindre une révolte, il prenoit à tâche de tout anéantir. On a raconté de lui qu'il faisoit extirper les vergers d'oliviers et de figuiers qui assuroient la subsistance des habitans; que quand il assiégeoit une ville, il s'efforçoit d'infecter l'air, en amoncelant autour des murs les cadavres de toute la population environnante. La haine et la terreur des Africains ont sans doute exagéré ses fureurs; mais la ruine totale de l'Afrique, l'anéantissement en quelque sorte de la population d'une si vaste contrée, sont des faits sur lesquels les événemens subséquens ne peuvent laisser aucun doute.

Boniface, éclairé sur les menées d'Aétius, effrayé du crime qu'il avoit commis, fit de vains efforts pour porter remède à tant de maux; il étoit trop tard. Vaincu dans un grand combat par Genséric, il concentra toutes les troupes romaines dans les trois villes de Carthage, Hippone et Cirtha; tout le reste de l'Afrique fut la proie des Vandales. C'étoit dans Hippone que Boniface s'étoit enfermé, auprès de son ami saint Augustin, qui mourut lui-même pendant le siége de cette ville, le 28 août 430. Quelques secours venus en même temps de l'Italie et de l'Orient mirent Boniface en état de tenir de nouveau la campagne. Il s'avança à la rencontre de Genséric, mais il fut vaincu, et réduit à évacuer Hippone; alors il se retira en Italie, où peu après il mourut des suites d'une blessure reçue dans un combat contre Aétius.

Entre la prise d'Hippone et la réduction finale de l'Afrique, huit ans s'écoulèrent, pendant lesquels Genséric parut plus occupé de verser le sang de ses proches que celui de ses ennemis. La race des rois vandales ne pouvoit échapper au sort commun à tous les rois barbares : son frère Gondéric avoit laissé une femme et des fils qui paroissoient avoir plus de droits que lui au trône ; il fit égorger les fils, il fit précipiter leur mère dans une rivière d'Afrique, et il eut quelque temps à combattre avant d'avoir supprimé et fait périr tous leurs partisans. Placidie le croyoit toujours occupé de parer ou de prévenir le poignard des assassins : elle se reposoit sur un traité fait avec lui, tandis que Genséric préparoit ses forces pour la surprise de Carthage. Cette grande ville, la Rome du monde africain, comme un contemporain l'appelle, fut ouverte au Vandale le 9 octobre 439. La cruauté qui avoit souillé le triomphe de Genséric, sur les six provinces d'Afrique, ne fut pas moins éclatante dans la prise de la capitale. Après que le sang eut coulé en abondance, toutes les propriétés furent pillées ; les maisons mêmes, et toutes les campagnes rapprochées de la ville, furent partagées entre les vainqueurs ; et Genséric ne pardonna à aucun Carthaginois, à aucun Romain, le crime de conserver quelque fortune.

 La perte de l'Afrique étoit peut-être alors la plus grande calamité qui pût frapper l'empire d'Occident ; c'étoit la seule province dont la défense n'eût jusqu'alors coûté aucune peine, la seule d'où l'on tirât de l'argent, des armes et des soldats, sans y en renvoyer jamais. L'Afrique, en même temps, étoit le grenier de Rome et de l'Italie. Les distributions gratuites de blé au peuple de Rome, de Milan, de Ravenne avoient fait renoncer, dans toute la péninsule, à la culture des champs, dont les produits ne pouvoient plus payer les dépenses, justement parce que le gouvernement percevoit en nature dans toutes les plaines de l'Afrique une partie de la récolte destinée à nourrir le peuple de l'Italie. La cessation de ce tribut annuel, au lieu de ranimer l'agriculture, causa une famine cruelle et une nouvelle diminution de la population. La part qu'avoit eue Aétius à la perte de l'Afrique, par une perfidie qui venoit d'être dévoilée, devoit inspirer à Placidie une grande aversion pour ce général; mais un danger plus effrayant encore qu'aucun de ceux qui eussent menacé l'Europe, un danger qui enveloppoit la totalité de la population, l'existence de toutes les villes, de toutes les fortunes, de tous les progrès de la civilisation, de toutes les vies, ne permettoit point d'écarter le seul général qui pût inspirer de la confiance aux troupes, ou réunir en un seul faisceau les forces des Romains et des barbares. Attila s'approchoit.

Attila, le fléau de Dieu, comme il se plaisoit à se faire appeler lui-même, étoit fils de Mundzuk et neveu de Rugilas, auquel il succéda en 433 sur le trône des Huns. Cette inondation des peuples tartares, qui avoient poussé devant eux les Alains, les Goths, et peut-être tous les peuples germaniques sur les frontières de l'empire romain, s'étoit quelque temps arrêtée d'elle-même. Parvenus dans l'ancienne Dacie et la moderne Hongrie, les Huns avoient quelque temps joui des richesses du pays qu'ils avoient enlevé aux Goths et à leurs voisins immédiats. Au moment où ils avoient suspendu leurs conquêtes, ils s'étoient partagés entre divers chefs, qui portoient tous le titre de rois, et qui agissoient tous d'une manière indépendante les uns des autres. Rugilas lui-même avoit plusieurs frères qui avoient tour à tour fait la guerre aux Grecs, aux Sarmates et aux Germains leurs voisins. Attila aussi avoit un frère nommé Bléda, qui partageoit avec lui le trône; mais il montra, en le poignardant, que les mœurs royales des Scythes étoient les mêmes que celles des Germains. Il se trouva seul alors à la tête de cette puissante nation de bergers qui ne vouloient souffrir chez les autres peuples ni civilisation ni demeures fixes, et il recommença à faire trembler l'univers.

Attila profita de la terreur que son oncle Rugilas avoit inspirée aux Grecs pour imposer à

Théodose II, à Margus, le traité le plus honteux que jamais monarque ait signé. Tous ceux entre les malheureux sujets d'Attila ou des rois qu'il avoit vaincus, qui avoient cherché un asile sur les terres de l'empire, furent livrés à leurs maîtres furieux par l'ambassadeur grec, et ils furent mis en croix sous ses yeux; tous les Romains qui s'étoient échappés de ses fers lui furent de même rendus, à moins qu'ils ne pussent se racheter par une rançon de douze pièces d'or; l'empire de Constantinople s'engagea à payer un tribut annuel de sept cents livres d'or à l'empire de Scythie, et à ces conditions Attila voulut bien permettre à Théodose de régner encore, pendant qu'il achèveroit la conquête du Nord.

Cette conquête fut la plus étendue que des armées eussent encore accomplies dans le cours d'un seul règne. Attila soumit à son empire toute la Scythie et toute la Germanie. Il paroît que son autorité étoit reconnue du voisinage de la Chine jusqu'à la mer Atlantique. On ne connoît point cependant le détail de ses expéditions guerrières, non plus que les victoires obtenues par ses lieutenans. Lorsqu'il monta sur le trône, il n'étoit déjà plus dans toute la vigueur de l'âge, et il se distinguoit entre ses compatriotes bien plus par les combinaisons de la politique que par la valeur personnelle ou l'activité. Chez une moitié de ses sujets, les Tartares, il avoit excité un enthousiasme superstitieux, en faisant croire qu'il avoit retrouvé l'épée du dieu de la guerre, qui étoit en même temps son emblème, et qui, fixée au sommet d'un immense bûcher, recevoit les hommages religieux des Scythes. Il falloit un autre langage et d'autres artifices pour dominer les Germains; mais il n'est pas très difficile à un conquérant barbare d'obtenir la soumission volontaire des nations guerrières et sauvages auxquelles il offre de partager ses conquêtes, et auxquelles il ne demande ni de changer des lois qu'il ne connoît point et auxquelles il ne s'intéresse pas, ni de payer des tributs que leur pauvreté ne sauroit acquitter. C'est les inviter à une fête que de leur proposer seulement de suivre son étendard à la guerre.

Ce fut sans doute pour cette raison qu'Attila, en peu d'années et avec peu de difficulté, réussit à se faire reconnoître comme roi des rois, par ces mêmes nations qui avoient foulé aux pieds l'empire des Romains. Il étoit roi des rois en effet, car tous les chefs des nations, qui, dans le commandement, avoient appris l'art de l'obéissance, formoient sa cour. On y voyoit trois frères de la race des Amales, tous rois des Ostrogoths; Ardaric, roi des Gépides, son principal confident; un roi des Francs, mérovingien; des rois bourguignons, thuringiens, rugiens, hérules, qui commandoient à cette partie de leur nation qui étoit demeurée dans ses foyers tandis que l'autre avoit passé le Rhin un demi-siècle auparavant. Les noms d'une foule d'autres peuples, qui habitoient les vastes contrées de la Tartarie, de la Russie et de la Sarmatie, ne sont pas même parvenus jusqu'à nous.

Après ces victoires, sans monumens pour la postérité, Attila tourna de nouveau ses armes vers les contrées du Midi; il prétendit que le traité qu'il avoit conclu à Margus avec l'empire d'Orient avoit été violé par les Grecs, et ébranlant à la fois l'immense multitude de guerriers qui suivoient ses bannières, il passa le Danube sur tous les points à la fois, depuis la Haute-Pannonie jusqu'à la mer Noire. Il s'avança sur toute la largeur de la presqu'île Illyrique, détruisant tout sur son passage (de 441 à 446). Soixante-et-dix villes furent rasées par son armée; les villages, les maisons, les récoltes, tout fut incendié, et ceux des malheureux habitans qui ne furent pas égorgés furent emmenés en captivité au-delà du Danube. Les Grecs furent défaits dans trois batailles rangées, et l'armée des Huns arriva jusqu'en vue des murs de Constantinople, qui avoient été récemment ébranlés par un tremblement de terre, et dont cinquante-huit tours avoient été renversées.

L'empire d'Orient ne succomba pas cependant

à cette calamité; une partie de ses provinces étoit à l'abri des invasions; Théodose II s'armoit de patience pour les souffrances des autres, il faisoit relever les murs de sa capitale, et, dans l'enceinte de son palais, il s'apercevoit à peine de la guerre. Cependant des négociateurs furent envoyés, les uns après les autres, au camp d'Attila; à force d'humiliations, à force d'argent, distribué parmi les ministres, les Grecs l'engagèrent à se retirer au-delà du Danube; leurs ambassadeurs l'y suivirent; ils traversèrent, pour se rendre à son camp, les villes de Mœsie, où il ne restoit plus d'habitans, plus d'édifices privés, et où des masures, des charbons et des cadavres indiquoient seuls la place où étoient autrefois les rues; ils y découvrirent cependant, parmi les ruines des églises, quelques malades, quelques blessés, qui n'avoient pu se traîner plus loin, et qui y soutenoient encore leur misérable existence. Ce ne fut pas sans répandre des larmes que les ambassadeurs accordèrent quelques aumônes aux malheureux qui sortirent des décombres de Naissus, autrefois l'un des grands arsenaux de l'empire. Ils traversèrent le Danube dans des canots creusés dans un seul arbre; car les arts de la civilisation avoient déjà disparu, et la terre, comme ses habitans, étoit retournée à son état sauvage. A la cour d'Attila, dans un village inconnu de la Hongrie, les ambassadeurs de l'Orient trouvèrent parmi la foule des barbares et celle des rois vaincus des ambassadeurs de l'Occident, qui venoient de leur côté apaiser le terrible monarque et s'efforcer de maintenir la paix. Et ce qui semble étrange, ce qui fait un contraste auquel on ne s'accoutume point, c'étoit pour les plus mesquins de tous les intérêts, pour quelque vaisselle d'or de l'église de Sirmium, qu'Attila prétendoit lui avoir été soustraite, lors de la conquête de cette ville, qu'Aétius ou Valentinien III envoyoient de Rome un ambassadeur, et que le monde étoit menacé de voir la discorde s'allumer entre la Tartarie et l'Europe. L'un des ambassadeurs de Théodose II étoit chargé d'une mission secrète par son maître, pour corrompre Edécon, le principal ministre d'Attila, et l'engager à assassiner ce redoutable conquérant. Le monarque scythe étoit au fait de cette trahison; et quoiqu'il manifestât son indignation par quelques accès de colère, et plus encore en témoignant le plus profond mépris pour le nom romain, cependant il respecta, dans ces traîtres eux-mêmes, les droits des ambassadeurs, et il laissa Théodose II en paix.

A peu près à l'époque où Théodose II mourut (28 juin 450), et où les Grecs, par une déférence inouïe pour le sang de leurs maîtres, accordèrent la couronne à sa sœur Pulchérie, et à l'époux qu'on la laissoit maîtresse de choisir (ce fut le vieux sénateur Marcian), Attila s'avança des bords du Danube à ceux du Rhin, pour envahir la Gaule, à la tête des nations germaniques. Au confluent du Rhin avec le Necker, il rencontra une partie des Francs qui s'étoient soumis à son empire; avec eux, il passa le fleuve, il prit et brûla la ville de Metz, et en massacra tous les habitans; il ruina de même celle de Tongres, et, traversant le pays jusqu'à la Loire, il vint mettre le siége devant Orléans.

Le patrice Aétius, qui gouvernoit l'Occident au nom de Valentinien III, avoit établi sa réputation dans les Gaules par quelques victoires sur les Francs, sur les Bourguignons et sur les Visigoths. Il avoit à peine quelques soldats romains sous ses ordres; mais il avoit cultivé soigneusement l'amitié des Scythes et des Alains, du sang desquels il tiroit son origine. Il en avoit engagé des troupes nombreuses, comme auxiliaires au service de l'empire; il avoit eu soin de se concilier la faveur d'Attila lui-même, auquel il avoit confié son fils, peut-être comme ôtage, peut-être pour le faire élever loin des dangers de la cour impériale. Cependant il n'hésita pas à entreprendre contre lui la défense de la Gaule. Les anciens habitans, les Romains, étoient sans force pour résister à un tel ennemi; mais les barbares d'origine germanique, qui s'étoient établis dans la Gaule, ne pouvoient voir sans terreur une invasion tartare qui changeroit en désert le pays où ils commençoient à goûter les douceurs de la vie. Aétius visita successivement les rois des Francs, des Bourguignons, des Visigoths, qui pouvoient lui donner une puissante assistance; il s'adressa de même à des peuples plus petits qui erroient sans obstacle dans les Gaules, et il les engagea à se ranger volontairement sous ses drapeaux. Des Tayfales en Poitou, des Saxons à Bayeux, des Bréons dans la Rhétie, des Alains à Orléans et à Valence, des Sarmates dispersés dans toutes les provinces, lui promirent leur assistance. D'autres barbares, qui n'étoient point demeurés en corps de nation, s'étoient engagés dans les troupes mercenaires des lètes et des fédérés. Les Armoriques enfin fournirent aussi des soldats, et ce fut par ce rassemblement de troupes de toutes armes et de tout langage qu'Aétius forma l'armée de l'empire.

Mais la supériorité de l'art militaire, la puissance de la tactique demeurèrent toujours à l'empire romain, jusque dans sa dernière décadence. Quand un vrai général pouvoit rassembler des soldats et leur inspirer du courage, le nombre de ses ennemis ne lui donnoit pas d'inquiétude. On assuroit qu'Attila avoit envahi les Gaules avec cinq cent mille hommes; quelle que fût la force réelle de son armée, la multitude même de ses guerriers affamés étoit pour lui un obstacle; elle étoit un avantage pour Aétius. Le roi des barbares voulut en vain profiter des plus vastes plaines des Gaules, pour déployer tous ses bataillons. Il recula des environs d'Orléans, jusqu'au voisinage de Châlons en Champagne. Aétius le suivit. Un monticule, qui dominoit un peu le reste de la plaine, parut aux deux généraux d'une importance décisive, et ils se le disputèrent avec acharnement. Enfin Thorismond, fils aîné du roi des Visigoths, en demeura maître. Jornandès assure que le petit ruisseau qui couloit au bas du monticule fut tellement gonflé de sang qu'il inonda ses bords comme un torrent. Théodoric, roi des Visigoths, fut tué dès le commencement de la bataille, et demeura enseveli sous des monceaux de morts. Son fils Thorismond et Aétius se trouvèrent, l'un et l'autre, séparés du gros de leur armée, et exposés à demeurer prisonniers des Huns; mais, pendant ce temps, Attila, effrayé de la perte immense qu'il avoit faite, s'enferma dans une enceinte de ses chars scythes, qu'il opposa comme une fortification aux assaillans. La nuit survint avant qu'on pût reconnoître à qui la victoire étoit demeurée : ce ne fut que le lendemain que l'immobilité d'Attila laissa voir qu'il se regardoit comme vaincu. Si l'on peut prêter foi à un historien presque contemporain, cent soixante-deux mille hommes restèrent sur le champ de bataille.

Cette victoire, la dernière qui orna les fastes de l'empire romain, si elle ne le sauva pas de sa ruine, nous a sauvés, nous, de la barbarie tartare ou de la civilisation russe. Si l'empire d'Attila s'étoit maintenu, s'il s'étoit étendu sur la Gaule et sur les régions tempérées de l'Europe, peut-être la nature du pays auroit-elle fait renoncer les Huns à la vie pastorale; c'est ainsi que les Mogols y ont renoncé dans l'Inde, et les Mantcheoux à la Chine; mais les vices de la nation, l'empreinte de la servitude seroit néanmoins demeurée, comme elle est demeurée en Russie, comme elle est demeurée partout où le Tartare a régné, et les peuples qui aujourd'hui portent la lumière sur le globe seroient à peine en état de recevoir celle qui leur viendroit peut-être d'ailleurs.

L'on est frappé d'étonnement et d'admiration en voyant la plus formidable puissance qu'ait redouté le monde venir se briser contre les dernières ruines de l'antique civilisation. L'empire romain s'écrouloit si rapidement qu'on comprend à peine qu'il se trouvât encore des prétendans au trône, lorsqu'il n'étoit entouré que de dangers et de honte; mais l'empire d'Attila fut renversé avant celui de Théodose. Aétius n'avoit eu garde de troubler la retraite du conquérant scythe, encore formidable après sa défaite; il devoit s'attendre à ce qu'Attila cherchât à se venger, à ce qu'il envahît de nouveau l'empire; et en effet, dans la campagne suivante (452), Attila, débouchant de la Pannonie, passa les Alpes Juliennes, et vint mettre le siége devant Aquilée. L'étendue des ravages de son armée, la certitude de ne trouver aucune merci devant le sauvage, engagèrent les peuples de l'Italie à élever un illustre monument de la terreur qu'il inspiroit, monument qui s'est conservé jusqu'à notre âge. Tous les habitans de cette riche partie de la plaine d'Italie située à l'embouchure des grandes rivières, et qu'on nommoit Vénétie, se réfugièrent sur les bas-fonds, sur les îles à moitié inondées qui embarrassent les bouches de l'Adige, du Pô, de la Brenta et du Tagliamento. Ils s'y mirent à l'abri sous des cabanes de feuillages; ils y transportèrent une petite partie de leurs richesses; bientôt ils s'y donnèrent des habitations plus commodes, et plusieurs petites villes semblèrent sortir du milieu des eaux. C'est ainsi que commença Venise, et cette orgueilleuse république s'appeloit à bon droit la fille aînée de l'empire romain, puisque, fondée par les Romains, tandis que l'empire étoit encore debout, et toujours indépendante dès cette époque, elle n'avoit, jusqu'à nos jours, jamais été violée par les armes d'un conquérant étranger.

Aquilée ne fut prise qu'après un long siége; mais tout le reste des villes de la Haute-Italie, Milan, Pavie, Vérone, et peut-être Turin, de même que Como, au pied des Alpes de l'Helvétie et de la Gaule, ouvrirent leurs portes au conquérant. Toutefois, les maladies, suite naturelle de l'intempérance, du pillage et des vices d'une armée barbare, vengèrent alors, comme elles vengeront peut-être encore, les Italiens; et Attila commençoit à sentir le besoin de reconduire ses compagnons d'armes dans un climat moins pernicieux pour les hommes du Nord, lorsque les ambassadeurs de Valentinien et du sénat de Rome vinrent lui demander la paix. Ils étoient accompagnés par le pape Léon I*er*; la figure imposante de ce vieillard, son assurance, et le respect qu'il inspiroit au peuple, frappèrent d'un sentiment de crainte jusqu'au roi païen, qui se disoit lui-même prophète. Attila accorda la paix à l'empire, et une crainte religieuse eut peut-être quelque part à sa modération.

L'année suivante (453), Attila mourut en Dacie, dans l'ivresse d'un festin, et son empire s'écroula avec lui. Ardaric, son favori, établit la monarchie des Gépides dans la Dacie, entre les monts Carpathes et le Pont-Euxin, dans le lieu même qu'Attila avoit regardé comme le siége de sa puissance. Les Ostrogoths s'emparèrent de la Pannonie, entre Vienne et Sirmium, et Irnak, le plus jeune fils d'Attila, se retira avec les Huns dans la petite Tartarie, où les restes de ce peuple furent asservis peu d'années après par les Igours, sortis des plaines de la Sibérie.

CHAPITRE VIII.

Chute de l'empire d'Occident. — Les Francs dans les Gaules. — 453-511.

On ne peut s'empêcher de remarquer, dans les sociétés humaines, dans les nations, une force de vie, une force de résistance, qui se développe après les grandes calamités, et qui maintient leur existence lorsqu'on auroit dû s'attendre à les voir succomber. Cette force ressemble, par ses effets, au principe vital qu'on trouve dans l'homme et dans tous les êtres organisés ; mais elle n'est pas comme lui un mystère de la nature ; elle est au contraire le résultat nécessaire, le résultat facile à prévoir des efforts de chaque individu pour améliorer sa condition, pour se défendre des calamités communes, ou pour ne les subir qu'avec le moins de dommage possible. En cherchant ainsi à se garantir, il travaille à sauver le corps social dont il fait partie. De toutes parts, des causes de ruine s'étoient combinées contre l'empire romain : pendant les trois premiers siècles, il n'avoit cessé de déchoir, et lorsque nous reconnoissons que, pendant le siècle et demi qui vint ensuite, et où nous l'avons observé avec plus de détail, il reçut des atteintes dont chacune sembloit devoir suffire pour le renverser, nous sommes tentés de nous écrier avec étonnement : Eh quoi ! il se soutient encore ?

La force vitale, chez les individus, répare le dommage des maladies, quelquefois suffit à leur guérison; quelquefois aussi elle prolonge seulement leur agonie. Nous n'avons point le droit, quand il s'agit de l'individu, de demander que de telles souffrances soient abrégées : nous ignorons si l'être moral ne se perfectionne pas par les peines de l'être physique; mais il ne faut pas qu'une fiction de notre esprit nous fasse attribuer aux corps sociaux les propriétés ou la sensibilité des corps individuels. Il ne faut pas que notre pitié pour la longue agonie de l'empire romain, notre regret pour tant de grandeur, tant de gloire, tant de souvenirs, qui vont tomber dans la poussière, nous fasse oublier une pitié plus juste pour des êtres plus réels, pour les générations humaines qui supportoient tous les tourmens de cette agonie, tout le poids de ces calamités. La révolution qui renversa l'empire, qui effaça la civilisation passée du globe, et qui fit place à des combinaisons nouvelles, à d'autres existences et à des progrès d'une autre nature, est peut-être la plus importante de toutes celles qui ont ébranlé la race humaine. Il étoit temps cependant qu'elle s'accomplît, que cette langueur mortelle eût un terme, que cette foiblesse des âmes, qui dégradoit notre espèce tout entière, fût remplacée par un autre principe de vertus, ou du moins par un nouveau principe d'action.

Les vastes empires se conservent par leur masse ; c'est leur privilége de pouvoir supporter d'être d'autant plus mal gouvernés qu'ils sont plus grands. L'antiquité grecque avoit présenté plus d'un tyran odieux, dont le nom est demeuré jusqu'à ce jour en opprobre parmi les hommes ; cependant, ni les Denys de Syracuse, ni les Phalaris, ni les Pisistrate, n'auroient pu infliger à leurs concitoyens des maux comparables à ceux que les mauvais empereurs faisoient éprouver aux diverses villes de leurs Etats. Jamais ils n'auroient songé à confondre l'innocent avec le coupable, dans une proscription universelle, à raser une ville tout entière, à en passer au fil de l'épée tous les habitans : c'auroit été s'anéantir eux-mêmes, car cette ville formoit toute leur souveraineté. Les actes de sévérité des empereurs, au contraire, les châtimens nationaux qu'ils infligeoient, tout aussi bien que les calamités des guerres où ils s'engageoient, étoient dans la proportion de l'étendue de leur empire ; mais, tandis que le nombre des victimes d'un seul acte de cruauté ou d'une seule faute passoit toute croyance, l'homme ne devenoit pas plus insensible à la souffrance à mesure que l'Etat auquel il appartenoit étoit plus grand. De même la persistance d'un monarque foible et vain dans une guerre désastreuse produisoit des conséquences proportionnées, non au caractère de l'homme, mais à l'étendue de sés États. L'obstination de Théodose II dans les murs de Constantinople, ou d'Honorius dans ceux de Ravenne, que tous deux prenoient pour un noble courage, produisit la dévastation de toute l'Illyrie, de toute la Gaule et l'Italie. Il falloit un empire comme celui de Rome pour pouvoir supporter de pareilles calamités.

Depuis que la monarchie d'Attila s'étoit écroulée, que les Goths et les Vandales s'étoient établis dans leur nouvelle demeure, et que le désir de conserver succédoit en eux à celui de détruire, l'empire d'Occident avoit encore des chances pour conserver long-temps sa languissante vie, puisque l'empire d'Orient, qui n'étoit guère moins affoibli, guère moins entouré d'ennemis puissans, subsista mille ans encore. Le siége du gouvernement, à Ravenne, étoit également à l'abri de toute attaque étrangère, et les peuples ont toujours tant de prédilection pour une autorité antique, ils accordent une préférence si marquée aux abus eux-mêmes qu'ils ont éprouvés sur les réformes dont ils se défient, que, pour peu que l'empire eût joui d'une période de tranquillité, telle seulement que l'Italie l'obtint peu d'années après la suppression des empereurs d'Occident, les sujets se seroient accommodés des modifications apportées par force à l'ordre social; une nouvelle organisation auroit rattaché au centre les provinces qui n'étoient pas conquises, et cet État, fort supérieur encore en étendue à aucun de ceux de l'Europe moderne, auroit recouvré quelques moyens de résistance.

Mais les monarchies ne sont pas sujettes seulement aux calamités qui leur viennent du dehors par la jalousie ou la haine de leurs voisins: elles y joignent encore la chance de se trouver soumises aux plus stupides ou aux plus vils des hommes. Ces chances de succession furent funestes à l'empire d'Occident. Depuis la mort d'Attila, en 453, jusqu'à la suppression de la dignité impériale, en 476, dix empereurs, dans l'espace de vingt-trois ans, occupèrent successivement le trône; dix révolutions les en précipitèrent : c'étoit plus de convulsions qu'une aussi frêle machine n'en pouvoit supporter.

Ces révolutions furent surtout dues aux vices du dernier descendant du grand Théodose. Valentinien III étoit parvenu à l'âge d'homme; sa mère étoit morte; Boniface étoit mort; Attila étoit mort. Valentinien jugea que la dignité impériale n'avoit pas de plus grands priviléges que celui d'excuser, dans ceux qui portent la pourpre, tous les vices que les lois punissent chez les particuliers. La grandeur et la renommée d'Aétius le fatiguoient, et, de la première épée que ses lâches mains eussent maniée de sa vie, il tua au milieu de sa cour, avec l'aide de ses eunuques et de ses courtisans, le général qui avoit sauvé, le seul qui pût sauver encore l'empire. Moins d'un an après (16 mars 455), il fut poignardé à son tour par Pétronius Maximus, sénateur dont il avoit outragé la femme.

Maximus fut reconnu pour empereur; mais le peuple ne voyoit rien en lui qui méritât le rang suprême. Il étoit également impossible aux Romains de ne pas mépriser la race de Théodose, et de ne pas mépriser aussi ceux qui, sans vertus, sans talens, profitoient de la chute de ces princes pour s'élever à leur place. Rien n'indiquoit aux yeux de tous le droit au pouvoir suprême : aussi le chemin du trône fut-il de nouveau ouvert à toutes les ambitions, toutes les intrigues et tous les crimes. D'ailleurs l'année même de la mort de Valentinien, une nouvelle calamité augmenta pour l'empire romain la souffrance et la honte. La veuve de cet empereur, Eudoxie, que Maximus avoit épousée, voulut venger son premier mari sur le second, et ne songea point qu'elle sacrifioit en même temps sa patrie ; elle appela à Rome Genséric, roi des Vandales, qui, non content d'avoir conquis et dévasté l'Afrique, s'efforçoit de donner à l'ambition et à la rapacité de ses sujets une direction nouvelle, en les accoutumant à la guerre maritime ou plutôt à la piraterie. Les guerriers partis des bords de la Baltique, après avoir fait en conquérans le tour d'une moitié de l'Europe, montèrent sur des vaisseaux construits à Carthage, et répandirent la désolation sur les côtes de la Sicile et de l'Italie. Le 12 juin 455, ils débarquèrent à Ostie ; Maximus fut massacré dans une sédition excitée par sa femme ; la défense devint impossible, et, du 15 au 29 juin, l'ancienne capitale du monde fut pillée par les Vandales avec un degré de rapacité et de cruauté dont Alaric et les Goths n'avoient point approché. Les vaisseaux des pirates étoient amarrés aux quais du Tibre, et l'on y chargeoit un butin trop volumineux pour que des soldats eussent pu l'emporter par terre. Des tortures prolongées avoient arraché aux malheureux Romains la découverte de tous leurs trésors cachés ; celui même auquel on avoit tout enlevé n'échappoit point à la cupidité des soldats de Genséric s'ils pouvoient se flatter, en l'emmenant en Afrique, de tirer, de ses parens ou ses amis, une rançon. Des milliers de nobles captifs furent en effet transportés à Carthage. Eudoxie elle-même partagea les calamités qu'elle avoit attirées sur Rome : Genséric la fit monter sur ses vaisseaux avec ses deux filles. C'étoient les derniers survivans de la race du grand Théodose; et quelque attachement que les Romains eussent récemment montré aux prétentions héréditaires de cette famille, ils se trouvoient malgré eux remis en possession du droit de déférer la couronne à un chef de leur choix.

Ce droit, rendu à un peuple dépourvu d'esprit national, d'institutions protectrices, de respect pour la justice, et de vertus, devoit lui devenir fatal. En effet, les Gaulois, les Grecs, les barbares fédérés, qui composoient seuls l'armée, prétendirent tour à tour que c'étoit à eux qu'il appartenoit de donner un chef à l'empire, et leur favori étoit à peine revêtu de la pourpre qu'il étoit renversé par une autre faction. Dans cette période calamiteuse de vingt-un ans, qui comprend les dernières convulsions de l'empire d'Occident (455-476), un homme s'éleva au-dessus de ces empereurs éphémères, qu'il put à son gré créer ou déposer, sans pouvoir cependant occuper lui-même leur place; on le nommoit le patrice Ricimer; il étoit Suève de nation, et fils d'une fille de Wallia, roi des Visigoths. Un sentiment populaire, qu'on est étonné de retrouver dans un pays où l'on ne voit point de peuple, s'opposoit à ce que ce barbare revêtît lui-même la pourpre, tandis qu'on acceptoit pour monarques ceux qu'il vouloit bien désigner. Le Suève orgueilleux, dédaignant d'obéir à ceux qu'il regardoit comme ses créatures, ne les avoit pas plus tôt élevés qu'il les précipitoit du trône. Il usa ainsi, il anéantit les ressorts de l'autorité civile et de l'obéissance. Lorsqu'il mourut, le 20 août 472, les provinces de l'Occident ne reconnoissoient déjà plus d'autre pouvoir que celui des soldats barbares qui prenoient le nom de fédérés, et qui dominoient l'Italie. Deux de leurs chefs, arrivés à la suite du roi des Huns, se disputoient alors le premier rang : le patrice Oreste, originaire de la Pannonie, long-temps secrétaire et ambassadeur d'Attila, qui éleva sur le trône son propre fils Romulus-Augustus, surnommé en dérision Augustule, et Odoacre, fils d'Édécon, autre ministre d'Attila, qui souleva les fédérés contre le chef qu'ils venoient de reconnoître. Il leur promit le partage d'un tiers des terres de l'Italie; il fit massacrer Oreste, et il enferma son fils dans le château de Lucullus en Campanie, sans lui donner un successeur.

Ce fut ainsi que l'empire d'Occident fut aboli en 476; mais cette révolution, si importante à nos yeux et qui forme une si grande époque dans l'histoire, fut en quelque sorte déguisée aux yeux des contemporains, de manière à ce qu'ils n'en aperçussent point les conséquences. Odoacre fit renvoyer, par le sénat de Rome, les ornemens impériaux à Zénon, empereur de Constantinople, déclarant en même temps qu'un seul empereur suffisoit à l'administration de tout l'empire : il fit demander, pour lui-même, à cet empereur le gouvernement du diocèse d'Italie avec le titre de patrice. Il prit aussi, il est vrai, celui de roi; c'étoit une dignité barbare, qui n'avoit point jusqu'alors été regardée comme incompatible avec le commandement d'une armée ou d'une province romaine : ce titre de roi se rapportoit aux hommes et non au pays. Il lui fut donné par ses soldats, parmi lesquels les Hérules étoient peut-être les plus nombreux, d'où vient qu'Odoacre est souvent représenté comme roi des Hérules. Cependant le gouvernement impérial subsistoit tel qu'on l'avoit vu pendant le dernier siècle en Italie; c'est-à-dire que le pouvoir étoit tout entier aux mains des barbares armés, mais qu'en même temps le sénat de Rome s'assembloit comme de coutume; les consuls étoient nommés chaque année, l'un par l'Orient, l'autre par l'Italie; les lois impériales étoient proclamées en Italie, et respectées autant qu'auparavant, et aucune des magistratures, aucune des autorités provinciales ne fut changée.

Il seroit difficile de reconnoître où pouvoit exister, comment pouvoit s'exprimer cette opinion publique, qui avoit encore assez de puissance pour que le souverain de l'Italie et de l'armée sentît l'impossibilité de prendre lui-même le titre d'empereur romain, pour qu'il sentît en même temps qu'il n'étoit pas assez fort pour supprimer des droits et des prétentions qu'il ne pouvoit s'attribuer, et qui, dans un souverain rival, devoient lui donner de la jalousie. On cherche en vain où étoient ces Romains, où étoient ces Italiens qui avoient encore assez le sentiment de leur antique dignité ou de leurs anciens préjugés, pour ne pas permettre que leur maître prît le titre de roi de Rome, ou de roi d'Italie. Odoacre reconnut cependant que cette puissance publique existoit, et il ne la choqua pas ; il fonda le nouveau royaume d'Italie, et il ne l'appela pas par ce nom ; il fut indépendant sans oser le paroître. Il satisfit l'avidité des soldats fédérés auxquels il distribua des terres en Italie, sans détruire leur discipline ; et, comme il cessa d'appeler de chez les nations étrangères cette foule d'aventuriers qui accouroient chaque année pour chercher la fortune sous les drapeaux de Rome, son armée ne se trouva pas trop forte pour lui. Elle le fut assez pour qu'il pût faire respecter ses frontières. Il ne prétendoit pas les étendre au-delà de l'Italie, dont la Sicile même et la Sardaigne avoient été détachées par les invasions de Genséric. Toutefois, il porta ses armes une fois dans l'Illyrie, et une fois dans la Norique, et toujours avec succès. Tout le pays qui s'étendoit des Alpes jusqu'au Danube, pays qui, sous les Romains, avoit été fertilisé par l'agriculture, enrichi par le commerce et par le séjour des légions, et qu'on regardoit comme la pépinière des soldats de l'empire, avoit été depuis tellement ravagé par tant d'invasions successives, que les habitans d'origine romaine en avoient presque disparu, et que des barbares, dont l'histoire est absolument ignorée, leur avoient succédé. Les Rugiens l'habitoient alors; ils furent vaincus par Odoacre, et un grand nombre de captifs de cette nation furent ramenés par son armée en Italie, pour recommencer à cultiver les déserts de cette contrée.

C'étoient des déserts en effet; tous les fléaux, la guerre, la peste, la famine, la tyrannie publique et l'esclavage domestique, s'étoient réunis pour en détruire la population. Pendant le dernier siècle, l'existence du peuple avoit été toute artificielle : elle reposoit surtout sur les distributions de blé que les empereurs s'étoient crus obligés de continuer à Rome, à Milan, et dans les grandes villes où résidoit leur cour. Ces distributions avoient cessé avec la conquête de l'Afrique et avec la ruine de la Sicile. Odoacre n'essaya point de les rétablir; dans l'intervalle, cependant, l'agriculture avoit été presque absolument abandonnée par les propriétaires; ils ne pouvoient trouver leur compte à faire naître à grand prix du blé qu'au marché on donnoit au peuple pour rien. L'éducation des troupeaux avoit, pendant un temps, remplacé la culture des céréales; mais celle-ci demandoit des esclaves pour les suivre, et bientôt troupeaux et esclaves, tout avoit été enlevé à plusieurs reprises par les invasions continuelles des barbares. La désolation de ces contrées est exprimée quelquefois, occasionnellement et sans déclamation, dans des lettres contemporaines des saints, d'une manière qui fait frémir. Le pape Gélase (496) parle de l'Emilie, de la Toscane et d'autres provinces, où l'espèce humaine a été presque absolument anéantie; saint Ambroise, des villes de Bologne, Modène, Reggio et Plaisance, qui sont demeurées désertes, aussi bien que tout le pays qui les entouroit. Ceux qui ont vu de nos jours la Campagne de Rome savent quelle peut être la désolation d'un pays ruiné, plus encore par de mauvaises lois que par des calamités étrangères. En étendant à l'Italie le tableau qu'ils ont eu sous les yeux autour de son ancienne capitale, ils comprendront quel étoit l'aspect du royaume d'Odoacre.

L'usurpation d'Odoacre avoit relâché le lien qui attachoit les provinces, plus éloignées de l'Occident, à l'empire ; mais elle ne l'avoit pas brisé. Plusieurs districts de l'Espagne, et surtout sur les côtes, étoient demeurés également indépendans des Suèves et des Visigoths ; quelques villes même de l'Afrique avoient échappé aux Vandales ; des provinces étendues au centre de la Gaule n'obéissoient ni aux Francs, ni aux Bourguignons, ni aux Visigoths ; les provinciaux mêmes, qui étoient actuellement envahis par ces peuples barbares, les regardoient plutôt, selon l'expression légale employée en assignant leurs quartiers, comme leurs hôtes que comme leurs maîtres ; ils ne croyoient pas avoir cessé d'être Romains ; ils en conservèrent long-temps encore le nom, le langage, les lois et les mœurs. Tous tournoient leurs regards vers Constantinople, tous reconnoissoient pour leur empereur Zénon (474-491), qui avoit succédé à Léon (457-474) sur le trône de l'Orient. Mais les empereurs grecs avoient échappé, par un heureux hasard bien plus que par leur habileté, à l'orage qui grondoit autour d'eux ; ils ignoroient les langues occidentales ; ils méprisoient ces provinces qu'ils appeloient déjà barbares; ils n'en connoissoient point, ils n'en comprenoient point les intérêts; ils n'avoient aucun moyen de les défendre, presque aucun de les gouverner, aucune chance d'en tirer de l'argent : aussi les abandonnèrent-ils à l'administration des hommes riches ou de famille sénatoriale, qui prenoient le titre de comtes de chaque cité, qui flattoient l'empereur par leur correspondance, et qui étoient flattés en retour par des titres impériaux : ces comtes de l'Occident agissoient presque comme des souverains indépendans.

Ægidius, comte de Soissons, paroît avoir été, pendant la décadence de l'empire, un des plus puissans, parmi ces seigneurs gaulois, qui devoient à leur richesse une sorte de souveraineté. Il remporta plusieurs avantages sur les Visigoths, à la tête des Francs accoutumés à servir à la solde de Rome, et cette circonstance a donné lieu de dire qu'il avoit régné sur les Francs pendant l'exil de Chilpéric, père de Clovis. Son fils, Afranius Syagrius, gouverna de même Soissons avec le titre de comte pendant les dix ans qui suivirent la chute de l'empire romain (476-486). Il s'y trouvoit rapproché des Francs, anciens alliés de l'empire et accoutumés à servir à sa solde; mais il n'avoit plus à leur offrir ni combats ni pillages. Les Francs, sans faire la guerre, avoient cependant étendu leur frontière dans la seconde Belgique ; ils étoient maîtres de Tournai, de Cambrai, de Térouenne, de Cologne ; et, dans chacune de ces villes, ils avoient un roi différent : tous ces petits rois se disoient issus d'un Mérovée, *Meer-wig*, ou héros de la mer, dont l'existence, demi fabuleuse, doit être plutôt rapportée à la première apparition des Francs, vers l'an 250, qu'au milieu du Ve siècle, où on la fixe communément. Parmi eux on distinguoit un jeune homme, à peine âgé de vingt ans, mais signalé par sa figure et par sa hardiesse, qui régnoit depuis cinq ans sur les Francs de Tournai. Son nom étoit Clovis (Chlod-wig); il étoit fils d'un Childéric qui s'étoit fait chasser par ses mauvaises mœurs, mais que sa tribu avoit rappelé ensuite lorsque l'âge avoit calmé ses passions. Il suivoit, comme toute sa race, le culte des dieux de la Germanie ; mais son âme enthousiaste étoit prête à admettre également tous les prodiges que d'autres prêtres lui raconteroient, toutes les croyances qu'ils lui enseigneroient. Il proposa aux guerriers de Tournai, qui étoient de la tribu des Saliens, d'aller partager les richesses de ces Romains, leurs voisins, qui ne savoient ni les défendre eux-mêmes, ni les employer à payer des défenseurs. Tout au plus trois ou quatre mille guerriers levèrent la francisque (c'étoit leur hache d'armes), et se déclarèrent prêts à le suivre. Ragnacaire, autre roi franc qui occupoit Cambrai, vint avec ses guerriers joindre le même étendard. Ils envoyèrent défier Syagrius : le comte romain n'étoit pas assez redoutable pour qu'il valût la peine de recourir contre lui aux avantages de la surprise ; cependant il occupoit la frontière ; ce qui restoit encore au nord de la Seine de soldats qui se disoient Romains, ou légionnaires, ou lètes, ou fédérés, s'assemblèrent à ses ordres : les armées se rencontrèrent, Syagrius fut battu, et les Francs prirent et pillèrent Soissons. Syagrius, dans sa fuite, traversa la Seine; mais les villes situées entre cette rivière et la Loire, quoique se disant aussi romaines, n'avoient point songé à leur sûreté future; elles n'avoient point de soldats, de trésor, ou de moyens de résistance : Syagrius, n'obtenant d'elles aucun secours, passa aussi la Loire, et s'avança jusqu'à Toulouse, pour demander l'assistance d'Alaric II, qui régnoit depuis deux ans sur les Visigoths. Les conseillers de ce roi encore enfant crurent le moment favorable pour anéantir ce qui restoit aux Romains de puissance; ils chargèrent de chaînes Syagrius, et le renvoyèrent à Clovis, qui le fit mourir en prison.

C'est à peu près là tout ce que nous pouvons jamais savoir sur les combats qui anéantirent la domination romaine dans la Gaule, et qui fondèrent la monarchie française. Nous ne sommes plus désormais, comme en suivant les fastes des Romains, appelés à choisir parmi les richesses historiques, à combiner, à concilier, à extraire. La douleur et la honte avoient réduit presque tout l'Occident au silence. Qui pouvoit désirer de conserver les détails de ces révolutions, dont chaque crise révéloit les vices du peuple et du gouvernement? Les Germains ne savoient pas écrire, les Romains ne le vouloient pas. Un seul homme, un prélat et un saint, Grégoire, évêque de Tours, à la fin du siècle suivant, a entrepris de nous faire connoître l'origine de la monarchie française, et en même temps il éclaire presque seul le reste de l'Occident. Il a été tour à tour abrégé, copié, amplifié, du VIIe siècle jusqu'à nos jours; mais tous ses commentateurs nous égarent, loin de pouvoir nous servir de guides; c'est à lui seul que nous devons recourir; son récit barbare doit nous suffire; il nous peindra en même temps, et les mœurs du siècle, et les opinions de l'Eglise d'alors; et s'il ne se compose presque que d'un tissu de crimes horribles, ne nous hâtons pas d'en détourner les yeux : il est bon de savoir tout ce que l'homme peut craindre des révolutions diverses de la société humaine. Nous estimerons davantage les vertus de nos contemporains et le bonheur dont nous jouissons; nous souffrirons avec plus de patience les maux résultant de toutes les institutions des hommes, quand nous saurons ce qu'ont été réellement nos ancêtres.

Clovis s'étoit établi à Soissons; le riche butin qu'il avoit partagé entre les guerriers vainqueurs, et qui, selon l'usage des Francs, avoit été distribué par le sort en portions égales à tous les soldats, avoit attiré de nouveaux aventuriers sous ses étendards. Aucun autre des rois francs ne paroissoit l'égaler en activité et en courage, et le Germain étoit toujours maître de choisir le chef dont il voudroit partager les périls à la guerre. Près d'un tiers de la Gaule, de l'Oise jusqu'à la Loire, étoit abandonné sans défense au pillage ou aux conquêtes des Francs. Nous n'avons point l'histoire de leurs progrès dans ces provinces. Malgré la foiblesse et la pusillanimité des Romains, une armée de quatre mille guerriers ne pouvoit occuper à la fois leurs campagnes et leurs cités. Quatorze ans s'écoulèrent depuis la première victoire de Clovis sur Syagrius jusqu'au temps où la Loire, la Moselle, le Jura et le Rhin furent les bornes de sa domination. Durant ce temps (486-500), les villes romaines entrèrent en négociation avec lui, pour alléger le joug qu'elles devoient porter; elles lui envoyèrent des députés, et, par un tribut, elles achetèrent sa protection. De leur côté, les évêques songèrent à convertir le roi auquel ils devoient obéir; ils trouvèrent bientôt que son âme étoit accessible au fanatisme qu'ils vouloient lui inspirer, que n'étant point encore chrétien il n'avoit de partialité pour aucune secte, et qu'il seroit par conséquent plus favorable aux orthodoxes que les rois des Bourguignons et des Visigoths, qui étoient ariens. Ils résolurent de profiter de son amour pour les femmes, pour le gagner à eux, en le faisant divorcer d'avec la mère, Franque et païenne, de son fils aîné; et Aurélianus, confident gaulois et chrétien, de Clovis, négocia son mariage avec Clotilde.

Les rois barbares ne se marioient qu'avec des épouses de race royale, et Clovis auroit dédaigné la fille d'un sujet. Il n'étoit pas encore assez puissant pour obtenir celle d'un roi vandale, bourguignon ou visigoth; mais Clotilde étoit tout à la fois de sang royal et persécutée. Le roi des Bourguignons, Gondicaire, mort en 463, avoit laissé quatre fils, qui, tous, portèrent le nom de rois, et qui commandèrent les armées ou partagèrent les conquêtes de leur nation. Mais Gondebaud, l'aîné de ces quatre princes, fit successivement périr ses trois frères. Après avoir surpris deux d'entre eux, Chilpéric et Godemar, dans leur résidence à Vienne, il tua de sa main Chilpéric, qui s'étoit rendu prisonnier; il fit lier une pierre au cou de sa femme, et la précipita dans le Rhône; il fit trancher la tête à ses deux fils, et jeta leur corps dans un puits;

deux filles demeurèrent prisonnières, et l'une d'elles étoit Clotilde. Godemar, l'autre frère de Gondebaud, s'étoit réfugié dans une tour : le barbare fit amasser au bas des matières combustibles, et l'y brûla tout vivant. Le quatrième frère, Godegésile, ne périt que dix ans plus tard.

Clotilde, échappée au désastre de sa maison, étoit, à ce qu'on croit, prisonnière à Genève. Elle avoit été élevée par un évêque orthodoxe; elle étoit belle, elle étoit enthousiaste, et elle croyoit pouvoir haïr saintement son persécuteur, moins encore parce qu'il avoit massacré ses parens que parce qu'il étoit arien. Elle dissimula cette haine au moment de son mariage; car Gondebaud, selon l'usage des rois, croyoit ses crimes oubliés dès qu'il les avoit oubliés lui-même, et il accorda sa nièce à Clovis, comme un gage d'union entre les deux nations et les deux familles. Il connoissoit mal cette nièce, que les prêtres ont nommée sainte Clotilde : aucun espace de temps, aucune réconciliation, aucun bienfait ne pouvoit déraciner de son cœur la haine qu'elle avoit conçue. Le mariage fut célébré en 493, et trente ans après elle demanda et obtint la vengeance pour laquelle elle avoit toujours soupiré.

La confiance que les évêques des Gaules avoient placée dans les charmes de Clotilde fut couronnée par le succès ; elle convertit son époux ; elle lui persuada d'abord de faire baptiser ses enfans ; elle l'engagea ensuite à recourir à la protection de son dieu dans un moment de danger. Les Allemands avoient envahi, en 496, le pays situé entre la Meuse et la Moselle. C'étoit pour les Francs une guerre nationale : toutes leurs tribus se rassemblèrent, et livrèrent bataille aux agresseurs, à Tolbiac, à quatre lieues de Cologne. Ils fléchissoient cependant, et paroissoient sur le point d'être mis en déroute, lorsque Clovis invoqua le dieu de Clotilde. Sur ces entrefaites, le roi des Allemands fut tué, ses guerriers offrirent de se ranger sous les étendards de Clovis, et de le reconnoître pour leur roi. Les deux peuples, ayant la même langue, les mêmes mœurs et la même origine, pouvoient aisément s'unir, et Clovis revint du champ de Tolbiac à la tête d'une armée bien plus nombreuse que celle qu'il y avoit conduite, ou qu'aucune qu'il eût jamais commandée. Il étoit en effet reconnu pour roi par ses ennemis, et pour supérieur par les autres rois francs, jusqu'alors ses égaux. De retour à Soissons, sa nouvelle capitale, Clovis se rangea parmi les catéchumènes de saint Remi, l'archevêque de Reims. Ses guerriers, entraînés comme lui par la croyance universelle du peuple au milieu duquel ils vivoient, par les miracles qu'ils entendoient attester, par la magnificence du culte catholique, s'engagèrent à suivre son exemple. Le jour de Noël 496, il se rendit avec son armée, composée de trois mille guerriers seulement, à la cathédrale de Reims, où saint Remi répandit sur lui l'eau lustrale, en disant ces paroles, qui nous ont été conservées : « Courbe ta tête, ô Sicambre! avec humilité. « Adore ce que tu as brûlé, et brûle ce que tu as « adoré. »

La joie du clergé fut immodérée dans toutes les Gaules, en apprenant la conversion de Clovis : c'etoit un défenseur, un vengeur, un persécuteur de leurs rivaux qui étoit rendu aux orthodoxes, au moment où ils en avoient le plus besoin ; car l'empereur Zénon, à Constantinople, et tous les rois barbares, à Ravenne, à Vienne, à Toulouse, à Carthage, dans l'Espagne et la Germanie, ou étoient engagés dans quelque hérésie, ou étoient païens. C'est à ce titre que le roi des Francs a été appelé le fils aîné de l'Église. Saint Avitus, archevêque de Vienne sur le Rhône, écrivit à Clovis : *Votre foi est notre victoire.* Il étoit sujet des Bourguignons, mais il se flattoit déjà que Clovis attaqueroit ses maîtres ; et tout le clergé des Gaules, soit qu'il obéît aux Visigoths ou aux Bourguignons, montra le même zèle pour le triomphe futur de Clovis.

En même temps, la confédération des villes

armoriques, qui jusqu'alors s'étoit défendue par ses propres armes contre les barbares, demanda à traiter avec Clovis; elle fit alliance avec lui, ou même elle s'incorpora à sa nation, et les Armoriques furent unis aux Francs sur un pied d'égalité. Tout ce qui restoit de soldats barbares épars dans les Gaules, qui jusqu'alors avoient suivi les étendards de Rome sous les noms de lètes ou de fédérés, fut de même adopté par la nation des Francs, et le nouveau roi vit la domination de son peuple s'étendre jusqu'à l'Océan, jusqu'à la Loire, qui le séparoit des Visigoths, jusqu'aux montagnes autour de Langres, qui le séparoient des Bourguignons, et jusqu'au Rhin, qui le séparoit des Francs indépendans.

L'étendue de ces conquêtes auroit pu satisfaire l'ambition du petit chef de trois mille guerriers; mais Clovis savoit qu'il ne maintiendroit son crédit parmi ses compagnons d'armes que par de nouvelles victoires, et en leur offrant un nouveau butin à partager. Plusieurs soldats s'affligeoient de la soumission des provinces romaines; chacune de celles sur lesquelles Clovis étendoit sa protection étoit soustraite à l'avidité des pillards : il falloit les convaincre que, malgré l'étendue qu'il donnoit à sa domination, il resteroit en Gaule des provinces à saccager, des propriétés à diviser, des sujets à réduire en esclavage. Clovis chercha querelle aux deux nations qui partageoient avec lui l'empire des Gaules ; mais avec la politique à laquelle il dut ses succès, bien plus encore qu'à sa valeur, il commença par les diviser et les tromper, avant de les surprendre.

Clovis s'attaqua d'abord aux Bourguignons; des deux frères qui gouvernoient cette nation, l'un, Godegésile, avoit fixé sa résidence à Genève; l'autre, Gondebaud, à Vienne. Le royaume n'étoit pas divisé entre eux, mais chacun avoit cherché à s'attacher un grand nombre de guerriers ou de leudes : ce nom, qui répondoit à celui de fidèles, désignoit alors ces partisans engagés par des bienfaits. Chacun, se défiant de son frère, s'étoit écarté de lui autant qu'il avoit pu, soit pour se mettre plus à l'abri des complots fraternels, soit pour jouir plus en liberté des voluptés alors attachées au pouvoir royal. De cette crainte réciproque vint l'usage universel parmi les barbares de désigner les rois, non par le nom d'une province, mais par celui d'une capitale. L'un étoit roi *à Genève*, l'autre roi *à Vienne*, mais tous deux étoient rois des Bourguignons. Clovis, en 500, séduisit Godegésile ; il l'engagea à se séparer de Gondebaud, au moment où les Francs seroient aux mains avec ses compatriotes, et il lui promit de l'aider à ce prix à s'établir seul sur le trône des Bourguignons. Puis il déclara la guerre à cette nation, et il mena les Francs au combat. Les deux peuples se rencontrèrent sur les bords de l'Ousche, près de Dijon ; mais au moment où la bataille alloit s'engager, Godegésile déserta avec tous ses leudes les drapeaux nationaux, pour passer sous ceux de Clovis ; Gondebaud, déconcerté, fut mis en fuite, et ne se crut en sûreté que lorsqu'il se fut enfermé dans les murs d'Avignon. Godegésile s'empressa d'entrer à Vienne, dans le palais de son frère, et de s'y mettre en possession de toutes les richesses qu'il y trouvoit rassemblées, tandis que Clovis, poussant ses ravages jusque dans la Provence, arrachoit les vignes, brûloit les oliviers, enlevoit les paysans, et chargeoit les soldats de butin. Lorsqu'il essaya cependant de se rendre maître d'Avignon, il trouva les murailles trop fortes, ses soldats trop ignorans dans l'art des siéges, et il fut contraint d'accepter de Gondebaud quelque composition, moyennant laquelle il se retira sur les bords de la Seine, avec toutes les richesses dont ses troupes s'étoient chargées. Gondebaud, délivré de la crainte des Francs, marcha aussitôt sur Vienne avec un grand nombre de Bourguignons, indignés de la trahison de son frère. Il fut introduit dans la ville par un aqueduc ; Godegésile, effrayé, s'étoit retiré dans une église ; Gondebaud l'en fit arracher, et le fit massacrer, avec l'évêque qui lui avoit donné asile ; il fit périr dans d'horribles supplices tous ceux qu'il accusa d'avoir participé aux trahisons de son frère, et son autorité fut de nouveau reconnue par toute l'armée des Bourguignons.

Clovis n'avoit pas fait de conquête, il n'y prétendoit pas peut-être, mais il avoit enrichi son armée; au bout de peu d'années il la mena à une autre expédition. Alaric II régnoit sur les Visigoths, et il s'étoit élevé entre lui et les Francs quelques contestations. Clovis lui proposa une conférence dans une île de la Loire, près d'Amboise; il régla tous leurs différends, il le rassura pleinement sur ses projets; une paix perpétuelle entre les Francs et les Visigoths fut confirmée par des sermens mutuels; puis, de retour parmi les siens, il réunit au Champ de Mars, entre Paris et Soissons, ses guerriers en assemblée souveraine, au printemps de l'an 507. « Je ne puis
« souffrir, leur dit-il, que ces ariens (les Visi-
« goths) possèdent la meilleure partie des Gau-
« les; allons sur eux, et quand, avec l'aide de
« Dieu, nous les aurons vaincus, nous rédui-
« rons leurs terres sous notre domination et leurs
« personnes en esclavage. » De plus longs discours n'étoient pas nécessaires pour entraîner les Francs à la guerre; ils choquèrent leurs armes en l'air, et le suivirent.

Clovis avoit trompé son ennemi par un parjure; mais pour attirer la bénédiction du ciel sur ses armes, il annonça qu'il puniroit de mort tout soldat qui enlèveroit sans payer, même un brin d'herbe, du territoire de Tours; car ce pays étoit sous la protection immédiate de saint Martin. L'Église ne balançoit point alors entre les deux mérites de la bienfaisance envers les moines et de la probité. Saint Grégoire de Tours assure que la marche de Clovis fut constamment dirigée et facilitée par des miracles. Le chœur perpétuel des moines, le *psallentium*, qui chantoit nuit et jour les psaumes dans l'église de Tours, annonça sa victoire par une prophétie. Une biche dirigea son passage au travers des eaux de la Vienne; une colonne de feu conduisit la marche de son armée sur Poitiers. Ce fut dix lieues au-delà de cette ville que Clovis rencontra les Visigoths, commandés par Alaric II; il les vainquit dans les plaines de Vouglé (507); leur roi même fut tué, et toute leur armée mise en déroute. La plus grande partie des possessions des Visigoths, entre la Loire et les Pyrénées, fut ravagée par les Francs : ils parurent même s'attacher quelque temps à faire la conquête de ces provinces; mais dans une guerre de quatre ans, sur laquelle nous n'avons aucun détail, ils en reperdirent une partie, et à la fin du règne de Clovis, en 511, il n'y avoit guère plus d'une moitié de l'Aquitaine qui reconnût son autorité.

Les autres rois des Francs ne pouvoient déjà plus être considérés comme les égaux de Clovis. Quelques uns avoient combattu à ses côtés, mais aucun n'avoit montré les talens d'un grand général ou d'un grand politique. Tous, au contraire, s'étoient déjà abandonnés à cette mollesse qui corrompt si vite les barbares arrivés à l'opulence. Cependant Clovis les regardoit toujours comme ses rivaux ; il craignoit l'inconstance du peuple, qui pourroit chercher en eux un protecteur contre lui. Il craignoit les talens qu'eux ou leurs enfans pourroient développer un jour, ou le contraste de leur douceur avec sa cruauté. Il résolut de s'en défaire. Il commença par Sigebert, roi des Ripuaires, son compagnon d'armes, qui régnoit à Cologne ; il persuada, en 509, au fils de ce malheureux roi, Clodéric, qui l'avoit accompagné à la guerre des Visigoths, d'assassiner son père, lui promettant de l'aider ensuite à recueillir les fruits de ce parricide. Le crime fut commis, mais Clovis se hâta d'en désavouer l'auteur, qu'il fit poignarder à son tour ; et assemblant aussitôt les Ripuaires, il fut élevé par eux sur un bouclier, et proclamé comme leur roi. Peu après, Clovis dressa des embûches à Cararic, qui régnoit à Térouane ; s'étant d'abord emparé de sa personne, il le fit ordonner prêtre, ainsi que son fils ; mais peu après il fit trancher la tête à l'un et à l'autre. Il

séduisit par des présens les leudes de Ragnacaire, qui régnoit à Cambrai, et l'ayant fait conduire devant lui enchaîné, aussi bien que son frère : « Comment as-tu pu, lui dit-il, désho-
« norer ainsi notre lignée, en te laissant garrotter?
« Ne valoit-il pas mieux mourir honorable-
« ment? » Et en même temps élevant sa hache, il lui en abattit la tête. « Et toi, dit-il au frère
« de Ragnacaire, si tu avois défendu ton frère,
« tu ne serois pas aujourd'hui prisonnier avec
« lui »; et aussitôt il le frappa à son tour d'un coup mortel. Il fit encore tuer beaucoup d'autres rois chevelus qui étoient à la tête de tribus moins considérables; puis, feignant de se repentir de sa barbarie, il annonça qu'il prenoit sous sa protection tous ceux qui avoient échappé au massacre : il espéroit découvrir ainsi si quelqu'un de ses parens avoit conservé la vie, pour s'en défaire aussi ; mais tout avoit péri, et son œuvre étoit accomplie. Ainsi, dit saint Grégoire, à qui nous empruntons le récit de toutes ces horreurs, et dont les sentimens peignent encore mieux que la narration l'esprit du siècle,
« ainsi Dieu faisoit tomber chaque jour quel-
« qu'un de ses ennemis entre ses mains, et éten-
« doit les limites de son royaume, parce qu'il
« marchoit avec un cœur droit devant le Sei-
« gneur, et qu'il faisoit ce qui plaisoit à ses
« yeux. « (L. XI, c. 40.)

Clovis, en effet, a été considéré par la plus grande partie du clergé des Gaules comme un saint : c'est à une suite de miracles qu'on a attribué ses succès et la fondation de la monarchie française qu'il accomplit. Parmi ces miracles, cependant, il y en a un plus célèbre que tous les autres, et en commémoration duquel a été célébrée jusqu'à nos jours la cérémonie du sacre. On a raconté qu'une fiole, la sainte ampoule, fut apportée du ciel par une colombe blanche, à saint Remy, pour en oindre le roi; mais cette fable n'a commencé à s'accréditer que dans le IXe siècle. Clovis montroit en toute occasion à ce clergé, qui embrassoit sa cause avec tant de chaleur, un respect et une déférence sans bornes : il avoit pris sous sa protection spéciale, dans des lettres qui nous ont été conservées parmi la collection des conciles, non seulement la personne et les propriétés des évêques et des prêtres, dans tous les pays où il portoit la guerre, mais jusqu'à celles de leurs maîtresses et de leurs enfans ; il avoit déchargé de toute imposition les biens de l'Eglise, et il avoit consulté les conciles sur l'administration de son royaume.

Nous serions dans une grande erreur si nous comparions cette administration à rien de ce que nous voyons dans les monarchies modernes. Clovis régnoit sans ministère et sans aucun établissement civil ; il n'étoit point le roi des

Gaules, mais le roi des Francs cantonnés dans les Gaules; il étoit le capitaine d'une armée souveraine, capitaine en même temps électif et héréditaire; car si, d'une part, les soldats n'appeloient à cette haute dignité qu'un descendant de Mérovée, de l'autre, ils ne vouloient confier leur fortune et leur vie qu'au plus habile ou au plus heureux. Si Clovis leur avoit paru indigne de leur choix, sa tête seroit bientôt tombée sous la francisque, comme celle des rois dont lui-même s'étoit défait. Cette armée souveraine avec laquelle il régnoit, à peu près comme le dey d'Alger régnoit par les janissaires, n'abandonnoit jamais les armes pour l'agriculture; elle ne s'étoit point partagé les propriétés ou les personnes des Gaulois; en se répandant ainsi sur un grand territoire, elle se seroit bientôt anéantie. Elle restoit réunie, ou du moins ses cantonnemens étoient toujours rapprochés ou de Soissons ou de Paris, selon que l'une ou l'autre ville étoit la résidence de Clovis. En général, elle étoit logée chez les bourgeois, et elle y vivoit dans le luxe et les plaisirs brutaux, qui avoient le plus d'attrait pour des soldats barbares, jusqu'à ce que les richesses acquises dans chacune de ses expéditions fussent dissipées; alors elle pressoit son roi de la conduire contre quelque autre ennemi. Comme la nation des Francs n'avoit point émigré tout entière, ainsi que celles des Bourguignons et des Visigoths, il n'y avoit point de familles à établir, point de partage des terres à faire; ce n'étoit que successivement, lorsque quelque vétéran se retiroit du service, qu'il demandoit la concession de quelque terre déserte; et le roi en avoit toujours plus à distribuer qu'il ne trouvoit de demandeurs. Souvent aussi le soldat se servoit lui-même, et, la francisque à la main, il se défaisoit du propriétaire dont la maison ou la terre lui plaisoient, sachant bien que si, par hasard, il venoit à être poursuivi et condamné pour ce meurtre, la loi ne l'obligeroit qu'à une amende, un widrigild de 100 sous d'or, environ douze cents francs pour le meurtre d'un propriétaire romain.

L'armée, toujours réunie, n'étoit pas appelée à délibérer seulement dans ce qu'on nommoit proprement le Champ de Mars, ou la revue qui se faisoit au commencement du printemps, mais dans toutes les occasions publiques, pour la paix, pour la guerre, pour les lois, pour les jugemens. Les Romains n'étoient point admis à ces assemblées, ils n'avoient aucune part à la souveraineté; mais ils avoient pour eux toutes les ressources de l'intrigue et de la flatterie auprès du roi, toutes les places de finance ou de correspondance qui exigeoient leur éducation et leur connoissance des lettres, toutes les places enfin de la hiérarchie ecclésiastique; et dans ces diverses carrières, non seulement ils conservèrent, ils augmentèrent souvent la fortune qu'ils avoient reçue de leurs pères : aussi le temps ne tarda pas d'arriver où les rois francs leur accordèrent de préférence leur confiance. Les villes continuèrent à se gouverner suivant les lois romaines, avec leurs curies ou municipalités. Clovis envoyoit cependant à toutes celles qui s'étoient mises sous sa protection un officier franc, qui se nommoit *graf* ou *grafio*, et qui répondoit à peu près au comte des Romains. Il surveilloit la municipalité, il percevoit quelques revenus royaux, et il présidoit les assemblées partielles des Francs, les plaids où se rendoit la justice, lorsque quelque troupe de Francs se trouvoit établie dans la ville. Dans les campagnes enfin, le peuple étoit esclave comme avant la conquête; il travailloit pour le propriétaire, ou franc, ou romain, sur le patrimoine duquel il se trouvoit placé. La guerre seulement, tout en détruisant les citoyens, avoit multiplié les captifs; le sort commun des prisonniers étoit l'esclavage, et une brillante expédition transportoit souvent, des bords du Rhône à ceux de la Seine, des troupeaux de malheureux destinés à travailler pour le maître qui voudroit les acheter.

« Après avoir fait toutes ces choses, poursuit

« Grégoire de Tours, Clovis mourut à Paris
« (27 novembre 511). Il fut enseveli dans l'église
« des Saints-Apôtres, aujourd'hui Sainte-Gene-
« viève, qu'il avoit fondée de concert avec la
« reine Clotilde. Il avoit en tout régné trente
« ans, dont cinq seulement depuis la bataille de
« Vouglé, et il avoit accompli sa quarante-cin-
« quième année. »

CHAPITRE IX.

Les Goths et les Francs jusqu'au milieu du VIe siècle. — 493-561.

Le torrent de l'inondation des barbares avoit roulé ses flots du Levant au Couchant; l'impulsion première lui avoit été donnée dans la Scythie; il avoit suivi les rivages de la mer Noire, et dévasté cette vaste presqu'île Illyrique sur une des côtes de laquelle étoit bâtie la nouvelle capitale de Constantin. Presque tous les peuples qui avoient conquis l'Occident avoient d'abord exercé leur furie sur l'empire oriental : telle fut la marche des Goths de toute dénomination, des Vandales, des Alains, des Huns, et cependant l'empire d'Orient survécut à la tempête, et celui d'Occident succomba. Le premier n'étoit pas plus belliqueux, il n'étoit pas mieux gouverné, il n'étoit pas plus peuplé ou plus riche; il ne lui restoit pas même, comme à l'autre, de glorieux souvenir, ou les étincelles d'un vieux patriotisme qu'une administration vertueuse pût faire revivre. Le sénat de Constantinople, image imparfaite de celui de Rome, fut toujours bas et tremblant; le caractère des grands comme celui du peuple fut toujours servile; les empereurs affectèrent toujours le langage du plus insolent despotisme : tout chrétiens qu'ils étoient, ils continuèrent à se faire encenser comme des divinités; et les ambassadeurs de Théodose II, au moment même où ils alloient implorer la paix aux pieds d'Attila, s'engagèrent avec ses ministres dans une querelle dangereuse, parce qu'ils déclarèrent qu'il étoit impie de comparer Attila, qui n'étoit qu'un homme, avec leur empereur Théodose, qui étoit un dieu. Quand on compare, au Ve siècle, les Grecs qui se soutinrent, aux Romains qui succombèrent, on ne leur trouve ni plus de talens, ni plus de vertus, ni plus de force : ils n'eurent donc que plus de bonheur.

Depuis l'extinction de la race du grand Théodose (450), le trône de Constantinople fut occupé durant une période de soixante-dix-sept ans, jusqu'au temps de Justinien, par cinq empereurs : Marcien, de 450 à 457 ; Léon, jusqu'en 474 ; Zénon, — 491 ; Anastase, — 518, et Justin, — 527. Presque tous, arrivés à l'extrême vieillesse, furent foibles d'esprit autant que de corps, élevés au trône par des femmes et dominés par elles; l'histoire ne donne sur eux que fort peu de lumière. Quelques écrivains contemporains paroissent s'être perdus ; mais le peu que nous savons sur ces cinq règnes ne cause pas beaucoup de regrets sur ce que nous ne pouvons plus savoir. La Thrace et toute la partie européenne de l'empire furent durant ces soixante-dix-sept-ans exposées à de fréquens ravages; mais les vastes provinces d'Asie, et l'Egypte, avec les îles de la Grèce, n'eurent à souffrir que des vices de leur administration. Ce n'étoit presque que par la frontière de l'Euphrate que toutes ces vastes régions pouvoient être attaquées, et l'empire des Sassanides de Perse se trouvoit, durant la même période, soumis à une administration également foible : aussi les deux empires demeurèrent presque toujours en paix l'un avec l'autre. Les rois persans de cette période, Phirouz, de 457 à 488; Balasch,—491; Xobad, — 531, ne nous sont presque connus que de nom; ils furent engagés dans des guerres dangereuses avec les Huns blancs, ou Euthalites, au nord et à l'est de la mer Caspienne, qui ne leur laissèrent point la liberté de tourner leurs armes contre les Romains.

Mais des frontières de l'empire d'Orient, durant cette même période, partit un nouveau peuple pour se jeter sur les provinces qui avoient appartenu à l'empire d'Occident, et changer encore une fois leur organisation. La conquête de l'Italie par les Ostrogoths se lie avec les règnes des empereurs Zénon et Anastase, et elle dépendit en partie des résolutions de leurs conseils.

Tandis qu'une partie de la nation des Goths,

ceux qui avoient habité les régions occidentales, ou les Visigoths, s'étoient, sous la conduite d'Alaric, hardiment avancés sur les terres de l'empire et qu'ils avoient ensuite trouvé un établissement dans une partie de la Gaule et de l'Espagne, les Goths orientaux, ou Ostrogoths, étoient restés au-delà du Danube; ils avoient subi le joug d'Attila; mais comme ils n'avoient ni trésors ni villes à piller, et qu'ils ne pouvoient offrir à leurs nouveaux maîtres d'autres richesses que des soldats valeureux, ils avoient bientôt été associés aux exploits du Tartare, qui les appeloit ses sujets. Trois frères, rois des Ostrogoths, Walamir, Théodémir et Widimir, avoient suivi Attila dans ses expéditions, et contre la Thrace et ensuite contre la Gaule. Après la mort du roi des Huns, ils recouvrèrent sans effort leur indépendance. Ils occupoient alors les contrées désolées de la Pannonic (Autriche et Hongrie). L'impulsion reçue des Huns, les guerres où ils avoient été entraînés, les marches qu'ils avoient accomplies tout au travers de l'Europe, leur avoient fait abandonner l'agriculture; les habitudes d'oisiveté et de prodigalité contractées dans les opulentes provinces qu'ils avoient long-temps ravagées, les rendoient presque incapables de reprendre une vie industrieuse, et dans ces riches campagnes de Hongrie, dont le plus léger travail suffit pour exciter la fertilité, une nation moins nombreuse que les seuls habitans de quelqu'une des villes qu'ils y avoient détruites, ou de celles qu'on y voit de nos jours, étoit sans cesse exposée à la famine. Leurs besoins excitant leur rapacité, ils opprimoient d'autant plus durement le petit nombre d'habitans demeurés dans ces vastes provinces qu'ils éprouvoient plus de besoins ; ils en faisoient disparoître plus rapidement la race, et, après avoir dévoré la substance des agriculteurs leurs sujets, ils retomboient dans leur première misère. Théodoric, le fils de Théodémir, un des trois frères, avoit été donné en ôtage à l'empereur Léon, et élevé à Constantinople. L'exemple d'un grand empire encore maître des arts les plus précieux et d'immenses richesses ne fut point perdu pour lui. Son esprit, avide d'instruction, saisit chez les Romains tout ce qu'il y avoit à recueillir encore sur les arts de la guerre et ceux de l'administration. Toutefois il ne se soumit point aux pédagogues grecs, il s'éleva lui-même, au lieu de se laisser élever par eux, et il n'apprit pas même à écrire. Vers 475, il succéda à son père, et, comme ses deux oncles étoient morts aussi, il se trouva à la tête de toute la nation des Ostrogoths. Il ne voulut pas laisser éprouver plus long-temps à ses compatriotes les misères des déserts de la Pannonie ; il rentra à leur tête dans les terres de l'empire d'Orient ; il inspira à Zénon assez de crainte pour lui faire acheter son amitié. Il lui rendit ensuite des services importans dans les révoltes qui troublèrent son règne ; mais plus tard, provoqué ou par quelque manque de foi, ou par la seule inconstance et l'impatience de ses soldats, il tourna de nouveau ses armes contre l'empire, et il ravagea la Thrace avec une cruauté qui laisse sur sa mémoire une tache honteuse. On accusa les Goths d'avoir, durant cette expédition, coupé la main droite aux paysans captifs, pour les rendre incapables de tenir désormais les cornes de leur charrue.

Théodoric ne pouvoit vivre en paix, et Zénon, son adversaire, ne savoit à quelle condition terminer une guerre qu'il n'avoit plus la force de soutenir, lorsque le roi des Ostrogoths proposa à l'empereur de Bysance de l'autoriser à conquérir l'Italie, et à la gouverner selon les lois, si ce n'est sous la dépendance de l'empire. Zénon se crut heureux de se délivrer à tout prix d'une armée aussi redoutable ; il abandonna Odoacre aux armes des Ostrogoths, et il laissa dans le traité éventuel conclu avec le roi son vassal assez d'ambiguité pour sauver la dignité de l'empire sans compromettre l'indépendance de Théodoric. L'armée des Ostrogoths, et avec elle toute leur nation, se mit en mouvement de la Thrace, au commencement de la campagne de 489, avec le dessein de traverser la Mœsie, la Pannonie et les Alpes Juliennes pour entrer en Italie. Des tribus errantes de Bulgares, de Gépides et de Sarmates occupoient ces régions, autrefois peuplées et opulentes. Les Ostrogoths, durant une marche de sept cents milles, furent quelquefois obligés de les combattre; mais, d'autre part, ils furent joints sur la route par de nombreux aventuriers que la réputation de Théodoric attiroit sous ses étendards. Lorsque cette redoutable armée descendit des Alpes du Friuli, Odoacre ne démentit point sa réputation d'activité, d'habileté et de bravoure; il défendit l'Italie comme elle n'avoit de long-temps été défendue; il n'abandonna la possession de la campagne qu'après la perte de trois batailles rangées. Il se retira alors, avec les plus fidèles de ses partisans, dans la forteresse de Ravenne; il y soutint un siége de trois ans; il fut enfin contraint de se rendre, le 5 mars 493. Les conditions qu'il obtint furent honorables et avantageuses; mais il éprouva bientôt que la foi des traités est une vertu presque inconnue aux barbares. Les héros eux-mêmes, dans un temps où l'opinion est sans force et la morale sans principes, ont rarement balancé entre leurs intérêts et leurs sermens. Théodoric, qu'on peut regarder comme le plus loyal et le plus vertueux de ces conquérans barbares, fit poignarder Odoacre à l'issue d'un festin de réconciliation.

Le roi des Ostrogoths, maître de l'Italie, se rendit bientôt maître également des régions situées entre le Danube et les Alpes, qui complettent le système de défense du pays qu'il gouvernoit. Il obtint aussi des Vandales, par la seule terreur de son nom, la restitution de la Sicile. Alors il donna à sa nouvelle conquête l'organisation la plus sage et la plus équitable que les vainqueurs du Nord eussent encore accordée aux régions du Midi, où ils s'établissoient. Au lieu d'opprimer un peuple par l'autre, il s'efforça de tenir la balance égale entre eux, et de conserver à chacun, de développer même les prérogatives qui les distinguoient. Il réserva dans son entier la liberté germanique des Goths, leurs jugemens populaires, leurs lois d'origine scandinave, leur organisation militaire et judiciaire en même temps, qui réunissoit des citoyens d'un même canton, pour délibérer et juger dans la paix, pour combattre dans la guerre. Il leur confia exclusivement la défense de l'État, et, a la fin de sa vie, il alla jusqu'à faire ôter aux Romains des armes dont ces derniers se montroient toujours peu empressés à se servir, pour les donner seulement aux barbares. Mais en même temps, il voulut attacher de nouveau les Ostrogoths à l'agriculture; pour cela, il leur distribua des terres, sous l'ancienne condition germanique, qui lioit tout citoyen propriétaire à la défense de son pays. Il y auroit eu en Italie bien assez de terres désertes pour établir convenablement trente ou quarante mille familles nouvelles, car on peut douter que Théodoric en conduisît davantage avec lui ; mais ces guerriers, désaccoutumés du travail, ne se seroient jamais soumis aux fatigues d'un défrichement. Ils eurent donc un libre choix sur les propriétés romaines : seulement Théodoric ne permit point qu'on ôtât au citoyen romain plus du tiers de son héritage. Peut-être aussi, et les expressions de l'historien Procope peuvent à cet égard faire naître un doute, imposa-t-il au cultivateur romain l'obligation de livrer à son maître barbare seulement le tiers de sa récolte ; alors il auroit le mérite d'avoir introduit de nouveau en Italie le système des colons partiaires ou métayers, auxquels cette contrée doit la prospérité de sa population agricole. Le législateur s'occupa avec soin de réunir dans l'Ostrogoth les habitudes domestiques du cultivateur avec les exercices et la discipline du soldat ; il voulut lui communiquer les arts des Romains, non sa science ou sa littérature : « Car, disoit-il, celui « qui a tremblé devant la baguette d'un régent « tremblera toujours devant une épée. »

Théodoric conserva aussi à ses sujets romains ce qu'ils appeloient leur liberté, savoir : le nom de la république, le sénat, les consuls, les magistratures, les lois, le langage, et jusqu'aux habits de Rome. Il avoit assez vécu dans l'empire pour concevoir quels avantages il pourroit retirer de cette organisation, quels impôts lui paieroient ses sujets romains, tandis que les Goths demeuroient exempts de toute taxe; quelle sûreté il trouveroit dans la régularité de l'obéissance, quelle supériorité ses sujets romains conserveroient sur les Goths dans l'administration, dans la correspondance, dans la diplomatie. Avec leur aide, avec l'industrie des Romains, animée par la protection de lois égales et par l'activité d'un grand homme, il fit exploiter d'anciennes mines d'or et de fer, probablement en Pannonie ou en Istrie; il rendit du lustre à l'agriculture, il fit travailler au desséchement des marais Pontins, il ranima le commerce et les manufactures, il rétablit les postes impériales, qui n'étoient point alors destinées à l'utilité de tous, mais seulement à l'avantage du gouvernement, et de ceux à qui il accordoit des ordres gratuits pour des chevaux.

Dans une visite qu'il fit à la ville de Rome, en l'an 500, et où il fut complimenté par le sénat et le peuple, il destina des sommes annuelles à la conservation des monumens romains, et il pourvut à leur protection contre la cupidité de ceux qui les regardoient déjà comme une carrière d'où ils pourroient tirer les matériaux de nouvelles constructions; il rétablit même d'une manière moins somptueuse, il est vrai, mais toujours avec d'assez grands frais, les distributions de vivres au peuple de Rome, et les spectacles, qui ne lui étoient pas moins chers que le pain. Cependant il n'avoit point fixé sa résidence dans cette ancienne capitale; il partageoit son temps entre Ravenne, la forteresse essentielle de son royaume, le dépôt de ses arsenaux et de ses trésors, et Vérone, l'objet de ses affections, et la ville d'où il croyoit pouvoir le mieux veiller à la défense de l'Italie. De là vient que dans le plus ancien des poëmes allemands, celui des Nibellungen, il est désigné sous le nom de *Diétrich von Bern*, qu'on s'accorde à traduire Théodoric de Vérone, car Berne n'existoit pas alors.

Quoique élevé dans la foi arienne, Théodoric non seulement accorda une entière tolérance aux catholiques, il se prêta même aux désirs intolérans du clergé romain, et il ne permit au peuple conquis d'autre culte que le catholique. Il sut distribuer avec tant d'art parmi le clergé les récompenses et les prélatures, qu'il le maintint presque jusqu'à la fin de sa vie dans l'obéissance et la fidélité. Il s'étoit aussi proposé de rendre du lustre au sénat romain et de l'attacher à sa monarchie; son succès fut complet au commencement de son règne, mais ceux qu'il croyoit avoir gagnés lui échappèrent à la fin. Les évêques et les sénateurs, trompés par les ménagemens qu'il avoit eus pour eux, se crurent plus importans, plus redoutables qu'ils n'étoient réellement. Les sénateurs étoient toujours entourés du lustre de leurs immenses richesses; leur orgueil s'enfloit au souvenir de l'antiquité de leur race, à laquelle, dans les derniers siècles, ils attachoient beaucoup plus de prix, justement parce que moins d'actions éclatantes pouvoient la relever. Ils se crurent encore d'antiques Romains, non seulement les descendans, mais aussi les égaux des maîtres du monde; ils commencèrent à rêver une liberté sans égale garantie, sans force publique et sans courage; ils s'engagèrent dans des complots obscurs pour rétablir, non la république, mais l'empire. Théodoric, que la prospérité avoit rendu irritable, et l'âge défiant, punit, sur des soupçons peut-être plutôt que sur des preuves, ceux dont les projets ou les désirs lui parurent des trahisons. La fin de son règne est souillée par la condamnation de Boëthius et de Symmachus, tous deux sénateurs, tous deux consulaires, tous deux faits pour honorer le dernier âge de Rome. Boëthius, qui languit long-temps dans une prison à Pavie, avant de périr d'une mort cruelle y composa (en 524) le livre sur la Consolation, qu'on lit encore aujourd'hui avec plaisir. Dans le même temps, Théodoric, provoqué par la persécution des ariens à Constantinople, étoit sur le point, à ce qu'on assure, de se laisser entraîner à commencer une persécution contre les catholiques en Italie, lorsqu'il mourut, le 30 août 526.

Durant un règne de trente-trois ans, Théodoric fit plusieurs fois par ses lieutenans la guerre avec succès, pour repousser les attaques des Grecs, de quelques barbares du Danube, des Bourguignons et des Francs. Cependant il se proposoit moins d'étendre sa monarchie par des conquêtes que de la faire prospérer au dedans; et en effet, grâce à la longue paix dont il la fit jouir, à ses sages lois, et aux ressources immenses qu'offroit un pays redevenu neuf en quelque sorte par la barbarie, où tout travail étoit assuré d'une ample récompense, la population de son royaume fit des progrès rapides. A la fin de son règne, on compta que la nation des Ostrogoths avoit deux cent mille hommes en âge de porter les armes, ce qui supposoit près d'un million de population totale. Il ne faut point oublier qu'elle s'étoit recrutée par les aventuriers et les soldats qui, de toutes les nations barbares, accouroient pour partager la richesse et la gloire dont la faisoit jouir Théodoric. Elle occupoit alors non seulement l'Italie et la Sicile, mais les provinces de Rhétie et de Norique jusqu'au Danube, l'Istrie de l'autre côté de l'Adriatique, et la Gaule méridionale jusqu'au Rhône. On ne sait point quelle étoit, à la même époque, la population romaine de ces États, mais il paroît qu'elle s'étoit aussi beaucoup augmentée.

Les négociations de Théodoric s'étendoient dans toute la Germanie, et jusqu'à la Suède, d'où ses compatriotes étoient sortis originairement, et d'où il arrivoit chaque jour de nouveaux émigrans. La volumineuse collection des lettres de son secrétaire Cassiodore nous a été conservée; et quoiqu'on ne puisse s'empêcher de regretter que le style pompeux de ce rhéteur voile sans cesse la vérité sous des figures ou sous un étalage d'érudition antique, on trouve cependant, dans ces douze livres, de précieux documens sur l'administration intérieure, les mœurs du temps, et les relations diplomatiques des nouveaux États. Il est digne de remarque que le latin étoit employé pour ces relations, entre des peuples qui ne l'entendoient point eux-mêmes. Nous avons des lettres adressées par Cassiodore, au nom de Théodoric (l'an 506), aux rois des Warnes, aux rois des Hérules, aux rois des Thuringiens, qui tous étoient encore complétement barbares, et qui vivoient au-delà du Danube, pour les intéresser aussi bien que le roi des Bourguignons, à la défense d'Alaric II, roi des Visigoths, contre Clovis. Ces rois avoient enfin dû reconnoître les avantages des lettres et des communications qu'elles établissoient entre des hommes séparés par d'immenses distances, dont les intérêts étoient semblables. Mais comme leur langue n'avoit point d'alphabet, que non seulement ils ne savoient pas l'écrire, mais que personne ne le pouvoit, ils prenoient des esclaves romains pour secrétaires, et ils communiquoient dans une langue quelquefois également inconnue aux deux correspondans.

Théodoric, qui s'étoit fait céder par les Bourguignons une grande partie de la Provence, et entre autres la ville d'Arles, où il avoit rétabli un préfet des Gaules, comme il y en avoit eu un au temps de l'empire, avoit cherché à protéger, contre les Francs, son gendre, Alaric II, roi des Visigoths d'Espagne et d'Aquitaine, avec lequel il confinoit sur les rives du Rhône. Mais trompé, ainsi que ce jeune roi, par les sermens de Clovis, il n'avoit pu prévenir la bataille de Vouglé et la ruine des Visigoths en Aquitaine : il se hâta du moins de leur envoyer du secours. Un fils naturel d'Alaric avoit été mis sur le trône, parce qu'il étoit en âge de porter les armes, tandis qu'Amalaric, son fils légitime et fils de la fille de Théodoric, n'étoit encore qu'un enfant. Ce motif, qui pouvoit être bon pour les peuples, ne satisfaisoit pas le roi des Ostrogoths; il fit couronner son petit-fils, et agissant dès lors comme son tuteur, il gouverna l'Espagne et la Gaule méridionale aussi bien que l'Italie. Le jeune Amalaric cependant avoit établi sa résidence à Narbonne ; une cour, des officiers royaux rappeloient aux Visigoths qu'ils formoient toujours un peuple indépendant, tandis que des succès presque constans qu'ils obtenoient contre les Francs, dans une petite guerre sur leurs frontières, les attachoient au grand protecteur qui donnoit du lustre à leur monarchie.

Si Théodoric avoit eu un fils auquel il pût transmettre la domination d'une aussi grande partie de l'Europe, au lieu de n'avoir que deux filles, ce seroit probablement aux Goths qu'auroit été réservé l'honneur de relever l'empire d'Occident ; mais la fortune, presque toujours si favorable à ce prince, celui entre les rois barbares qui eut le plus de vraie grandeur, lui refusa un héritier auquel il put transmettre sa puissance.

Il mourut le 30 août 526, et son règne passa comme un brillant météore, qui disparoît sans exercer sur les saisons aucune influence durable. Les deux nations des Visigoths et des Ostrogoths, qu'il avoit réunies, se divisèrent de nouveau à sa mort. Amalaric, déjà âgé de vingt-cinq ou vingt-six ans, demeura à Narbonne, d'où il gouverna l'Espagne et la partie de la Gaule située entre le Rhône, le Lot et les Pyrénées ;

Athalaric, son autre petits-fils, âgé à peine de quatre ou cinq ans, demeura à Ravenne, sous la tutelle de sa mère Amalasonthe, à la tête des Ostrogoths de l'Italie et de la Provence.

La ruine des barbares est plus rapide que celle des peuples civilisés, parce que leur corruption est plus prompte. Ils doivent leurs vertus à leur situation plus qu'à leurs principes : ils sont sobres, vaillans, actifs, parce qu'ils sont pauvres et élevés à la dure. La richesse, au contraire, n'a pour eux en réserve que des jouissances physiques; car ils ne sont point en état de partager les jouissances intellectuelles des peuples civilisés, et avec l'opulence commencent tous leurs vices. Mais notre instruction n'exige point que, pour juger de leur décadence, nous la suivions dans tous ses honteux détails : il nous suffira de dire sur les Visigoths que, depuis la mort du grand Théodoric jusqu'au règne d'Athanagilde, qui transféra le siége de la monarchie à Tolède (526-554), quatre rois se succédèrent sur le trône : Amalaric régna de 526 à 531, Theudis mourut en 548, Theudiscle en 549, et Agila en 554. Tous périrent assassinés par la main de leur successeur. En Italie, sept rois des Ostrogoths succédèrent à Théodoric jusqu'à la destruction de la monarchie par Bélisaire, en 554, savoir : Athalaric, qui régna de 526 à 534; Théodat, dont le règne finit en 536; Vitigès en 540, Hildebald en 541, Eraric en 541, Totila en 552, et Téja en 554. Le sort de la plupart ne fut pas plus heureux; mais nous aurons occasion de lui donner un peu plus d'attention en suivant, dans un prochain chapitre, les conquêtes de Justinien. A la même époque, nous verrons la chute des Vandales d'Afrique; nous allons voir celle des Bourguignons dans les Gaules. Aucune lueur n'éclaire encore les révolutions intérieures ou de la Grande-Bretagne ou de la Germanie, et, après la mort de Théodoric, tout l'intérêt dans l'Occident se concentre sur l'histoire des Francs.

Le rapide accroissement de la monarchie des Francs est un phénomène d'autant plus remarquable qu'ils ne furent nullement secondés, depuis la mort de Clovis, ou par les vertus ou par les talens de leurs chefs, et très peu par les qualités propres à la nation. Les Francs, au moment de la conquête de la Gaule, étoient parmi les plus barbares entre les barbares, et ils le demeurèrent long-temps. Ils se distinguoient entre les autres par un extrême mépris pour les peuples qu'ils avoient conquis, et par la dureté avec laquelle ils les traitoient. Les Visigoths avoient fait compiler, pour régir leur monarchie, un extrait assez détaillé du code de Théodose, qui servoit alors de loi à l'empire; les Ostrogoths avoient publié leurs lois propres, qui se rapprochoient peut-être davantage de celles de la république romaine, et qui montroient une attention soutenue au droit et à la manière de rendre la justice; les Bourguignons, plus rudes que les Goths, avoient publié leurs lois nationales, plus empreintes que les précédentes de l'état sauvage pour lequel elles avoient été faites, mais cependant équitables, et surtout égales entre les vainqueurs et les vaincus. Les Francs publièrent aussi leurs lois, et ce furent les plus barbares de toutes. Le code pénal des peuples germaniques se réduisoit à l'échelle des amendes; tout se rachetoit par une compensation pécuniaire, *wehrgild*, argent de défense, ou *widergild*, argent de compensation : mais les Francs, soit saliens, soit ripuaires, estimèrent seuls le sang des Romains à la moitié et souvent à moins de la moitié du sang du barbare. Le meurtre et toutes les autres offenses furent punis dans cette proportion. Cet affront public fait, dans la législation même, aux peuples vaincus, étoit d'accord avec le reste de leur conduite : ils méprisoient, avec l'instruction des Latins, et leur langue, et tous leurs arts, et toutes leurs sciences; ils étoient violens, brutaux, sans pitié, et la pesanteur de leur joug n'étoit rachetée que par leur respect pour les prêtres. Mais cette haute vénération pour l'Eglise, et leur sévère orthodoxie, d'autant plus facile à conserver que, ne faisant aucune étude, et ne disputant jamais sur la foi, ils ne connoissoient pas même les questions controversées, leur donnèrent dans le clergé de puissans auxiliaires. Les Francs se montrèrent disposés à haïr les ariens, à les combattre et les dépouiller sans les entendre; les évêques, en retour, ne se montrèrent pas scrupuleux sur le reste des enseignemens moraux de la religion : ils fermèrent les yeux sur les violences, le meurtre, le dérèglement des mœurs; ils autorisèrent en quelque sorte publiquement la polygamie, et ils prêchèrent le droit divin des rois et le devoir de l'obéissance pour les peuples.

Mais les Francs étoient vaillans, nombreux; car la population s'étoit rapidement accrue dans les Gaules; bien armés, passablement instruits dans l'ancienne discipline romaine, d'après leur long service dans les armées de l'empire, et presque toujours victorieux dans les combats. Les liens de leur association étoient si relâchés, leur obéissance ou aux rois ou aux lois sembloit tellement volontaire, ils étoient tellement affranchis et d'impôts et de devoirs sociaux, qu'aucun barbare ne croyoit perdre aucun de ses priviléges nationaux en entrant dans leur association. D'autre part, les Francs, qui, dans leur premier établissement au-delà du Rhin, avoient été formés d'une confédération de petits peuples, étoient très accoutumés à l'idée d'admettre de nouveaux confédérés : ils ne demandoient à ceux qui vouloient faire partie de leur association que de marcher sous les mêmes drapeaux quand il leur conviendroit de faire la guerre; du reste, ils ne changeoient point leur organisation intérieure, ils ne leur envoyoient point de gouverneurs, ils ne destituoient point leurs rois ou leurs ducs héréditaires, ils ne faisoient chez eux de levées forcées ni d'hommes ni d'argent, et ils les admettoient seulement à la participation du pouvoir et de la gloire.

C'est de cette manière que, pendant l'espace d'un demi-siècle que comprend le règne des quatre fils de Clovis (511-561), toute la Germanie se trouva appartenir à l'association des Francs, sans avoir été conquise. Le royaume de Clovis, fondé par des soldats aventuriers dans quelques villes de la Belgique, avoit pour limites le Rhin : sa tribu étoit composée de Saliens, et peut-être aussi de Sicambres; mais il n'est point sûr que d'autres Saliens indépendans de lui ne fussent pas restés dans leurs anciennes demeures sur la droite du Rhin. Il n'est question, dans toute l'histoire de son règne, ni des Chauces, ni des Chérusques, ni des Chamaves, ni d'aucun des anciens peuples francs que nous savons avoir formé la confédération primitive. Ils étoient tous demeurés indépendans dans la partie de la Germanie que, d'après eux, on nomma Franconie; tous, dans le demi-siècle suivant, entrèrent avec joie dans une confédération qui, sans leur faire perdre aucun de leurs droits, leur assuroit de nouveaux avantages.

Au-delà des Francs, situés sur le Rhin et dans la Franconie, se trouvoient les Frisons, sur les bords de l'Océan; les Saxons, vers les bouches de l'Elbe, qui, les uns et les autres, commencèrent aussi à se dire Francs, ou du moins à marcher avec eux dans la première moitié du VIe siècle; ensuite les Allemands ou Souabes, près des sources du Rhin, les Bavarois sur les bords du Danube, qui tous contractèrent pacifiquement les mêmes engagemens, sans apporter aucun changement à leur organisation intérieure, si ce n'est qu'il est probable que leurs chefs quittèrent alors le titre de rois qu'ils laissèrent aux fils de Clovis, pour prendre celui de ducs. Les Thuringiens seuls, entre tous les peuples germaniques, furent soumis par les armes. Ils avoient de leur côté fondé une puissante monarchie des bords de l'Elbe et de l'Undstrut à ceux du Necker, ils s'étoient associés les Warnes et les Hérules, et il y avoit entre eux et les Francs une rivalité de gloire, et d'anciennes offenses à venger. On rapporte la guerre de Thuringe aux années 528 et 530. Les fils de Clovis profitèrent, pour attaquer cette nation, de la dissention de ses chefs, et des fratricides royaux qui composent presque seuls à cette époque l'histoire de toutes les monarchies. Trois frères gouvernoient les Thuringiens : Baderic, Hermanfroi et Berthaire. Ils s'étoient récemment convertis au christianisme, et Hermanfroi avoit épousé une nièce du grand Théodoric, roi d'Italie. Celle-ci, accoutumée chez les Goths à ce que la couronne passât toujours à l'aîné des princes, reprochoit à son mari de se contenter d'un trône divisé. Hermanfroi, se rendant un jour à la salle des festins, trouva la table à moitié découverte. Et comme il en demandoit la raison à sa femme : « Tu te plains, lui dit-elle, de n'avoir que la « moitié d'une table, et tu ne te plains pas de « n'avoir que la moitié d'un royaume. » Hermanfroi entendit ce reproche; pour satisfaire sa femme, il surprit d'abord son frère Berthaire, et le poignarda ; il s'entendit ensuite avec Thierri, l'un des fils de Clovis, pour attaquer Baderic, qu'il fit également périr; mais il ne voulut point alors donner au roi franc la récompense qu'il lui avoit promise : la guerre s'engagea, et Hermanfroi, vaincu, périt avec toute sa famille, non point cependant dans une bataille, mais par trahison, dans une conférence demandée par son ennemi.

Nous avons avancé dans cette histoire sans

nommer les nouveaux rois des Francs, et en effet il est pénible d'arrêter ses regards sur des princes dont nous n'avons à raconter que des actes de perfidie ou de cruauté. Quatre fils avoient succédé à Clovis : Thierri, Clodomire, Childebert et Clothaire, dont l'aîné avoit vingt-cinq ans, le cadet treize ou quatorze. Tous quatre décorés d'une longue chevelure, tous quatre nommés rois, ils s'étoient établis dans quatre villes différentes, mais rapprochées : à Paris, Orléans, Soissons et Metz, afin d'y jouir avec moins de contrainte des plaisirs du trône, d'avoir chacun un palais et des officiers séparés, et d'être moins habituellement menacés par le poignard ou le poison fraternel. La monarchie n'étoit point divisée comme la royauté. Les Francs formoient toujours un seul peuple. Les rois avoient trop peu de part au gouvernement en temps de paix, pour que la division du pouvoir royal fût presque aperçue de leurs sujets. A la guerre, chacun avoit ses leudes, ses guerriers qu'il s'attachoit par des faveurs particulières; et dans les expéditions générales, les Francs suivoient celui des rois en qui ils avoient le plus de confiance. Les provinces étoient cependant divisées entre les frères, mais d'une manière si bizarre qu'il faut bien reconnoître que cette division n'avoit pas pour but le gouvernement. C'étoient les tributs des villes romaines, c'étoient les biens de terre qui étoient divisés, plutôt que les États; chacun des frères avoit voulu avoir sa part des vignes et des oliviers du Midi, comme des prairies et des forêts du Nord, et leurs possessions se trouvoient entremêlées dans toute l'étendue des Gaules de telle sorte qu'on pouvoit à peine faire dix lieues sans changer de domination.

La vie des quatre frères ne fut pas égale : l'aîné, Thierri, qui n'étoit point fils de Clotilde, mais d'une maîtresse ou d'une femme païenne de Clovis, mourut en 534; il eut pour successeur son fils Théodebert, qui mourut en 547, et auquel succéda Théodebalde, fils de Théodebert, mort sans enfans en 553. Le second des rois francs, Clodomire, fut tué dans la guerre de Bourgogne, en 526. Le troisième, Childebert, mourut en 558, et Clothaire, qui survécut à tous les autres, recueillit et réunit tous leurs héritages; il régna seul sur les Francs jusqu'en 561. Il seroit difficile et peu avantageux de fixer dans sa mémoire cette liste nécrologique. Le gouvernement des quatre fils de Clovis ne fut proprement qu'un seul règne, qui comprend un demi-siècle (511-561).

Les quatre frères se tendirent réciproquement des embûches, mais ils ne se firent point la guerre. Nous verrons bientôt qu'ils étoient peu avares du sang de leurs proches; il est probable cependant que les Francs n'auroient pas voulu, pour leurs intérêts privés, descendre à des hostilités entre eux. Ces rois eurent peu d'occasions de signaler leurs talens militaires. Cependant ils conduisirent quelques expéditions : Thierri et Clothaire en Thuringe; Childebert dans la Gaule narbonnaise; Théodebert en Italie. Ils y enrichirent leurs soldats par le pillage, et ils maintinrent la réputation de la valeur nationale. Cette valeur, au reste, se signaloit plus souvent encore dans des expéditions volontaires où des aventuriers s'engageoient sous des chefs qu'ils avoient choisis, pour participer au pillage de l'Italie, alors disputée entre Bélisaire, général de Justinien, et les Ostrogoths. Ces expéditions diverses n'avoient en quelque sorte que des résultats individuels, savoir : la fortune ou la mort de tel ou tel guerrier; si ce n'est cependant que les Ostrogoths renoncèrent à la possession de la Provence, et que cette partie importante des Gaules fut soumise aux Francs dès l'an 536. Mais une autre conquête plus avantageuse encore fut celle de la Bourgogne, et celle-là fut le résultat d'une guerre nationale, en même temps que d'une vengeance de famille.

Gondebaud, roi des Bourguignons, le même qui avoit massacré ses trois frères, avoit continué à régner seul sur cette nation, de l'an 500 à l'an 516, et saint Avitus, archevêque de Vienne,

son sujet, l'avoit exhorté, dans une lettre que nous avons encore, à calmer ses remords pour ces fratricides; il lui disoit de « ne plus pleu-
« rer avec une piété ineffable sur les funérailles
« de ses frères, puisque c'étoit le bonheur du
« royaume qui diminuoit le nombre des person-
« nes royales, et ne conservoit au monde que
« celles-là seules qui suffisoient à l'empire. »
Gondebaud s'étoit dès lors montré un roi habile et juste. Il avoit protégé ses sujets romains, et il avoit pourvu à ce que leurs droits fussent désormais respectés. Quand il mourut, en 516, son fils Sigismond recueillit son héritage, embrassa lui-même l'orthodoxie, et engagea le plus grand nombre des Bourguignons à se convertir aussi. Sigismond, que l'Église a reconnu comme saint, et qu'elle révère encore aujourd'hui, fut le fondateur du couvent de Saint-Maurice en Valais, qu'il combla d'immenses richesses. Nous ne savons presque autre chose sur son règne de huit ans que cette fondation, et la précipitation avec laquelle il fit étrangler son fils Sigéric, pendant son sommeil, sur de faux soupçons qu'il avoit conçus contre lui. Il vivoit en paix, tout occupé de ce qu'on nommoit alors des bonnes œuvres, c'est-à-dire, des pénitences et des aumônes aux moines, lorsque sainte Clotilde, veuve de Clovis, qui s'étoit aussi retirée du monde pour se consacrer tout entière à la religion, auprès du

tombeau de saint Martin à Tours, suspendit ses prières, pour venir en 523 à Paris, où ses trois fils étoient réunis; et voici, selon le saint évêque Grégoire de Tours, le langage qu'elle leur tint :

« Faites, mes chers enfans, que je n'aie point « à me repentir de la tendresse avec laquelle je « vous ai élevés; ressentez avec indignation l'in- « jure que j'ai reçue il y a trente-trois ans, et « vengez avec constance la mort de mon père et « de ma mère. » Les trois fils jurèrent de servir le ressentiment de leur mère; ils attaquèrent les Bourguignons, et les ayant défaits, dans un combat, ils arrêtèrent saint Sigismond, qui s'étoit déjà revêtu d'un habit de moine, et qui cherchoit à se rendre au couvent de Saint-Maurice; après l'avoir retenu quelque temps prisonnier, Clodomire le fit jeter dans un puits, près d'Orléans, avec sa femme et ses deux enfans.

Un frère de Sigismond, nommé Godemar, avoit rassemblé les Bourguignons fugitif. A leur tête il repoussa les Francs. Clodomire revint l'attaquer en 524, mais il fut tué dans la bataille de Véséronce; les Francs, découragés, demandèrent à traiter avec les Bourguignons. Godemar fut reconnu, et continua huit ans encore à régner en paix; mais en 532 les Francs l'attaquèrent de nouveau, le firent prisonnier dans une bataille, le traitèrent comme on traitait alors les rois prisonniers; toute la Bourgogne fut soumise, et dès lors les Bourguignons, tout en conservant leurs lois et les magistratures qui leur étoient propres, commencèrent à marcher sous les étendards des Francs.

La vengeance de sainte Clotilde étoit accomplie sur les enfans et les petits-enfans de ses oppresseurs, mais sa joie fut empoisonnée. Clodomire étoit tué; son frère, Clothaire, qui avoit déjà deux femmes, épousa la veuve de Clodomire, nommée Gondioque; et il remit les trois fils de son frère, encore en bas âge, à sainte Clotilde, pour qu'elle les fît élever. Il restoit seul alors à la tête des Francs, avec son autre frère Childebert. Il craignoit que les fils de Clodomire ne réclamassent un jour l'héritage de leur père. Les deux frères se réunirent, à Paris, pour consulter sur leurs intérêts; ils firent demander à leur mère de leur envoyer les trois enfans, pour qu'ils les montrassent au peuple et les fissent reconnoître pour rois. Clotilde les envoya, en effet, avec un nombreux cortége d'officiers de leur maison, et de jeunes pages de leur âge qu'elle faisoit élever avec eux. Arcadius, sénateur auvergnat, et l'un des confidens de Childebert, revint bientôt à elle avec des ciseaux et une épée nue, l'invitant à décider elle-même ce qu'il falloit faire de ses petits-fils. Dans un mouvement d'indignation et de désespoir, Clotilde s'écria qu'elle aimeroit mieux les voir morts que tonsurés et enfermés dans un cloître. Cette réponse fut acceptée comme un consentement par ses deux fils. Clothaire, saisissant par le bras l'aîné des deux princes, qui étoit à peine âgé de dix ans, le lança par terre, et lui plongea son couteau dans l'aisselle; le plus jeune saisit alors les genoux de Childebert, en lui demandant grâce. Childebert étoit touché, et les yeux baignés de larmes, il imploroit à son tour la grâce de l'enfant; mais Clothaire, en fureur, s'écria : « *C'est toi qui m'as excité, et tu m'abandonnes! Livre-moi cet enfant, ou tu périras pour lui* ». Childebert, en effet, le repoussa par terre, et Clothaire l'y égorgea. Tous leurs pages, leurs nourriciers et leurs domestiques furent massacrés en même temps, et Childebert partagea ensuite avec Clothaire l'héritage de Clodomire. Un troisième fils de celui-ci, nommé Clodoald, avoit échappé aux recherches de ses deux oncles. Il demeura long-temps caché; enfin, parvenu à l'âge de raison, il se coupa lui-même les cheveux, reçut l'habit religieux, et rentrant en France après la mort de Clothaire, il y bâtit le couvent qui porte son nom : c'est celui de Saint-Cloud.

Après avoir appris les crimes des premiers rois des Francs, on voudroit les voir subir immédiatement la punition qu'ils avoient méritée, mais cette satisfaction nous est rarement accordée. Les nations sont bientôt punies de leurs

vices et de leurs crimes; pour elles la morale est la même chose que la politique; mais les individus dont nous voyons seulement le commencement de l'existence sont soumis à une autre rétribution; parmi eux les puissans imposent souvent silence tout ensemble à la voix de leur conscience, à l'opinion publique et à la postérité. Childebert et Clothaire s'étoient mis au-dessus des remords; bien plus, ils étoient confirmés dans cette tranquillité d'âme par les assurances que leur donnoient les moines, qu'ils combloient de biens. « Lorsque », disoit Clothaire dans un diplôme de l'an 516, en faveur du couvent de Réome, « lorsque, avec une âme dévote, nous
« prêtons l'oreille aux pétitions de nos prêtres,
« quant à ce qui concerne les profits des églises,
« nous pouvons nous confier que nous aurons
« Jésus-Christ pour rémunérateur de tous les
« biens que nous leur ferons (1). » Tel étoit le christianisme qu'on enseignoit à Clothaire, et la confiance dans laquelle on l'élevoit; tandis qu'on fermoit les yeux sur les meurtres que nous avons déjà vus, sur ceux que nous verrons encore; tandis qu'on lui permettoit d'épouser tout ensemble, Radegonde, fille du roi des Thuringiens, qu'il avoit fait périr; Chemsène, mère de son fils Chramne; Gondioque, veuve de son frère

---

(1) Diplôm. T. IV, p. 616.

Clodomire ; Wultrade, veuve de son petit-neveu Théodebald, Ingonde et Arégonde. Il faut pourtant convenir que les évêques firent quelques objections quand il épousa Wultrade, et l'obligèrent, au bout de peu de mois, à la donner en mariage à Gariwald, duc de Bavière; mais quant aux autres mariages, le saint évêque de Tours les raconte dans le langage de l'Ancien Testament.

« Clothaire avoit déjà reçu Ingonde en ma-
« riage, dit saint Grégoire, et il l'aimoit uni-
« quement, lorsqu'elle lui fit une requête en lui
« disant : Mon seigneur a fait de sa servante ce
« qu'il lui a plu : il l'a appelée à son lit; main-
« tenant, pour accomplir sa mercy, que mon
« seigneur et mon roi écoute ce que sa servante
« lui demande. Elle le prie de vouloir bien
« choisir, pour Arégonde ma sœur, sa servante,
« un homme utile et riche, afin que son al-
« liance ne m'humilie point, mais que, m'exal-
« tant au contraire, je puisse servir mon sei-
« gneur avec plus de fidélité. Clothaire l'ayant
« entendue, et étant fort luxurieux, s'enflamma
« d'amour pour Arégonde; il se hâta de se
« rendre à la maison de campagne qu'elle habi-
« toit, et se l'associa en mariage. Après l'avoir
« prise, il revint à Ingonde, et lui dit : Je me
« suis occupé de la mercy que tu m'avois si
« doucement demandée. Tu voulois pour ta

« sœur un mari riche et sage; je n'en ai point
« su trouver de meilleur que moi-même : sache
« donc que je l'ai épousée; et je pense que cela
« ne te déplaira pas. Ingonde lui répondit : Que
« mon seigneur fasse ce qui paroît bien à ses
« yeux, pourvu que sa servante trouve grâce
« auprès de son roi. »

La fin de Clothaire fut digne de son commencement. Après avoir partagé quarante-sept ans le trône avec ses frères, il survécut trois ans au dernier d'entre eux, Childebert, mort à Paris en 558, et qui ne laissoit point de fils. Clothaire s'empressa de chasser en exil la femme de Childebert et ses deux filles, et de chercher en même temps à se venger de son propre fils Chramne, qui s'étoit attaché à Childebert de préférence à lui. Chramne alla chercher un refuge chez les Bretons de l'Armorique, qui refusoient aux Francs l'obéissance, et qui prirent en effet les armes pour la défense du jeune prince; mais les Bretons furent vaincus, et Chramne prit de nouveau la fuite. « Il avoit des vaisseaux préparés
« sur mer, poursuit Grégoire de Tours; mais,
« comme il tardoit, pour mettre aussi en sûreté
« sa femme et ses filles, il fut atteint par les
« soldats de son père, arrêté et chargé de liens.
« Lorsqu'on vint l'amener au roi Clothaire, ce-
« lui-ci ordonna qu'il fût brûlé par le feu, avec
« sa femme et ses filles. Ainsi donc on les en-

« ferma dans la chaumière d'un pauvre homme;
« Chramne fut lié et étendu sur un escabeau,
« avec le linge de l'autel qu'on nomme l'*oraire*,
« après quoi l'on mit le feu à la maison, dans
« laquelle il périt avec sa femme et ses filles.

« Le roi Clothaire, parvenu à la cinquante-
« unième année de son règne, se rendit ensuite,
« avec de riches présens, aux portes du temple
« de Saint-Martin. Arrivé à Tours auprès du
« sépulcre de cet évêque, il confessa toutes les
« actions dans lesquelles il avoit à se reprocher
« quelque négligence, et priant avec de grands
« gémissemens, il demanda au saint confesseur
« d'obtenir la miséricorde du Seigneur pour ses
« fautes, et d'effacer par son intervention tout
« ce qu'il avoit pu commettre de répréhensible.
« Lorsqu'il fut de retour, un jour qu'il chassoit
« dans la forêt de Cuise, il fut surpris de la
« fièvre, et il revint à son palais de Compiègne.
« Comme il étoit cruellement tourmenté de la
« fièvre, il s'écria : *Qu'en pensez-vous? quel est*
« *ce roi des cieux, qui tue ainsi les grands rois*
« *de la terre?* Dans cette souffrance, il expira.
« Ses quatre fils le portèrent avec beaucoup
« d'honneur à Soissons, et l'ensevelirent dans
« la basilique de Saint-Médard. Il mourut un
« jour après celui qui complétoit l'année depuis
« que son fils Chramne avoit été mis à mort. »

CHAPITRE X.

Justinien. — 527-565.

Au milieu de cette période d'obscurité que nous avons entrepris de parcourir; après avoir vu les lumières historiques s'éteindre également dans le Levant et le Couchant; après avoir été abandonnés par tous les historiens de Rome, par toute cette école de rhéteurs et de philosophes qui s'étoit formée pendant les règnes de Constantin et de Julien, nous nous retrouvons tout à coup entourés d'une vive clarté historique qui, du Levant, se répand sur le Couchant, et qui nous montre le monde déjà changé de face; à l'époque où le prince des législateurs a donné à l'empire ces recueils de lois qu'on invoque encore dans nos tribunaux. Le règne de Justinien, de 527 à 565, est une des plus brillantes périodes de l'histoire du Bas-Empire; elle a été illustrée par deux écrivains grecs, Procope et Agathias, dont le premier surtout est digne de marcher sur les traces de ces anciens pères de l'histoire grecque, qu'il avoit pris pour modèle. Un des plus grands hommes que présentent les annales du monde, Bélisaire, dont les vertus et les talens semblent également étrangers à la cour de Bysance, également inexplicables au milieu de tant de bassesse et de vices, reconquit sur les barbares l'Afrique, la Sicile, l'Italie; ces provinces où des monarchies puissantes avoient été fondées, et qu'on auroit dû croire bien à l'abri des armes méprisées des Grecs. Une législation reconnue par tout l'Occident, par des pays qui n'avoient jamais appartenu à l'empire, ou qui depuis long-temps avoient secoué son joug, mais rejetée depuis des siècles par les peuples auxquels elle étoit destinée, a survécu à cet empire, et a mérité de nos jours encore le nom de raison écrite. Des monumens des arts dignes d'admiration s'élevèrent à Constantinople et dans toutes les provinces deux cents ans après qu'on avoit cessé de construire, et lorsque tous les peuples ne sembloient plus occupés que de renverser.

Le règne de Justinien, par sa longueur, sa gloire et ses désastres, peut, sous plus d'un rapport, être comparé au règne plus long encore, non moins glorieux ou non moins désastreux, de Louis XIV. Le grand empereur, comme le grand roi, étoit doué d'une belle figure; il avoit de la grâce et de la dignité dans les manières, et il donnoit à ceux qui l'approchoient l'idée de cette majesté que tous deux ambitionnoient avec une passion égale; Justinien, comme Louis, savoit choisir les hommes, et les employer dans la carrière qui leur étoit propre. Bélisaire, Narsès, et plusieurs autres moins célèbres, et cependant dignes d'estime, remportèrent pour lui des victoires qui donnèrent au monarque toute la gloire d'un conquérant; Jean de Cappadoce, qu'il chargea de ses finances, y introduisit l'ordre, mais en même temps il porta à sa dernière perfection l'art de dépouiller le contribuable; Tribonien, auquel il confia la législation (527-546), mit à son service son immense érudition, sa justesse d'esprit et la profonde science d'un jurisconsulte, mais aussi toute la servilité du courtisan qui vouloit cimenter le despotisme par des lois. La pompe des édifices de Justinien, où l'on remarquoit plus de faste que de pureté de goût, épuisa son trésor; ses monumens illustrent encore sa mémoire, mais leur construction fut plus funeste à ses peuples que la guerre elle-même; les places fortes dont il couvrit ses frontières, et qu'il fit construire de tous les côtés avec des frais énormes, n'arrêtèrent point, dans sa vieillesse, les invasions de ses ennemis. Justinien protégea le commerce; pour la première fois, dans l'histoire de l'antiquité, on voit le gouvernement s'occuper de la science économique; on lui doit l'introduction du ver à soie, de la culture du mûrier, et des fabriques d'étoffes de soie, importées de la

Chine ; par ses négociations soit dans l'Abyssinie, soit dans la Sogdiane, il chercha à ouvrir à ses sujets une route nouvelle pour le commerce de l'Inde, qui les rendît indépendans de la Perse ; les progrès qu'il fit faire aux manufactures ne paroissent cependant avoir augmenté ni la richesse réelle ni le bonheur de ses sujets. Justinien, se figurant que les rois ont plus de lumières que le commun des hommes pour juger des matières de foi, voulut que tout l'empire adoptât sa croyance ; il persécuta tous ceux qui ne pensoient pas comme lui, et il se priva ainsi des secours de plusieurs millions de bons citoyens qui se réfugièrent chez ses ennemis et leur portèrent les arts de la Grèce. Son règne peut être signalé comme l'époque fatale de l'abolition de plusieurs des plus nobles institutions de l'antiquité. Il fit fermer l'école d'Athènes (529), où une succession non interrompue de philosophes, entretenus par un salaire public, avoient enseigné dès le temps des Antonins les doctrines platonique, péripatétique, stoïque et épicurienne. Il est vrai qu'ils les rattachoient toujours à la religion païenne, et même à la magie. Il abolit en 541 le consulat de Rome, dépouillé depuis long-temps de tout pouvoir, et réduit à n'être plus qu'une occasion ruineuse de dépenses, parce que ceux qui en étoient revêtus se croyoient obligés de donner des jeux magnifiques au public. Les fêtes coûtoient fréquemment à chaque candidat au moins deux millions de francs; enfin quelques années plus tard on vit finir aussi, vers 552, le sénat lui-même de Rome. L'ancienne capitale du monde, prise et reprise cinq fois pendant le règne de Justinien, et traitée chaque fois avec un redoublement de barbarie, se trouva tellement ruinée, les familles sénatoriales furent tellement moissonnées par le glaive, par la misère et par les supplices, qu'elles n'essayèrent plus de soutenir la dignité de ce nom antique.

Le règne brillant de Justinien semble bien plus encore que celui de Louis XIV devoir nous convaincre que les périodes de gloire ne sont point celles de bonheur. Jamais homme n'apprêta de plus brillans tableaux aux panégyristes qui, ne considérant qu'une seule face dans les événemens, pouvoient louer l'étendue de ses conquêtes, la sagesse de ses lois, la splendeur de sa cour, la magnificence de ses bâtimens, les progrès même des arts utiles : jamais homme ne laissa de plus tristes contrastes aux historiens, et le souvenir de souffrances plus générales, plus destructives de la race humaine. Justinien conquit les royaumes des Vandales et des Ostrogoths; mais l'une et l'autre nation furent en quelque sorte anéanties par la conquête, et avant qu'il recouvrât une province elle étoit déjà changée en désert par ses armes. Il étendit les limites de son empire, mais il ne put défendre celles qu'il avoit reçues de ses prédécesseurs. Chacune des trente-huit années de son règne fut marquée par quelque invasion des barbares, et l'on a prétendu qu'entre ceux qui tomboient sous le glaive, ceux qui périssoient de misère et ceux qui étoient emmenés en captivité, chaque invasion coûtoit deux cent mille sujets à l'empire. Des fléaux contre lesquels la prudence de l'homme est sans force semblèrent dans le même temps s'acharner contre les Romains, comme pour leur faire expier leur gloire ; des tremblemens de terre plus fréquens qu'ils ne l'avoient été dans aucune autre période renversèrent leurs cités. Antioche, la métropole de l'Asie, fut entièrement bouleversée le 20 mai 526, pendant que tous les habitans des campagnes voisines s'y trouvoient réunis pour les processions de l'Ascension, et l'on a affirmé que deux cent cinquante mille personnes avoient été écrasées sous les ruines de ces somptueux édifices ; ce fut le commencement d'un fléau qui se renouvela à de courts intervalles jusqu'à la fin du siècle. La peste, d'autre part, apportée en 542 du voisinage de Péluse en Egypte, s'attacha au monde romain avec un tel acharnement que jusqu'à l'an 594 on ne fut pas quitte de ses retours ; en sorte que cette même période, illustrée par tant de monumens, peut être considérée avec effroi comme celle des funérailles de l'espèce humaine.

Justinien étoit né en 482 ou 483, près de Sophia, dans la Bulgarie actuelle ou l'ancienne Dardanie; il étoit issu d'une famille de laboureurs. Son oncle, Justin l'ancien, s'étoit engagé comme simple soldat dans les gardes de l'empereur Léon; la bravoure seule de Justin l'avoit fait avancer de grade en grade dans la carrière militaire jusqu'au plus élevé. Il réussit enfin, le 10 juillet 518, à se faire décorer de la pourpre; mais déjà il étoit âgé de soixante-huit ans : depuis long-temps il avoit appelé auprès de lui son neveu, auquel il destinoit son héritage, et dont les talens et la vigueur pouvoient appuyer sa vieillesse. Il l'associa enfin à l'empire, le 1er avril 527, quatre mois avant sa mort. Justinien étoit alors âgé de quarante-cinq ans; il avoit eu le temps d'apprendre auprès de son oncle à connoître les cours et la politique; mais il ne s'étoit point montré aux armées, et, neveu d'un soldat qui devoit à sa bravoure toute sa fortune, il n'avoit jamais fait la guerre en personne. Une fois monté sur le trône, son âge plus avancé, l'étiquette de la cour de Bysance, et les craintes pour sa sûreté, qu'exprimoient les courtisans, le tinrent toujours éloigné des armées. Il fit la guerre pendant trente-huit ans, et ne parut jamais à la tête de ses soldats.

Justinien ambitionna cependant dès le commencement de son règne la gloire militaire; la situation de son empire, les dangers dont il étoit entouré, les menaces des peuples barbares sur presque toutes ses frontières, lui faisoient en effet un devoir de songer de bonne heure à se mettre en état de défense, à rétablir la discipline de ses troupes, la valeur et l'esprit guerrier de ses sujets, à les accoutumer aux armes, et surtout à trouver dans les milices, dans la population même de ses vastes États, ses moyens de défense. L'amour d'une semblable gloire militaire auroit été aussi honorable au chef de l'empire qu'avantageuse à ses sujets; mais ce ne fut point celle qu'ambitionna Justinien : sous son règne comme sous celui de ses prédécesseurs, il fut interdit au citoyen de posséder des armes; et si une inquisition domestique ne suffisoit pas pour enlever toutes celles qui pouvoient être conservées au sein des familles, tout exercice militaire du moins fut sévèrement défendu aux bourgeois par un maître craintif et jaloux : aussi, malgré l'immense étendue de l'empire et la nombreuse population des provinces orientales, les levées d'hommes furent presque impossibles; les grands généraux de Justinien n'entreprirent jamais leurs plus éclatantes conquêtes avec des armées qui passassent vingt mille hommes; ces armées mêmes furent formées presque uniquement d'ennemis de l'empire, engagés sous ses étendards : la cavalerie et les archers de Bélisaire se composoient de Scythes ou Massagètes, et de Persans ; l'infanterie, d'Hérules, de Vandales, de Goths, avec un petit nombre de Thraces, les seuls entre les sujets de l'empire qui conservassent quelquefois un reste d'ardeur militaire. Les bourgeois et les paysans ne se montroient pas seulement incapables de combattre pour leurs propriétés et leur vie en rase campagne, ils n'osoient pas même défendre les remparts des villes, les retraites fortifiées que l'empereur leur avoit ménagées sur toutes les frontières ; non plus que les longues murailles qui couvroient la Chersonèse de Thrace, les Thermopyles ou l'isthme de Corinthe. Les Bulgares, qui paroissent être d'origine slave, avec un mélange de sang tartare, et qui s'étoient établis dans la vallée du Danube, s'unissant avec d'autres esclavons toujours restés à la même place, mais qui, comme le roseau, s'étoient courbés sous les vagues de l'inondation et relevoient leur tête dans les champs déserts qu'elle avoit parcourus, étoient devenus assez redoutables pour dévaster l'empire. Ils n'étoient renommés ni pour leur armure, ni pour leur ordonnance, ni pour leur vertu militaire ; cependant ils ne craignoient pas de passer toutes les années le Danube pour enlever des captifs et du butin, et de s'avancer jusqu'à trois cents milles de ses rives ; et Justinien regardoit comme un jour de victoire celui où il les décidoit à se retirer avec leur proie.

Une autre partie de l'empire étoit menacée par un ennemi plus formidable, puisqu'il disposoit d'armées bien plus nombreuses, d'immenses richesses, et de presque tous les arts de la civilisation; tandis qu'il faisoit toujours la guerre en barbare exterminateur. Le grand Chosroès Nushirvan, roi de Perse, fut contemporain de Justinien, et son règne se prolongea davantage encore (531-579). Quand il parvint au trône, il trouva les hostilités commencées entre les deux nations; cependant sa monarchie, épuisée par des guerres civiles et les invasions des Huns blancs, avoit autant que l'empire besoin de repos et d'une administration plus sage. Chosroès signa avec Justinien, en 531, une paix que les deux monarques nommèrent perpétuelle, et l'empereur grec, au lieu d'en profiter pour mettre ses frontières à l'abri des attaques journalières de ses anciens ennemis, songea immédiatement à la conquête de possessions lointaines qu'il ne pouvoit espérer de défendre ensuite.

L'Afrique la première tenta l'ambition de Justinien. Genséric étoit mort le 24 janvier 477, après trente-sept ans de règne sur Carthage. La couronne des Vandales avoit passé successivement à Hunnéric, mort en 484, à Gunthamond jusqu'en 496, à Trasamond jusqu'en 523, qui, tous trois, paroissent avoir été fils de Genséric, et qui, tous trois, sont représentés comme ayant été des ennemis furieux de la foi catholique. Ils exercèrent, dit-on, au nom des ariens, les persécutions les plus cruelles : on les accuse d'avoir fait arracher dès la racine la langue d'un grand nombre d'évêques ; il est vrai que des témoins oculaires, non du supplice, mais du miracle, assurent qu'ils n'en souffrirent aucune incommodité, et qu'ils n'en prêchèrent dès lors qu'avec plus d'éloquence. En 523, Hildéric, petit-fils de Genséric, succéda à son oncle Trasamond ; il rappela les évêques exilés, et il fit jouir sept ans les sujets romains d'Afrique d'une administration plus paternelle ; mais les Vandales regrettèrent bientôt la tyrannie qu'ils étoient accoutumés à exercer sur le peuple conquis. Ils accusèrent leur monarque de succomber à une mollesse efféminée, tandis qu'on leur auroit pu reprocher à eux-mêmes de s'être trop tôt accoutumés à toutes les jouissances des pays chauds, à une opulence acquise par le sabre, et dissipée sans retenue et sans pudeur ; on ne les voyoit se mouvoir qu'entourés d'esclaves, comme les mamelucks de nos jours ; leurs fêtes étoient encore des exercices militaires, mais ils en aimoient la pompe seule, et non les fatigues. Gélimer, du sang royal des Vandales, aigrit leurs ressentimens; il dirigea une insurrection contre Hildéric : ce roi fut arrêté et jeté dans un donjon, et Gélimer s'assit sur le trône à sa place.

La guerre d'Afrique fut entreprise par Justinien sous le prétexte de faire respecter la succession légitime du trône, et de retirer Hildéric de prison. L'empereur étoit encouragé dans ses projets par l'état d'anarchie où sembloit être l'Afrique. Un lieutenant de Gélimer s'étoit révolté en Sardaigne, et s'y étoit fait couronner comme roi. D'autre part, un Romain africain avoit soulevé ses compatriotes à Tripoli, au nom du symbole de saint Athanase, et il y avoit planté l'étendard de l'empire. Justinien étoit, de plus, encouragé par les prophéties des évêques orthodoxes, qui lui promettoient la victoire; et en mettant Bélisaire à la tête de cette expédition, il fit le choix le plus propre à l'assurer en effet.

Bélisaire, né parmi les paysans de la Thrace, avoit fait ses premières armes dans les gardes de l'empereur Justin. Il avoit déjà acquis de la réputation dans la guerre de Perse, où il avoit commandé en chef dans un moment difficile. Après une défaite qu'on n'attribuoit point à sa faute, il avoit déployé une habileté supérieure à celle qui se manifeste dans la victoire, pour sauver l'armée qui lui étoit confiée. A peu près égal en âge à l'empereur, il étoit comme lui dominé par sa femme, et comme lui il étoit fidèle à une personne qui n'avoit de son sexe ni la modestie ni la douceur. Justinien, en montant sur le trône, s'étoit empressé d'en partager tous les honneurs avec Théodora, fille d'un des cochers qui conduisoient les chars dans les courses du cirque; et à cette profession, honteuse chez les Romains, elle avoit joint une conduite plus honteuse encore, jusqu'au temps où Justinien la retira du vice et l'éleva à lui. Dès lors ses mœurs ne donnèrent plus de prise aux reproches, ses conseils furent souvent ceux du courage et de l'énergie; mais sa cruauté et son avarice contribuèrent à rendre l'empereur odieux. Antonina, femme de Bélisaire, étoit également fille d'un cocher du cirque; sa jeunesse avoit également été débordée; son caractère étoit également ferme et audacieux : elle ne renonça point, comme Théodora, à ses anciens penchans; mais elle fut pour son mari, sinon une épouse, du moins une amie fidèle. Admise dans la confidence de l'impératrice, ce fut elle qui ouvrit à Bélisaire la route des grandeurs; ce fut elle encore qui le défendit par son crédit, et qui le maintint dans le commandement malgré les intrigues de ses rivaux.

Dix mille fantassins et cinq mille chevaux seulement furent embarqués à Constantinople, et donnés à Bélisaire pour entreprendre la conquête de l'Afrique (au mois de juin 533). La flotte qui transportoit cette armée ne pouvoit faire toute la traversée sans relâcher en route pour prendre des rafraîchissemens; mais elle fut reçue dans un port de Sicile, qui dépendoit des Ostrogoths, avec une imprudente hospitalité. Les rois barbares, qui s'étoient partagé les provinces de l'empire romain, auroient dû comprendre que leur cause étoit commune, et leurs moyens de résistance auroient paru alors bien supérieurs aux moyens d'attaque des Grecs. Mais des offenses privées, des haines de famille, les avoient aigris les uns contre les autres; les mariages des rois et des filles de rois commençoient à exercer leur fatale influence sur la politique, et à troubler ceux qui avoient cru s'unir; et les Ostrogoths, les Visigoths, les Francs et les Vandales, loin de se secourir, se réjouirent des désastres les uns des autres.

Bélisaire débarqua (septembre 533) à Caput Vada, à cinq journées de Carthage. Les Vandales s'attendoient si peu à son attaque, que le frère de Gélimer étoit alors même en Sardaigne avec leurs meilleures troupes, occupé à comprimer la révolte de cette île. Ce fut pour Gélimer un motif d'éviter quelques jours le combat; mais en temporisant ainsi, il donna à Bélisaire l'occasion de faire juger aux provinciaux, aux Africains, qu'on nommoit toujours Romains, de la discipline de son armée, de la protection libérale qu'il étoit décidé à leur accorder, de la douceur de son propre caractère. Bélisaire fonda l'espoir de ses conquêtes sur l'amour des peuples; il montroit une bienveillance si paternelle à ces provinciaux qu'il venoit protéger et non conquérir, tant de respect pour tous leurs droits, tant de scrupule pour ménager leurs propriétés, que les Africains long-temps opprimés, humiliés, dépouillés par des maîtres barbares, n'avoient pas plus tôt salué les aigles romaines qu'ils se croyoient retournés aux plus beaux jours de leur prospérité sous le règne des Antonins. Gélimer, avant le débarquement de Bélisaire, régnoit tout au moins sur sept à huit millions de sujets, dans une contrée qui, auparavant, en avoit compté peut-être quatre-vingts millions : tout à coup il se trouva seul avec ses Vandales au milieu des provinciaux romains. L'historien Procope, qui, pour relever la gloire de son héros, cherche plutôt à multiplier le nombre des vaincus, assure que la nation pouvoit compter cent soixante mille hommes en âge de porter les armes; nombre considérable sans doute, et qui indique une bien grande multiplication depuis la première conquête, mais nombre bien foible quand, au lieu d'une armée, on doit y voir une nation. Gélimer, avec toutes les forces qu'il put rassembler, attaqua Bélisaire, le 14 septembre, à dix milles de Carthage : son armée fut mise en déroute, son frère et son neveu furent tués, et lui-même fut obligé de s'enfuir vers les déserts de Numidie, après avoir fait massacrer dans sa prison son prédécesseur Hildéric, que, jusque là, il avoit retenu prisonnier. Le lendemain, Bélisaire fit son entrée dans Carthage, et cette grande capitale, où le nombre des Romains l'emportoit encore infiniment sur celui des Vandales, l'accueillit comme un libérateur.

Jamais conquête ne fut plus rapide que celle du vaste royaume des Vandales; jamais la disproportion entre le nombre des conquérans et celui du peuple conquis ne montra mieux combien la tyrannie est une mauvaise politique, combien l'abus de la victoire de ceux qui gouvernent par l'épée creuse rapidement leur tombeau. C'étoit au commencement de septembre que Bélisaire avoit débarqué en Afrique; avant la fin de novembre, Gélimer avoit rappelé son second frère de Sardaigne, rassemblé une nouvelle armée, livré et perdu une nouvelle bataille; l'Afrique étoit conquise, et le royaume des Vandales étoit détruit. Il auroit fallu bien plus de temps à l'armée de Bélisaire pour parcourir seulement la longue étendue des côtes; mais la flotte romaine transporta jusqu'à Ceuta les tribuns des soldats qui alloient prendre le commandement des villes : partout ils étoient reçus avec joie; partout les Vandales trembloient, se soumettoient sans combat, et disparoissoient. Gélimer, qui s'étoit retiré avec une suite peu nombreuse en Numidie, dans une forteresse éloignée, se soumit au printemps suivant, moyennant une capitulation honorable, qui fut plus honorablement encore respectée par Justinien. Gélimer reçut d'amples possessions en Galatie, où il lui fut permis de vieillir en paix, entouré de sa famille et de ses amis. Le respect pour la foi donnée à un rival jadis puissant étoit alors un acte de vertu trop rare pour que nous ne devions pas le célébrer. Les plus braves des Vandales s'engagèrent dans les troupes de l'empire, et servirent sous les ordres immédiats de Bélisaire; le reste de la nation, enveloppé dans les convulsions de l'Afrique, dont nous aurons de nouveau occasion de dire quelques mots, disparut bientôt entièrement.

Justinien, qui demandoit des trophées à ses généraux, avoit peine cependant à leur pardonner leur gloire. Il ressentit une extrême jalousie des victoires rapides de Bélisaire. Avant la fin de ce même automne de 534, qui avoit suffi à la conquête d'un royaume, il lui donna l'ordre de revenir à Constantinople, trop tôt pour le bonheur de l'Afrique. Dans le caractère sans égal de Bélisaire, les vertus elles-mêmes s'étoient proportionnées au gouvernement despotique ; la volonté de son maître, non la prospérité de l'État, étoit le but unique de ses actions, l'unique mesure de ce qu'il jugeoit bien ou mal. Il comprit que son rappel causeroit la ruine de l'Afrique, mais il n'hésita pas. Comme il montoit, à Carthage, sur ses vaisseaux, il vit les flammes allumées par les Maures révoltés dans les provinces qu'il avoit reconquises ; il prédit que son ouvrage seroit détruit aussi rapidement qu'il avoit été accompli ; mais la volonté de l'empereur lui parut une loi de la destinée ; il partit, il arriva ; sa prompte obéissance désarma la jalousie excitée par de tels succès, et Justinien lui accorda le consulat pour l'année suivante et les honneurs du triomphe : c'étoit le premier que Constantinople eût vu déférer à un sujet.

A peine la conquête de l'Afrique étoit-elle terminée que Justinien projeta celle de l'Italie, et il destina à soumettre les Ostrogoths le même général qui s'étoit acquis tant de gloire en soumettant les Vandales. Un empereur romain pouvoit croire son honneur intéressé à recouvrer la possession de Rome et de l'Italie ; mais l'Occident n'avoit aucun motif de lui désirer des succès. Les Vandales s'étoient rendus odieux par leur cruauté, leurs persécutions religieuses et leurs pirateries : les Goths avoient de meilleurs titres à l'estime générale. Les plus sages, les plus modérés et les plus vertueux de la race germanique, ils laissoient concevoir de grandes espérances aux pays qu'ils avoient régénérés; leur gloire ne finit pas avec le règne de Théodoric, et jusqu'à la fin de la lutte où ils succombèrent, ils déployèrent des vertus qu'on chercheroit en vain chez les autres barbares.

Nous avons vu qu'à la mort du grand Théodoric (526) la couronne d'Italie avoit passé à son petit-fils Athalaric, âgé à peine de dix ans, sous la régence de sa mère Amalasonthe. Celle-ci, qui avoit perdu son mari avant son père, avoit cherché à donner au jeune prince, espoir de sa famille et de sa nation, tous les avantages d'une éducation libérale, dont elle avoit joui elle-même : mais Athalaric avoit mieux senti les fatigues de l'étude que ses avantages; il avoit aisément trouvé de jeunes courtisans qui lui avoient représenté les soins de sa mère comme avilissans; les vieux guerriers eux-mêmes n'avoient point renoncé aux préjugés nationaux contre l'étude et les mœurs romaines; Athalaric avoit été ôté à sa mère, et avant l'âge de seize ans, l'ivrognerie et la débauche le conduisirent au tombeau (534).

Par respect pour le sang de Théodoric, et pour la douleur d'Amalasonthe, les Goths lui permirent de choisir elle-même entre ses parens celui qu'elle jugeroit digne du trône et de sa main; elle arrêta son choix sur Théodat, qui, comme elle, avoit préféré aux plaisirs bruyans des Goths les études romaines; il passoit pour philosophe, elle le croyoit dépourvu d'ambition, et Théodat lui avoit juré en effet que, plein de reconnoissance pour une si grande faveur, il respecteroit toujours ses ordres, et qu'il la laisseroit régner seule, tout en paroissant assis avec elle sur le trône. Mais à peine eut-il été couronné lui-même qu'il fit arrêter sa bienfaitrice (30 avril 535), qu'il la retint prisonnière dans une île du lac de Bolsena, et que peu de mois après il la fit étrangler dans un bain. Justinien embrassa la protection d'Amalasonthe justement comme il avoit embrassé celle d'Hildéric, lorsqu'il pouvoit la venger et non plus la défendre. Bélisaire reçut ordre de se préparer à la conquête de l'Italie; mais l'armée que l'empereur lui confia pour une si haute entreprise consistoit seulement en quatre mille cinq cents chevaux barbares, et trois mille fantassins isauriens. Bélisaire vint débarquer en Sicile, en 535; et dans la première campagne de la guerre gothique, il soumit cette île, où la seule ville de Palerme lui opposa quelque résistance.

L'année suivante, Bélisaire transporta son armée à Rhégio de Calabre, et marchant le long des côtes, tandis que sa flotte l'accompagnoit, il s'avança jusqu'à Naples sans qu'aucune armée ennemie lui disputât le terrain. Les mêmes circonstances favorables qui l'avoient secondé en Afrique, les mêmes fruits heureux de son humanité et de sa modération, lui donnèrent en Italie les mêmes avantages. De même les Goths s'aperçurent tout à coup avec effroi qu'ils étoient isolés au milieu d'un peuple qui appeloit leurs ennemis comme ses libérateurs. Toutes leurs mesures de défense furent confondues, la trahison se manifesta même dans leurs rangs, et un parent de Théodat, chargé du gouvernement de la Calabre, passa sous les drapeaux de l'empereur. Mais ce qui hâta surtout la ruine des Goths, ce fut la lâcheté de leur roi. Théodat s'enferma en tremblant à Rome, tandis que Bélisaire assiégeoit Naples, et entroit dans cette ville par un aqueduc. La nation des Goths, qui comptoit encore deux cent cinquante mille guerriers, dispersés il est vrai, des bords du Danube et de ceux du Rhône aux extrémités de l'Italie, ne voulut pas se soumettre plus long-temps au joug qui l'avilissait. Vitigès, brave général, qui avoit été chargé de défendre les approches de Rome, fut tout à coup proclamé roi par ses soldats, et élevé sur le bouclier, tandis que Théodat, au moment où il apprit cette résolution, prit la fuite, et fut tué par un ennemi privé contre

lequel il n'essaya pas même de se défendre.
(Août 536.)

Avec l'élection de Vitigès, la guerre des Ostrogoths prit un nouveau caractère. Ce ne fut plus, comme on l'avoit vu jusqu'alors, la lâcheté et l'imprévoyance aux prises avec le talent ; mais deux grands hommes, deux maîtres dans l'art de la guerre, dignes de l'amour des peuples comme de leur confiance, qui, en se mesurant l'un avec l'autre, luttoient en même temps chacun de leur côté avec d'insurmontables difficultés. Bélisaire étoit, comme en Afrique, juste, humain, généreux autant que brave ; il avoit de même attiré à lui les cœurs des Italiens, mais sa cour le laissoit sans argent et presque sans soldats. La dure loi de la nécessité, les ordres qui lui venoient de Constantinople, les collègues avides qui lui étoient donnés, le forçoient de nourrir la guerre par la guerre, et de dépouiller ceux qu'il auroit voulu protéger. Vitigès étoit encore à la tête d'une nation belliqueuse et puissante, mais son royaume étoit désorganisé ; il lui falloit du temps pour rassembler ses bataillons épars, pour ranimer la confiance de ses guerriers, qui se croyoient de toutes parts entourés de traîtres. Il jugea nécessaire d'évacuer Rome, que Bélisaire occupa, le 10 décembre 536 ; de quitter même la Basse-Italie, et de se replier sur Ravenne, pour remettre l'ordre dans son armée.

Quand il eut organisé ses forces, il revint, au mois de mars suivant, assiéger Bélisaire dans l'ancienne capitale qu'il lui avoit abandonnée.

Les limites que nous nous sommes prescrites ne nous permettent point de chercher à faire connoître les opérations militaires, même des plus grands généraux ; ce n'est pas dans un abrégé aussi rapide qu'on peut chercher aucune instruction sur l'art de la guerre. Nous avons voulu présenter, en un seul tableau, la chute du monde antique, la dispersion des élémens d'où devoit naître le monde moderne, et renvoyer à d'autres pour tous les détails. D'ailleurs ce ne seroit pas sans répugnance que nous nous appesantirions sur les malheurs de l'humanité, sur les souffrances effroyables causées par deux chefs vertueux. Le spectacle en est bien plus douloureux que celui de tous les excès de la tyrannie, car l'indignation soulage l'âme. Lorsque nous passons en revue les crimes des fils de Clovis, notre horreur pour ces monstres laisse peu de place à la pitié. Au contraire, lorsque Vitigès assiégea Bélisaire dans Rome (et ce siége dura une année entière), on vit deux héros sacrifier deux nations à leur acharnement. Bélisaire, par son intrépidité, sa patience, sa persévérance, soutint le courage de sa foible garnison, tandis que presque toute la population de Rome périssoit de faim et de misère. Vitigès ramena, sans se rebuter, tous les bataillons des Goths à l'attaque des murs de Rome, jusqu'à ce que les assaillans fussent tous détruits par le glaive ou par les maladies pestilentielles. Son courage et son habileté se déployèrent dans cette guerre à mort. S'il avoit réussi, l'indépendance de sa nation étoit sauvée ; mais elle périt presque en entier dans ces funestes combats.

Justinien avoit voulu que l'Italie fût de nouveau rangée parmi les provinces de l'empire romain ; mais sa vanité étoit satisfaite s'il possédoit le sol sur lequel les Romains avoient élevé leur puissance, et il l'acheta au prix de tout ce qui en faisoit la gloire et la valeur. Rome fut défendue ; mais Rome, exposée à une longue famine, perdit presque tous ses habitans. Les Goths furent vaincus ; mais ils furent détruits, et non pas soumis, et le vide qu'ils laissèrent dans la population énergique et guerrière de l'Italie ne se répara jamais. Les Italiens furent délivrés de ce qu'ils regardoient comme un joug honteux, mais ce fut pour tomber sous un joug cent fois pire. La longueur de la guerre, la pression du besoin, firent violence à la modération accoutumée de Bélisaire, et lui laissèrent d'ailleurs le temps de recevoir les ordres directs de Justinien, au lieu d'agir d'après sa propre impulsion. Les extorsions contre les sujets de Rome furent poussées aux derniers extrêmes ; et la population, qui sous le règne protecteur de Théodoric avoit réparé ses pertes, fut moissonnée par la famine, par la peste ou par l'épée vengeresse des Goths. Les monumens glorieux de l'Italie, les pierres mêmes, ne furent pas sauvés. Les chefs-d'œuvre de l'art furent employés au lieu de machines de guerre, et les statues qui ornoient le môle d'Adrien furent lancées sur les assiégeans. Dans sa détresse, Vitigès avoit invoqué l'aide des Francs, et une invasion effroyable de ce peuple barbare, signalée par la destruction de Milan et de Gênes (538, 539), fit éprouver aux Goths que ces guerriers farouches, avides seulement de sang et de butin, ne se soucioient pas même de distinguer leurs alliés d'avec leurs ennemis. Dans une même journée ils taillèrent en pièces l'armée des Goths et l'armée des Grecs, qui toutes deux avoient compté sur leur assistance. Ils périrent enfin presque tous de misère dans la Cisalpine, qu'ils avoient ravagée; mais quand de tels soldats succombent à la faim, c'est qu'il ne reste plus au paysan ou au bourgeois rien que leurs oppresseurs puissent piller ou détruire.

Bélisaire poursuivit les Goths (mars 538), lorsque ceux-ci furent contraints de lever le siége de Rome; il profita de leur découragement, de leurs souffrances et de toutes leurs fautes; il les assiégea dans Ravenne, et il força enfin (décembre 539) Vitigès à lui remettre cette ville et à se rendre son prisonnier. Vitigès, comme Gélimer, éprouva la générosité de Justinien, et vécut dans l'affluence à Constantinople. Bélisaire fut en même temps rappelé d'Italie.

Justinien se hâtoit toujours de rappeler son général après chaque victoire, et Bélisaire s'empressoit toujours d'obéir. Mais toutes les fois qu'il renonçoit au commandement, les provinces qu'il abandonnoit étoient livrées aux plus dures calamités, et l'État lui-même avoit lieu de regretter que le sort de plusieurs millions d'hommes dépendît des caprices d'une cour, de la défiance ou de l'envie d'une femme hautaine, ou d'un despote jaloux. Au moment même où, cinq ans auparavant, Bélisaire avoit quitté l'Afrique d'après les ordres de Justinien, la rébellion des Maures avoit éclaté de toutes parts, et le héros qui par obéissance s'éloignoit en gémissant au moment du danger, put voir de sa flotte l'incendie allumé dans les campagnes qu'il avoit jusqu'alors garanties, par l'ennemi même qu'il en avoit écarté. Les ministres de Justinien semblèrent prendre à tâche d'augmenter chaque jour en Afrique, par leurs vexations, le ressentiment de ceux qui manioient les armes, la foiblesse et l'avilissement de ceux qui n'en avoient point. Le Maure errant, dont les mœurs se rapprochoient déjà de celles de l'Arabe bédouin, s'attacha à détruire toute culture, toute habitation fixe, toute population industrieuse; il repoussa la civilisation jusqu'au rivage; il la confina aux villes maritimes et à leur étroite banlieue, et pendant le reste du règne de Justinien, on estima que la province d'Afrique n'égaloit qu'à peine en étendue le tiers de la province d'Italie.

La retraite de Bélisaire d'Italie, après la captivité de Vitigès, ne fut pas suivie de moins de calamités. Pavie étoit la seule ville un peu considérable qui n'eût pas encore subi le joug des Romains; elle étoit défendue par un millier de soldats goths, qui proclamèrent pour roi leur chef Hildibald, et celui-ci ayant été assassiné la même année, aussi bien que son successeur Eraric, il fut enfin remplacé par Totila, jeune homme, parent de Vitigès, en qui la bravoure étoit unie à la politique et à l'humanité. Ce nouveau roi, par des vertus éclatantes autant que par des victoires, releva la fortune chancelante des Goths; il rappela successivement aux armées les fils de ceux qui avoient succombé dans les combats; il harcela, il attaqua, il mit en déroute onze généraux indépendans l'un de l'autre, que Justinien avoit chargés de la défense des diverses villes d'Italie; il traversa toute la Péninsule, de Vérone jusqu'à Naples, pour recueillir les guerriers épars de sa nation, qui dans chaque province avoient été obligés de courber la tête sous le joug; enfin dans le cours de trois années (541-544), il rendit à la monarchie des Ostrogoths la même étendue, si ce n'est la même vigueur, qu'elle avoit au moment où la guerre avoit commencé. Justinien envoyoit bien de temps en temps des renforts aux généraux qui commandoient pour lui en Italie; mais ce n'étoient jamais que de petits corps de troupes, qui prolongeoient la lutte, et qui ne donnoient aucune espérance de la terminer. L'arrivée de deux cents hommes de Constantinople étoit un événement; telle étoit même la désolation universelle de l'Italie, que des troupes de cent ou deux cents soldats la traversoient tout entière sans trouver personne en état de les arrêter. Justinien, en 544, renvoya bien Bélisaire en Italie, mais sans lui donner une armée, et pendant quatre années, le héros fut réduit à lutter contre son adversaire, plutôt comme un chef de brigands que comme un général. L'étendue du dommage n'étoit pas proportionnée en effet à la petitesse des ressources, et une poignée de soldats suffisoit de part et d'autre pour brûler et détruire ce qu'elle ne pouvoit défendre.

Totila assiégea Rome fort long-temps; il s'en rendit enfin maître le 17 décembre 546; déterminé à détruire une ville qui avoit montré aux Goths une si longue hostilité, il en abattit les murailles, et en chassa tous les habitans, qui cherchèrent un refuge dans la Campanie. Pendant quarante jours l'ancienne capitale du monde demeura déserte. Bélisaire profita de cette circonstance pour y rentrer et s'y fortifier de nouveau; mais il en fut de nouveau chassé. Justinien, en abandonnant ce grand homme presque sans argent et sans armée pour lutter contre un ennemi infiniment supérieur en forces, sembloit prendre à tâche de détruire par ses propres mains une réputation dont il étoit jaloux. Il rappela ensuite Bélisaire pour la seconde fois. Après sa retraite, l'Italie fut livrée pendant quatre ans à toutes les fureurs des guerres civiles et étrangères; elle fut exposée aux invasions des Francs et des Allemands, qui y descendoient sans ordre de leur gouvernement, sans chefs nommés par l'État, et sans autre but que d'exercer en grand le brigandage. Enfin, Justinien assembla de nouveau, en 552, une armée de près de trente mille hommes, et il en donna le commandement à un homme qu'on ne devoit guère s'attendre à voir déployer les talens et le caractère d'un héros. C'étoit l'eunuque Narsès, qui avoit passé sa jeunesse à diriger dans le palais les travaux des femmes, qui plus tard avoit formé son expérience dans les ambassades, qui, lorsqu'il parut enfin à la tête des armées, justifia la confiance de Justinien. Il remporta, au mois de juillet 552, une grande victoire sur les Goths dans le voisinage de Rome. Totila y fut tué. Dans l'année suivante il gagna, au mois de mars, près de Naples, une nouvelle victoire, où Téjas, que les Goths avoient donné pour successeur à Totila, fut également tué. Ainsi furent accomplis le renversement de la monarchie des Ostrogoths, la destruction presque absolue de leur nation, et la soumission à l'empereur des déserts de cette Italie où si long-temps on avoit vu accumuler toutes les voluptés et toutes les richesses de l'univers.

Après les victoires de Narsès, l'Italie fut gouvernée au nom des empereurs de Constantinople, par des exarques qui établirent leur résidence à Ravenne. A peine, il est vrai, cette contrée demeura-t-elle seize ans sous la domination de l'empire d'Orient. Toutefois, la forte ville de Ravenne demeura aux Grecs avec la Pentapole, qu'on nomme aujourd'hui Romagne, en mémoire, non pas de Rome, mais de l'empire grec, qui se faisoit nommer empire romain d'Orient. La Romagne, avec quelques autres provinces plus petites, continua deux siècles entiers, et jusqu'à l'an 752, à être gouvernée par l'exarque d'Italie; un autre exarque gouvernoit l'Afrique, et résidoit à Carthage. Justinien avoit même étendu ses conquêtes sur quelques villes d'Espagne, et il avoit contribué à entretenir l'anarchie dans cette grande péninsule; mais la province romaine qu'il y avoit recouvrée n'étoit pas assez importante pour mériter un troisième exarque.

Des ducs grecs furent donnés aux villes espagnoles qui, de 550 à 620, ouvrirent leurs portes aux généraux de Justinien et de ses successeurs.

Les guerres que, pendant le même temps, Justinien soutint dans l'Orient contre Chosroès, n'occasionnèrent guère moins de misère. La Syrie fut envahie par les Persans ; les frontières de l'Arménie furent ravagées par eux, et la Colchide fut disputée avec obstination pendant seize ans entre les deux empires (540-556). Mais après beaucoup de sang répandu, les frontières des Romains et des Persans restèrent à peu près les mêmes qu'avant la guerre; et comme dès lors ces pays sont demeurés plongés dans la barbarie, ils méritent moins d'attention de notre part.

Justinien étoit âgé de près de quatre-vingts ans, lorsqu'il dut avoir recours pour la dernière fois à la vaillance et à l'habileté de son général, non moins âgé que lui, à l'occasion d'une invasion des Bulgares, qui en 559 s'avancèrent jusqu'aux portes de Constantinople. Le vieux Bélisaire fut invoqué comme pouvant seul sauver l'empire. Il rassembla avec peine trois cents soldats parmi ceux qui avoient dans un meilleur temps partagé ses travaux ; une troupe timide de paysans et de recrues se joignit à lui, mais ne vouloit pas combattre. Cependant il réussit à repousser les Bulgares ; cet avantage et l'enthousiasme du peuple excitèrent la jalousie et la crainte de Justinien, qui avoit toujours châtié par une disgrâce chaque victoire de son général. Déjà une fois, en 540, il l'avoit condamné à une amende équivalente à trois millions de francs. En 563, une conspiration contre Justinien fût découverte : Bélisaire y fut enveloppé ; tandis que ses prétendus complices furent exécutés, Justinien, feignant de lui faire grâce, lui fit arracher les yeux, et confisqua toute sa fortune. Tel est le récit qu'a adopté le jeune et savant biographe de Bélisaire, lord Mahon, quoiqu'il repose seulement sur l'autorité d'historiens du xie et du xiie siècle. On vit le général qui avoit gagné deux royaumes, aveugle, et conduit par un enfant, présenter un plat de bois devant le couvent de Lauros, pour demander une aumône d'une obole. Il semble cependant que la clameur du peuple fit repentir Justinien, qui rendit à Bélisaire son palais. Il y mourut le 13 mars 565. Justinien mourut le 14 novembre de la même année.

Une gloire plus solide que celle des conquêtes demeurera d'âge en âge attachée au nom de Justinien : c'est celle que lui ont valu la collection et la publication de l'ancien droit romain. Les Pandectes et le Code qui furent mis en ordre et promulgués par son autorité, contiennent l'immense dépôt de la sagesse des âges précédens. On est étonné de trouver tant de respect pour le droit dans un despote, tant de vertus dans un âge corrompu ; un tel culte de l'antiquité à l'époque du bouleversement de toutes les institutions; enfin, une législation latine tout entière publiée par un Grec au milieu des Grecs. Encore que Justinien ait quelquefois effacé de ces lois antiques leur caractère noble et primitif, pour y imprimer un cachet servile, qu'il ait bouleversé quelquefois un système longuement mûri par les jurisconsultes, d'après des caprices qui lui étoient propres et un intérêt tout personnel, les recueils qu'il sanctionna n'en demeurent pas moins un précieux monument de la justice et de la raison humaine, dont il a été, non le créateur, mais le conservateur.

Le gouvernement absolu, qui avoit corrompu toutes les vertus romaines, ne donna pas même, sous Justinien, la paix intérieure au peuple en échange de la liberté. Le despotisme peut bien déshonorer les guerres civiles et les mouvemens populaires, mais il ne les supprime pas. Il n'y avoit plus assez de vertus dans Constantinople pour qu'un homme exposât sa vie pour la défense de ses droits, pour celle de l'honneur de la patrie, pour celle des lois qu'il regardoit comme sacrées ; mais on se battoit pour les cochers du cirque. Les courses de chars, spectacle favori des Romains, avoient été imitées à Constantinople, et ensuite dans toutes les grandes villes; on y offroit des prix qui étoient disputés entre des cochers revêtus d'un uniforme, les uns vert, les autres bleu : la populace entière se partageoit entre leurs deux bannières. Deux factions ennemies éclatèrent dans toute l'étendue de l'empire. La religion, la politique, la morale, l'honneur, la liberté, tous les sentimens élevés étoient étrangers à leur animosité : les verts et les bleus cependant, qui ne se disputoient que les prix du cirque, ne pouvoient être satisfaits que par le sang les uns des autres. Justinien lui-même, excité par d'anciens ressentimens de Théodora, embrassa les passions des bleus; et pendant son règne, les verts ne purent obtenir aucune justice. Les juges, pour décider sur la propriété, sur l'honneur, sur la vie des citoyens, s'informoient moins encore de leur conduite ou de leurs droits que de la faction à laquelle ils s'intéressoient, de leur attachement aux bleus ou aux verts. A plusieurs reprises, les violences privées se changèrent en séditions ouvertes; mais en 532, dans la plus violente de ces révoltes, celle qu'on désigne par son cri de guerre *nica* ou victoire, la capitale fut pendant cinq jours abandonnée au pouvoir d'une populace en fureur : la cathédrale, beaucoup d'églises, de bains, de théâtres, de palais et une grande partie de la ville furent réduits en cendres. Justinien, sur le point de s'enfuir, ne fut retenu sur le trône que par la fermeté de Théodora, sa femme, et des torrens de sang furent répandus par ceux qui manquoient de courage pour défendre leur patrie contre les barbares, ou leurs droits contre l'oppression intérieure.

CHAPITRE XI.

Les Lombards et les Francs. — 561-613.

Au moment du renversement de l'empire d'Occident, lorsque chacune de ses provinces étoit envahie par un peuple différent, et qu'il se fondoit autant de royaumes que l'on comptoit d'aventuriers hardis à la tête d'une troupe de barbares, l'univers présentoit une scène confuse, où tant d'intérêts se croisoient, se contrarioient les uns les autres, qu'il sembloit fort difficile de suivre la marche générale des affaires. Cette complication a déjà cessé en grande partie pour nous. A dater depuis le règne de Justinien, l'intérêt pour l'Europe se partage presque uniquement entre l'empire grec et le royaume des Francs, qui n'avoit point encore acquis le titre d'empire, mais qui n'en étoit pas moins à la tête de tout l'Occident. Cet intérêt unique, cette monarchie presque universelle des Francs dans l'Occident, continua jusqu'à la fin du règne de Louis-le-Débonnaire et aux guerres civiles entre ses fils en 840. Pendant ces trois siècles, l'histoire du monde latin est quelquefois enveloppée d'une grande obscurité; elle est toujours incomplète et presque toujours barbare ; mais elle se rattache régulièrement aux progrès et aux révolutions d'un grand peuple sur lequel nous fixerons le plus habituellement nos yeux.

Dans le même temps l'histoire de l'Orient ne tarda pas à se compliquer. Le sceptre de Justinien fut transmis successivement à son neveu Justin le jeune (565-574); par celui-ci à Tibère II (574-582), à Maurice (582-602), à Phocas (602-610), et à Héraclius (610-642). De ces cinq princes, trois sont illustrés par de grandes vertus et de grandes victoires : Tibère, Maurice et Héraclius; et cette période mériteroit, au moins autant que celle du règne de Justinien, d'être considérée comme glorieuse si elle étoit plus pleinement connue; mais, dans les monarchies, l'intérêt n'est point assez vivement excité par les choses publiques pour que beaucoup d'hommes d'un talent distingué se vouent à la carrière pénible de l'histoire. C'est rarement par une impulsion propre à leurs auteurs que les annales sont continuées. La vanité du monarque lui fait bien quelquefois nommer un historiographe; mais cette même vanité interdit à l'écrivain qu'il a choisi et qu'il récompense, de dire la vérité. Les événemens ne nous sont alors représentés que dans des panégyriques qui n'inspirent point de confiance, ou dans des chroniques sans couleur et sans vie qui n'excitent point d'intérêt.

Le règne de Justinien avoit eu le bonheur insigne d'avoir un grand historien, et ce bonheur se représente rarement dans l'histoire bysantine.

Cette même période répondoit à l'enfance et à la première éducation d'un personnage destiné dans son âge mûr à changer la face de l'univers. Justinien étoit mort en 565, Mahomet naquit en 569. Il est vrai que jusqu'à sa fuite à Médine, en 622, le reste du monde, et l'Arabie elle-même, s'aperçurent à peine de son existence, et que depuis même qu'il fut parvenu au pouvoir souverain, les dix dernières années de sa vie, 622-632, furent consacrées à la conquête de cette grande péninsule; en sorte que l'empire, même en éprouvant pour la première fois (628-632) les armes des musulmans, ne soupçonnoit point la grande révolution qu'ils avoient accomplie.

Avant de nous engager dans l'histoire du fondateur de la religion nouvelle, nous jetterons encore, dans un autre chapitre, un coup d'œil sur l'état de l'Orient, sur les conquêtes et les défaites de Chosroès II, qui, durant son règne mémorable (590-628), répandit un éclat précurseur de sa chute sur la monarchie des Persans sassanides; il nous suffit, pour à présent, de rappeler la concordance des événemens dans les diverses parties du monde, et nous tournerons de nouveau nos regards vers l'Occident.

La contrée qui avoit été si long-temps considérée comme la souveraine du monde, l'Italie, ruinée, désolée par les guerres des Grecs et l'anéantissement de la monarchie des Ostrogoths, ne tarda pas à éprouver une nouvelle révolution. L'eunuque Narsès, qui en avoit fait la conquête, avoit été chargé de la gouverner : parvenu à une grande vieillesse, il administra quinze ans (553-568) un pays qui, peut-être, auroit eu besoin d'un gouverneur plus jeune et plus actif. L'eunuque, qu'on prétend être mort à l'âge de quatre-vingt-quinze ans, s'étoit établi à Ravenne; de là il soumettoit de nouveau les Italiens aux lois de l'empire; lois qui ne se faisoient presque connoître à eux que par le poids des impositions dont on les accabloit. Narsès servoit un maître avare, et il étoit avare lui-même : on l'accuse d'avoir amassé, par les sueurs du peuple, une richesse scandaleuse, tandis que l'Italie ne recueilloit aucun avantage de ce gouvernement qu'elle payoit si cher. Les fugitifs, dispersés par les armées des Goths et des Grecs, s'étoient rassemblés de nouveau dans les villes; Milan se relevoit de ses ruines, les autres cités recouvroient aussi quelque population; mais les campagnes étoient abandonnées, et les récoltes, qui nourrissoient les restes des Italiens, étoient probablement dues aux mains mêmes des citadins : personne n'auroit osé vivre dans les champs quand la force publique n'existoit nulle part, et qu'aucune protection n'étoit assurée aux agriculteurs. Les événemens qui signalèrent la fin de l'administration de Narsès indiquent qu'il n'y avoit point d'armée en Italie, quoique des peuples barbares, ennemis, et qui en connoissoient les chemins, assiégeassent les portes de cette belle contrée.

Narsès, destitué avec insulte de son gouvernement, par l'impératrice Sophie, femme de Justin II, qui, lui envoyant une quenouille, lui faisoit dire de reprendre les travaux des femmes, pour lesquels il étoit fait, est accusé d'avoir appelé lui-même les barbares pour qu'ils vinssent accomplir sa vengeance; mais ils n'avoient peut-être aucun besoin d'une telle invitation. Dans la contrée, autrefois romaine, qui s'étend du pied des Alpes aux rives du Danube, deux peuples germaniques avoient établi leur habitation : les Gépides, de la race des Goths, et les Lombards, de la race des Vandales. Tous deux avoient la réputation de l'emporter en férocité sur les précédens ennemis de l'empire; tous deux avoient accepté, moyennant des tributs déguisés sous le nom de pensions, l'alliance des Grecs; les Gépides devoient garder les portes de l'Italie, les Lombards avoient contribué à sa conquête par les vaillans auxiliaires qu'ils avoient fournis à Narsès. Une haine acharnée divisoit ces deux peuples, et elle étoit aigrie encore par les aventures chevaleresques, et peut-être fabuleuses, qu'on racontoit de leurs rois. Les historiens des peuples barbares ne connoissent jamais les événemens domestiques du pays, ou n'en gardent jamais la mémoire; les rois seuls paroissent sur la scène, leurs aventures prennent la place des exploits nationaux, et les fictions mêmes dont ils sont l'objet méritent quelque attention, puisqu'elles nous font connoître la direction que prenoit alors l'imagination populaire.

Alboin, le jeune héritier du royaume des Lombards, avoit déjà signalé sa valeur dans une expédition contre les Gépides, où il avoit tué de sa main le fils de leur roi. Cependant son père exigea, avant de l'admettre à sa table, qu'il reçût ses armes d'une main royale et étrangère. C'étoit, disoit-il, l'usage constant de la nation; c'est ce qu'on a appelé depuis l'armement d'un chevalier; et cet usage même est attesté par Paul Warnefrid, historien lombard, contemporain de Charlemagne. Alboin, avec quarante de ses plus braves compagnons, ne craignit point d'aller demander l'armement chevaleresque à Turisund, roi des Gépides, père du prince qu'il avoit tué. Un devoir d'hospitalité, plus étroit encore aux yeux du vieux roi que celui de la vengeance, le fit recevoir à la table du monarque gépide : il y fut revêtu d'une armure nouvelle, et protégé au milieu de l'ivresse d'un banquet où Cunimond, fils de Turisund, avoit voulu venger son frère. Cette hospitalité guerrière, et mêlée de tant de sentimens de haine, donna occasion à Alboin d'infliger un nouvel outrage à la maison royale des Gépides : il enleva Rosmonde, fille de Cunimond, mais il ne put point se mettre en sûreté avec elle; on les poursuivit dans leur fuite, et on lui reprit Rosmonde; ses offres de mariage furent rejetées, et les deux rois comme les deux peuples, aigris par des offenses mutuelles, ne songèrent plus qu'à la destruction l'un de l'autre. Le moment où ils laissèrent éclater leur haine fut celui où Alboin et Cunimond eurent l'un et l'autre succédé à leurs vieux pères.

Le roi lombard se sentoit le plus foible; il rechercha des appuis étrangers; il appela des Saxons sous ses étendards, il se fortifia surtout par l'alliance du chagan des Avares, peuple pasteur sorti des montagnes de la Tartarie, et qui, fuyant la vengeance des Turcs, avoit traversé tous les déserts des Slaves et des Sarmates. Il avoit menacé les frontières des Grecs, et envahi celles de quelques peuples germains sujets des Francs; il erroit ensuite dans l'Europe septentrionale avec ses troupeaux, cherchant, les armes à la main, à se procurer une demeure. Alboin réunit ses projets de vengeance contre les Gépides à celui d'une nouvelle conquête, celle de l'Italie, où il vouloit établir sa nation. La vallée du Danube, si cruellement ravagée par tous les peuples barbares, ne conservoit presque aucun reste de son ancienne civilisation ; tandis que ses riches pâturages convenoient à l'établissement d'un peuple pasteur. Mais les Germains, sans vouloir s'asservir aux arts ni à l'agriculture, avoient appris à en connoître les jouissances ; ils vouloient conquérir un pays où le peuple sujet pût travailler pour eux, et ils conclurent avec les Avares un traité sous la condition singulière qu'ils attaqueroient en commun les Gépides, qu'ils détruiroient leur monarchie, qu'ils en partageroient les dépouilles ; mais qu'après la conquête, les Lombards abandonneroient et leur propre pays, et celui des vaincus, à leurs confédérés, et qu'ils iroient ailleurs tenter leur fortune. Cette convention, unique peut-être dans l'histoire des traités et des alliances, fut accomplie comme elle avoit été stipulée. Le royaume des Gépides fut envahi, leurs forces furent détruites par Alboin dans une grande bataille (566), toutes leurs richesses furent partagées entre les vainqueurs ; leurs personnes mêmes furent réduites en esclavage, et parmi celles-ci la princesse Rosmonde fut rendue à Alboin, qui l'épousa. En même temps les Lombards se préparèrent à abandonner aux Avares la Pannonie et le Norique, où ils étoient établis depuis quarante-deux ans. Ils rassemblèrent leurs femmes, leurs enfans, leurs vieillards, leurs esclaves; ils se chargèrent de leurs richesses; ils mirent le feu à leurs maisons, et ils s'acheminèrent vers les Alpes Juliennes.

Alboin, qui réunissoit toutes les qualités et tous les défauts d'un barbare, n'étoit pas moins distingué par sa prudence et sa valeur, que par sa férocité et son intempérance. La nation des Lombards, qu'il conduisoit, signalée dès les temps de Tacite, par sa bravoure, entre tous les peuples germaniques, n'étoit pas nombreuse. Avant d'envahir l'Italie, il chercha à s'assurer des renforts. Il avoit d'anciennes relations avec les Saxons, il avoit mérité leur confiance; il les appela sous ses étendards, et vingt mille d'entre eux vinrent grossir son armée. Il rendit la liberté à tous les Gépides qui lui étoient échus en partage, et il les enrôla dans ses bataillons. Il appela aussi divers autres peuples germains à se rendre auprès de lui, et, parmi eux, on remarque les Bavarois, qui s'étoient récemment établis dans la contrée à laquelle ils ont donné leur nom. Ce n'étoit pas une armée, c'étoit l'émigration d'une nation tout entière, qui, dans l'année 568, descendit les Alpes du Friuli. L'exarque Longin, qui avoit succédé à Narsès, s'enferma dans les murs de Ravenne, et n'essaya pas un moment de tenir la campagne. Pavie, qui avoit été fortifiée avec soin par les rois ostrogoths, ferma ses portes, et soutint un siège de quatre ans (569-572). Plusieurs autres villes, Padoue, Monselice, Mantoue, résistèrent de même par leurs seules forces, mais avec moins de constance. Les Lombards avançoient lentement dans l'intérieur du pays, mais ils avançoient toujours; à leur approche les habitans s'enfuyoient de préférence vers les places fortes bâties sur les côtes, dans l'espérance d'y être secourus par les flottes des Grecs, ou tout au moins de trouver un refuge sur leurs vaisseaux s'il falloit rendre la ville. On savoit qu'Alboin s'étoit lié, par un vœu atroce, à passer tous les habitans de Pavie au fil de l'épée quand il prendroit cette ville, et la résistance d'une place forte, qui ne pouvoit être secourue, ne laissoit prévoir dans l'avenir que d'affreuses calamités. Les îles de Venise accueillirent les nombreux fugitifs de la Vénétie, et, à leur tête, le patriarche d'Aquilée vint s'établir à Grado; Ravenne ouvrit ses portes aux fugitifs des deux rives du Pô; Gênes à ceux de la Ligurie; les habitans de la Romagne, entre Rimini et Ancône, s'enfermèrent dans les cinq villes de la Pentapole; Pise, Rome, Gaëte, Naples, Amalfi, et toutes les villes maritimes de l'Italie méridionale, se peuplèrent, à la même époque, d'un nombre infini de fugitifs. Les Lombards, qui ignoroient l'art des siéges, n'attaquoient les villes que par la famine et la menace d'un massacre universel. Ce moyen, presque infaillible pour les places de l'intérieur, étoit sans succès pour celles des bords de la mer. Toutes demeurèrent fidèles aux Grecs. Mais les Grecs, ignorant la langue des Latins, indifférens sur des contrées si éloignées dont ils ne connoissoient plus la géographie, trop occupés par les guerres des Avares, par celles des Persans, et bientôt après par celles des Arabes, pour envoyer des secours à toutes ces petites places fortes, semées sur des rivages éloignés, se contentèrent d'une obéissance honoraire. Ils attribuèrent les revenus de chaque ville à la défense de cette ville; ils se crurent généreux, et ils le furent en effet, en ne demandant rien et en ne voulant rien donner. Chaque ville avoit conservé sa curie et ses institutions municipales. Tant que l'autorité avoit été proche et constamment despotique, cette curie n'avoit été qu'un instrument d'oppression; elle devint un moyen de salut pour des cités oubliées de leur souverain, et qui devoient tout faire par elles-mêmes; leur constitution étoit purement républicaine; la confiance des citoyens et leur besoin d'union leur rendit de la dignité. A la tête de ces curies l'empereur grec plaçoit un duc; il trouva plus économique de donner ce titre à l'un des citoyens de ces villes si éloignées; il accepta même le plus souvent la désignation du sénat municipal. Ce duc ou doge ne fut plus dès lors qu'un magistrat républicain, commandant à des milices républicaines, disposant de finances formées par des contributions presque volontaires, et réveillant chez les Italiens des vertus assoupies pendant des siècles.

Cette heureuse révolution, qui s'opéroit en silence dans les villes maritimes, et qui étoit si peu aperçue des écrivains grecs qu'ils continuoient à faire dire aux libres Vénitiens : « Nous « sommes, et nous voulons toujours être les es- « claves de l'empire grec »; cette révolution, qui retiroit de la bassesse et du vice ceux qui avoient été long-temps les derniers des hommes, pour les donner en exemple au monde, ne fut pas bornée aux cités maritimes d'Italie. Dans tout l'Occident, l'empire grec possédoit des points épars sur les côtes, et n'avoit pas des forces suffisantes pour les protéger; dans tout l'Occident il appela la vertu qu'il ne connoissoit pas, le patriotisme qu'il ne comprenoit pas, à la défense de ces murailles, de ces forteresses qu'il ne pouvoit garder lui-même. En Espagne, des guerres civiles sous le règne de Leuwigilde, de 572 à 586, et de Récarède, de 586 à 601, excitées par l'esprit d'intolérance réciproque des catholiques et des ariens, ouvrirent aux Grecs un grand nombre de places maritimes, et y affermirent de même des gouvernemens municipaux, qui devinrent ensuite d'un glorieux exemple pour les cités libres de la Catalogne et de l'Aragon. En Afrique, les invasions des Gétules et des Maures, en coupant toute communication par terre entre les cités maritimes, firent de ces points isolés sur les côtes autant de petites républiques, auxquelles la grande conquête des Arabes ne permit pas de connoître une longue existence. Sur la côte Illyrique, en face de l'Italie, les habitans, repoussés sur les rochers qui dominent la mer, y trouvèrent des refuges contre les soulèvemens des Slaves et contre les invasions des Bulgares : aussi la ligue des villes libres de l'Istrie et de la Dalmatie, parmi lesquelles Raguse a obtenu une existence glorieuse, ne se réunit volontairement à Venise, en 997, qu'après plusieurs siècles d'indépendance. Les Grecs n'obtinrent pas d'établissement sur les côtes de France; mais l'exemple des villes de Gênes, de Pise, de Naples, ne fut pas perdu pour Arles, Marseille, Montpellier, qui commerçoient avec elles; et la conservation des droits municipaux dans le midi de la France, tandis qu'ils étoient presque abolis dans le nord, doit s'expliquer par cette circonstance.

Si les Lombards réveillèrent, sans le vouloir,

la liberté sociale parmi leurs ennemis, ils donnèrent aussi à leurs sujets l'exemple de la liberté individuelle, de la liberté sauvage d'une nation qui craint plus encore la servitude que le désordre. Alboin ne fut pas long-temps à la tête de leurs armées. Après trois ans et demi de règne, à dater de la prise de Pavie, qu'il épargna malgré son vœu redoutable, il fut assassiné par cette Rosmonde dont il avoit massacré le père et détruit la nation, et qu'il avoit épousée après avoir déjà corrompu sa vertu. Dans l'ivresse d'un festin il lui envoya, pleine de vin, une coupe qu'il avait fait faire du crâne de Cunimond, curieusement garnie en or, en l'invitant à boire avec son père. Rosmonde dissimula son ressentiment; mais elle employa cette beauté, qui avoit fait son malheur et ses fautes, à séduire successivement deux des gardes d'Alboin, qu'elle arma de poignards pour se défaire de son époux. Après la mort d'Alboin, tué à Vérone (573), Cléfi fut élu par les suffrages des Lombards et soulevé sur le bouclier; mais, au bout de dix-huit mois, il fut tué par un de ses pages, et la nation qui s'était déjà répandue sur une grande partie de l'Italie, ne lui donna, pendant dix ans, point de successeurs. Dans chacune des provinces où les Lombards avoient fait un établissement, leur assemblée générale suffisoit pour rendre la justice et régler les affaires du gouvernement. Des ducs étoient nommés par elle pour la présider, et l'on en comptoit trente dans toute l'Italie. Cependant, soit que les plus foibles parmi les Lombards commençassent à sentir le besoin d'une autorité supérieure à celle des ducs, pour protéger contre eux le peuple, soit que les guerres étrangères et les intrigues des Grecs fissent désirer un chef commun de la nation, après dix ans d'interrègne, Autharis fut porté sur le trône, probablement vers l'an 584 ; et, avant le milieu du siècle suivant, les Lombards, sans renoncer au droit d'élire leurs rois, s'étoient déjà accoutumés à transmettre la couronne au fils du dernier souverain.

Les Lombards avoient à peine achevé la conquête de cette partie de l'Italie qui a reçu d'eux le nom de Lombardie, lorsque, franchissant les Alpes de Provence, ils tentèrent de piller aussi les États des rois francs, ou peut-être de faire chez eux un établissement.

Depuis la mort de Clotaire Ier, survenue en 561, la monarchie des Francs étoit gouvernée par ses quatre fils, Charibert, Gontran, Chilpéric et Sigebert. Ce n'étoit encore que la seconde génération des conquérans, car ces princes étoient petits-fils de Clovis. Cependant le dernier d'entre eux, Gontran, ne mourut qu'en 593, un siècle précisément après le mariage de

Clovis avec Clotilde. Ce siècle avoit suffi pour apporter de grands changemens dans l'administration, comme dans les opinions des Francs. Ces guerriers, tous égaux à leur arrivée dans les Gaules, avoient bientôt trouvé, dans l'abus même de la victoire, le moyen d'élever des fortunes scandaleuses et qui ne pouvoient être égales. Comme la terre étoit cultivée par des esclaves, ou par des classes d'hommes intermédiaires entre les ingénus et les esclaves, que leurs lois désignent par les noms de tributaires, de lides et de fiscalins, l'étendue des propriétés ne leur paroissoit jamais un obstacle à la culture de leurs fermes. Plus leur nombre étoit petit, comparativement à la grandeur de leurs conquêtes, plus leurs usurpations furent effrayantes; non qu'ils dépouillassent par une mesure générale les riches Romains de leurs propriétés, ou qu'ils les réduisissent en esclavage; mais ils abusoient sans cesse de la violence, dans un pays où il n'y avoit proprement aucun gouvernement, aucune protection pour le foible. L'oppression ne se faisoit pas moins sentir à l'homme pauvre et libre d'origine franque qu'au Romain. Les premiers s'assembloient bien encore dans les plaids provinciaux, pour rendre la justice, mais ils avoient peine à faire ensuite respecter leurs décrets; les riches, qu'on commençoit alors, pour la première fois, à nommer les grands, s'attachoient par quelques concessions de terres des créatures qu'ils nommoient leudes; les grands, avec leurs leudes, se trouvoient toujours assez forts pour imposer silence à la justice, pour intimider, pour vexer, pour dépouiller les hommes libres, et les contraindre à s'engager aussi dans le nombre des leudes. Les grands se rendoient seuls aux assemblées générales de la nation; ils étoient seuls connus du monarque, ils étoient seuls chargés du commandement des soldats quand le ban étoit convoqué; bientôt on ne vit presque plus qu'eux dans la nation; celui qui étoit riche étoit sûr de devenir plus riche encore; celui qui étoit pauvre étoit sûr de se voir ravir le peu qu'il avoit; et en moins d'un siècle, la turbulente démocratie des Francs se trouva changée en une aristocratie territoriale des plus oppressives.

La France proprement dite étoit alors divisée en quatre provinces qui portoient le titre de royaumes, l'Austrasie, la Neustrie, la Bourgogne et l'Aquitaine. Les Francs habitoient seulement les deux premières, et ils donnoient souvent le nom de Romains aux peuples des deux provinces méridionales; quoique les seigneurs, les hommes libres et ceux qui portoient les armes tirassent presque tous leur origine ou des Bourguignons ou des Visigoths; mais se trouvant en moindre nombre au milieu des Gaulois, ils avoient déjà abandonné les langues germaniques pour le latin. Quant à l'Austrasie et à la Neustrie, dont la première avoit pour capitale Metz, et la seconde Soissons, les assemblées du peuple franc s'y tenoient encore assez fréquemment pour empêcher que ce peuple n'y tombât dans une oppression complète. Il est probable que ce fut pour la défense des hommes libres contre les grands que fut institué, vers ce temps-là, un *grand-juge du meurtre*, MORD-DOM, qui étoit le chef de la justice et qui, ayant une autorité supérieure aux tribunaux, faisoit tomber sous le glaive ceux qui étoient trop puissans pour être atteints par les lois ordinaires. La ressemblance du nom tudesque de *mord-dom* avec le nom latin *majordomus* fit appliquer ce dernier à ce grand-officier, et on l'a traduit ensuite par *maire du palais*, ce qui a complétement confondu les esprits sur l'origine de cette magistrature et sur ses fonctions. Le *mord-dom* étoit nommé par le peuple, et non par le roi, pour administrer la justice, et non les revenus royaux. Son office n'étoit pas toujours existant, le peuple le nommoit seulement quand il en sentoit le besoin, dans les temps de factions et surtout dans les minorités ; on portoit devant lui le *bracile* ou la main de justice, et cette main s'abaissoit en effet fréquemment sur les grands malfaiteurs.

La Germanie, qui s'étoit réunie à la confédération des Francs, étoit aussi divisée en quatre royaumes, la Franconie ou France germanique, l'Allemagne ou Souabe, la Bavière et la Thuringe. Dans ces pays, presque absolument barbares, le christianisme commençoit à peine à pénétrer. Les lettres n'y étoient point cultivées, et leurs histoires particulières ou leurs institutions nous sont absolument inconnues. Mais il paroît que chacun de ces grands peuples marchoit sous un duc héréditaire, et qu'il n'avoit avec les Francs d'autres rapports que de faire la guerre en commun. Cependant on vit à deux reprises, pendant la durée du règne des fils de Clothaire, ces peuples germaniques introduits dans la France par un des rois, marquer leur passage par d'effroyables dévastations. Les fils de Clothaire se haïssoient et se tendoient des embûches, comme les fils de Clovis, mais ils trouvèrent plus qu'eux la nation disposée à les suivre dans des guerres civiles.

Des quatre fils de Clothaire, Charibert, qui avoit fixé sa résidence à Paris, et de qui l'Aquitaine dépendoit, passa sa courte vie à la recherche des plaisirs des sens; il demeura plongé dans une débauche continuelle, qui étoit alors tellement commune chez les rois qu'elle ne causoit pas même de scandale. Il avoit quatre femmes à la fois, et parmi elles, deux étoient sœurs; l'une, Marcovefa, avoit auparavant pris le voile de religieuse, mais cette considération n'arrêta point le roi. Charibert mourut en 567, et le partage de l'Aquitaine, son royaume, entre ses trois frères, fut une des grandes causes des guerres civiles de ce siècle.

Gontran, le second des rois, celui qui survécut à tous les autres, car son règne s'étendit de 561 à 593, avoit obtenu en partage la Bourgogne, avec Orléans pour résidence. Il est désigné dans Grégoire de Tours, en opposition avec ses frères, par l'épithète de bon roi Gontran. Ses mœurs en effet passoient pour bonnes, car on ne lui connoît que deux femmes et une maîtresse : encore il répudia la première avant d'épouser la seconde. Son caractère étoit aussi réputé débonnaire ; car, à la réserve des médecins de sa femme, qu'il fit tailler en morceaux, pour n'avoir pas su la guérir ; de deux de ses beaux-frères, qu'il fit assassiner, et de son frère adultérin Gondovald, qu'il fit tuer en trahison, on ne cite guère de lui d'autre action cruelle que d'avoir fait raser la ville de Cominges, et massacrer tous les habitans, hommes, femmes et enfans. En général il étoit disposé à oublier les offenses, et son support pour Frédégonde, sa belle-sœur, qui avoit tenté à plusieurs reprises de le faire assassiner, est quelquefois difficile à comprendre.

Par opposition au bon roi Gontran, on nommoit le troisième frère, Chilpéric, le Néron de la France; en effet, ce barbare qui vouloit être poète, grammairien, théologien, qui ambitionnoit tous les succès, excepté l'amour de ses peuples ou l'estime des honnêtes gens, peut, sous plus d'un rapport, être comparé au tyran de Rome. Il avoit eu pour partage Soissons et la Neustrie, sur lesquels il régna de 561 à 584. Plus débordé dans ses mœurs qu'aucun des autres princes français, il rassembla dans son palais un si grand nombre de reines et de maîtresses qu'on n'a point essayé de les énumérer. Mais parmi elles se trouvoit la trop fameuse Frédégonde, digne compagne de ce monstre. Née dans une condition obscure, Frédégonde demeura plusieurs années la maîtresse de Chilpéric avant qu'il songeât à l'épouser; mais ensuite elle acquit sur lui un pouvoir absolu, et elle en profita pour se défaire de toutes ses rivales; la reine Galswinthe fut étranglée, la reine Audovère, après avoir langui dans l'exil, fut envoyée au supplice, les autres furent chassées du palais. Les fils que Chilpéric avoit eus de toutes ces femmes partagèrent leur sort; trois fils d'Audovère, parvenus à l'âge d'homme, périrent successivement par l'ordre ou du moins avec le consentement de leur père Chilpéric. Le sort de leur sœur fut plus cruel encore : Frédégonde l'abandonna aux désirs effrénés de ses pages avant de la faire immoler. Des rois qui versoient ainsi le sang de leurs enfans n'épargnoient pas celui du peuple. La France étoit pleine de malheureux à qui Chilpéric avoit fait arracher les yeux ou couper les mains ; elle étoit sans cesse alarmée par l'audace des assassins de Frédégonde, qui, poursuivant ses ennemis hors de ses États, les frappoient dans le palais des rois et dans l'assemblée du peuple. De jeunes pages et de jeunes prêtres, qu'elle élevoit dans son palais, étoient les ministres de ses vengeances ou de sa politique ; ils marchoient au crime avec l'assurance de gagner le ciel s'ils échouoient sur sur la terre. « Allez, leur disoit-elle en les « armant de couteaux empoisonnés ; si vous re-« venez vivans, je vous honorerai merveilleu-« sement, vous et toute votre race ; si vous « succombez, je distribuerai, pour la félicité de « vos âmes, des aumônes abondantes aux tom-« beaux des saints. » L'auteur contemporain qui rapporte ses paroles ne paroît pas élever de doutes sur l'efficacité de telles aumônes. Chilpéric mourut assassiné en 584 ; mais Frédégonde, laissée veuve avec un enfant de quatre mois, Clothaire II, réussit à faire asseoir ce fils sur le trône de Neustrie, et elle mourut seulement en 598, dans la gloire et la prospérité.

Le quatrième frère, Sigebert, auquel l'Austrasie étoit échue en partage, avec la résidence de Metz, étoit fort jeune lorsqu'il monta sur le trône; ses mœurs furent cependant plus rangées, car il n'eut d'autre femme que la célèbre Brunehault, fille d'Athanagilde, roi des Visigoths. L'obéissance des nations germaniques d'outre-Rhin étoit si incertaine que, sans tenir compte de leur nombre ou de l'étendue des pays qu'elles habitoient, on les avoit toutes ajoutées à son partage, quoiqu'il fût le plus jeune et celui qui devoit dans le royaume avoir la moindre part. Mais Sigebert enseigna bientôt au reste des Francs combien ces nations, qui n'obéissoient à aucun frein, pouvoient être redoutables. Deux fois, dans ses brouilleries avec Chilpéric, il les introduisit dans le cœur de la France; deux fois tous les bords de la Seine, tous les environs de Paris, furent ravagés avec fureur. Sigebert se croyoit déjà maître de la Neustrie; il avoit permis aux nations teutoniques de se retirer chargées de dépouilles, lorsqu'il fut assassiné, en 575, par deux pages de Frédégonde. Sa couronne passa à un enfant mineur, Childebert II; neuf ans plus tard, comme nous venons de le dire, la couronne de Neustrie passa à un autre mineur, Clothaire II. Charibert étoit mort sans enfans; Gontran, qui vivoit toujours, n'en avoit point non plus. On ne lui déféra point la tutelle de ses neveux; les trois royaumes d'Austrasie, Neustrie et Bourgogne commençoient, aux yeux des

Francs eux-mêmes, à être complétement séparés. La minorité des rois, et la haine dont s'étoient chargés leurs pères, permettoient à la noblesse d'attirer à elle tout le pouvoir. L'Austrasie ne fut plus dès lors qu'une aristocratie foiblement tempérée par l'autorité du juge du meurtre, mord-dom, qu'on a nommé maire du palais. La Neustrie tendoit, mais par des progrès plus lents, au même état. Le roi Gontran, indolent, inconstant, sans cesse menacé par le poignard, ne pouvoit pas, même en Bourgogne, arrêter les progrès de l'aristocratie. Sans être le tuteur de ses neveux, il se croyoit encore nécessaire à leur défense. Un jour que le peuple étoit rassemblé dans la cathédrale, à Paris, et que le diacre avoit imposé silence pour commencer la messe, Gontran, qui s'étoit rendu dans cette ville peu après le meurtre de Chilpéric, pour rétablir la paix dans la Neustrie, s'adressa aux assistans, et leur dit : « Hommes et femmes qui êtes ici rassem-
« blés, je vous conjure de ne point violer la foi
« que vous m'avez donnée, de ne point me faire
« périr, comme vous avez fait périr récemment
« mes frères ; je ne demande que trois ans, mais
« j'ai besoin de trois ans pour élever mes neveux,
« que je regarde comme mes fils adoptifs. Gar-
« dons qu'il n'arrive et que la Divinité ne per-
« mette qu'à ma mort vous ne périssiez avec
« ces enfans, puisqu'il ne reste de ma race per-

« sonne d'arrivé à l'âge viril qui vous défende. »
Au lieu de trois ans, le bon Gontran en vécut dix encore, et il mourut ensuite dans son lit, de maladie. Mais il est douteux que sa vie ou sa mort fussent aussi essentielles qu'il le supposoit, au sort de sa famille, et plus encore de sa nation.

Un fils adultérin de Clothaire, un frère de Gontran, qu'il ne vouloit pas reconnoître, profita de la mort de presque tous les chefs de sa famille pour essayer de se faire proclamer roi par les Francs. Pendant cette guerre civile, Gontran assembla les plaids de la nation à Paris. Grégoire de Tours, qui assista sans doute à cette assemblée, nous en a laissé une description animée, qui nous fait mieux connoître l'état de la France qu'un récit détaillé de hauts faits de guerre. Nous la rapporterons, plutôt que de nous astreindre, pour faire connoître cette période, à tracer des annales nationales, et à suivre l'ordre chronologique des événemens. La France, ne faisant aucune conquête au dehors, ne changeoit point dans ses rapports avec les autres peuples; tandis que le tableau de ses assemblées nationales nous représente, non point une journée, mais un siècle entier.

Le royaume d'Austrasie, dit Grégoire de Tours, députa à ces plaids, en 584, au nom de Childebert, Egidius, évêque de Reims, Gontran-

Boson et Sigewald (c'étoient les chefs de l'administration du jeune prince); ils étoient accompagnés par beaucoup d'autres seigneurs austrasiens. Lorsqu'ils furent entrés, l'évêque prit la parole : « Nous rendons grâce au Dieu tout
« puissant, dit-il, au roi Gontran, de ce que,
« après beaucoup de travaux, il t'a rendu à tes
« provinces et à ton royaume. » — En effet, ré-
« pondit le roi, c'est à lui, qui est le roi des rois
« et le seigneur des seigneurs, que nous devons
« rendre grâce. C'est lui qui a fait ces choses par
« sa miséricorde, et non pas toi, qui, par ton
« conseil perfide et tes parjures, as fait brûler
« mes provinces l'année passée; toi, qui n'as ja-
« mais gardé ta foi à aucun homme; toi, dont les
« fraudes s'étendent partout, et qui te montres,
« non point en prêtre, mais en ennemi de notre
« royaume. »

L'évêque, tremblant de colère, ne répondit rien à ce discours; mais un autre des députés dit :
« Ton neveu Childebert te supplie d'ordonner
« qu'on lui rende les cités que son père a possé-
« dées. » A quoi le roi répondit : « Je vous ai
« déjà dit auparavant que nos conventions me
« les ont conférées, en sorte que je ne veux point
« les rendre. » Un autre député lui dit : « Ton
« neveu te demande que tu ordonnes qu'on lui
« livre cette Frédégonde criminelle, qui a fait
« périr tant de rois, afin qu'il venge la mort de

« son père, de son oncle et de ses cousins. » — Gontran reprit : « Je ne saurois la livrer en sa « puissance, puisque son fils à elle-même est roi. « D'ailleurs, je ne crois point vraies les choses « que vous alléguez contre elle. » Après tous ceux-là, Gontran-Boson s'approcha du roi, comme s'il avoit quelque chose à dire. Mais comme le bruit s'étoit déjà répandu que Gondovald avoit été proclamé roi, Gontran le prévint et lui dit : « Ennemi de ce pays et de notre « royaume, pourquoi as-tu passé en Orient il y « a quelques années, pour en faire venir ce Ballomer (c'est ainsi que le roi appeloit toujours « Gondovald, qui prétendoit être son frère), et « pour le conduire dans nos États ? Toujours tu « fus perfide, et tu n'as jamais gardé une seule « de tes promesses. » Gontran-Boson lui répondit : « Tu es seigneur et roi, et tu siéges sur le « trône ; en sorte que personne n'ose répondre « aux choses que tu avances. Je proteste seule-« ment que je suis innocent de tout ce que tu « viens de dire. Mais si quelqu'un de même rang « que moi m'a accusé en secret de ces crimes, « qu'il vienne à présent au grand jour et qu'il « parle. Et toi, ô roi, tu soumettras cette cause « au jugement de Dieu, afin qu'il décide entre « nous, lorsqu'il nous verra combattre dans l'es-« planade d'un même champ. »

Chacun, gardant alors le silence, le roi reprit :

« C'est une chose qui devroit enflammer le cœur
« de tout le monde, pour repousser de nos fron-
« tières cet étranger, dont le père gouvernoit un
« moulin; car, c'est une vérité, son père a tenu
« le peigne à la main, et il a cardé les laines. » —
Or, quoiqu'il pût se faire que le même homme
eût fait les deux métiers, quelqu'un des députés
répondit aux reproches du roi : « Quoi donc !
« selon ce que tu affirmes, cet homme a eu deux
« pères; l'un meunier, l'autre artisan en laines.
« Prends donc garde, ô roi! de quelle manière tu
« parles, car nous n'avions point encore entendu
« dire que, excepté dans une cause spirituelle,
« un fils pût avoir deux pères en même temps. »
A ces mots, plusieurs éclatèrent de rire; après
quoi un autre des députés lui dit : « Nous pre-
« nons congé de toi, ô roi! car, puisque tu n'as
« point voulu rendre les cités qui appartiennent
« à ton neveu, nous savons que la hache est
« encore entière, qui a frappé tes deux frères à
« la tête; elle abattra la tienne plus tôt encore. »
Ils partirent ainsi avec scandale, et le roi, irrité
de leurs paroles, ordonna qu'on leur jetât à la
tête le fumier des chevaux, la paille, le foin
pourri, et les boues de la ville. Ils se retirèrent
avec leurs habits tout tachés; l'affront et l'injure
qu'ils reçurent furent immenses.

Les causes de l'animosité entre Gontran et les
députés d'Austrasie sont pour nous sans intérêt;

ses conséquences finirent avec la génération qui les vit naître; mais les rapports entre les rois et les grands, les menaces mutuelles, les affronts mêmes par lesquels le roi voulut se venger, nous apprennent ce que les noms nous disposent sans cesse à oublier, ce qu'étoient les rois, ce qu'étoient les nobles. Nous y voyons ce que nous devons entendre par cette constitution immuable pendant quatorze siècles, dont la stabilité est si souvent présentée à notre admiration, comme si tout n'avoit pas changé avec chaque génération dans la monarchie, et comme s'il y avoit le moindre rapport entre les prérogatives de Gontran, celles de Charlemagne et celles de Louis XIV.

Avant la mort de Gontran, Childebert II étoit parvenu à l'âge d'homme; il se trouva doué de plus d'énergie, de plus de talent peut-être qu'on n'en avoit vu déployer depuis long-temps dans la race de Clovis; mais en même temps d'un degré de férocité et de perfidie qui dépassoit également celles de ses prédécesseurs. Il se sentoit resserré de tous côtés par l'aristocratie austrasienne, qui avoit en silence usurpé tous les pouvoirs de la nation et tous ceux du roi. Le pays se trouvoit partagé en vastes districts, dont quelques nobles s'étoient attribués la propriété; ils en avoient distribué des parcelles à leurs anciens compagnons d'armes, les hommes libres des Francs, qui consentoient à prendre le titre de leudes, et à s'engager par un serment particulier à seconder leur seigneur dans toutes ses entreprises. Avec leur aide, ces seigneurs étoient sûrs de se perpétuer dans le gouvernement des duchés, quoique ceux-ci eussent dû demeurer à la nomination ou des rois ou des peuples. Par la loi, toutes les dignités étoient toujours électives; par le fait, elles étoient devenues toutes héréditaires. Childebert, se débattant contre cette aristocratie, tantôt invoquoit l'aide de son oncle Gontran, tantôt avoit recours aux expédiens plus sûrs du poignard et de la hache francisque. Ceux qui se croyoient les plus avancés dans sa familiarité étoient quelquefois frappés à ses côtés, par ses ordres, au milieu des fêtes; et l'on ne lit point sans frémir avec quelle joie féroce il excitoit les éclats de rire du duc Magnovald, à un combat de taureaux, tandis qu'il faisoit avancer en silence des bourreaux derrière lui, qui abattirent sa tête pendant qu'il rioit encore, et la firent rouler dans le cirque. Un grand nombre des seigneurs austrasiens périrent par les ordres de Childebert II; en même temps il recueillit la succession de son oncle Gontran; il repoussa l'enfant Clothaire II, toujours gouverné par sa mère Frédégonde, jusqu'aux extrémités de la Neustrie. Il se croyoit affermi sur le trône; mais on ne l'est guère quand on a contre soi la haine de tout un peuple. Childebert II avoit échappé à beaucoup de conspirations, à beaucoup de révoltes armées; il périt en 596, par le poison, et ses meurtriers furent assez habiles pour se dérober aux recherches, qui ne sont jamais très actives après la mort d'un homme détesté.

Ce fut à cette époque, cent ans précisément après la conversion de Clovis, que la belliqueuse nation des Francs se trouva soumise à trois rois mineurs, sous la régence de deux femmes ambitieuses, cruelles, et accoutumées à tous les crimes. Frédégonde étoit, en Neustrie, tutrice de Clothaire II, âgé à peine de onze ans; Brunehault, en Austrasie et en Bourgogne, étoit tutrice de Théodebert II et de Thierri II, ses petits-fils, âgés de dix et de neuf ans. Brunehault avoit probablement contribué à inspirer à son fils Childebert II cette haine pour l'aristocratie, et cet acharnement à la détruire par des coups d'État, qui l'avoient enfin conduit lui-même au tombeau. Cette femme hautaine, mais douée de grands talens, d'une grande connoissance des hommes, et d'une force inébranlable de caractère, s'étoit relevée, à plusieurs reprises, de catastrophes qui auroient écrasé un être plus foible. Deux fois mariée, d'abord à Sigebert, roi d'Austrasie, puis à Mérovée, fils de Chilpéric, elle avoit vu ses deux maris tomber sous le poignard des assassins envoyés par Frédégonde. Elle avoit été prisonnière de ses ennemis; elle vivoit entourée de grands, conjurés à sa perte. Après la mort de son fils, elle fut plus souvent encore menacée par les ducs d'Austrasie, qui s'irritoient de ne pouvoir résister à son ascendant, qui s'indignoient de lui voir à dessein corrompre les mœurs de ses deux petits-fils pour les gouverner plus long-temps, et qui, après des reproches insultans ou des menaces, finissoient par croire à la supériorité de sa prudence, ou par obéir à l'autorité indéfinissable qu'ils reconnoissoient en elle. Long-temps elle avoit été d'une beauté remarquable, et plus long-temps encore elle avoit fait usage des restes de cette beauté qu'une couronne relève toujours, pour attacher à son service des partisans plus dévoués. Mais déjà aïeule, et à sa mort bisaïeule, les armes communes des femmes devoient être peu puissantes entre ses mains. « Écarte-toi de nous, « ô femme! lui disoit le duc Ursio, si tu ne veux « que les pieds de nos chevaux te foulent en « terre. » Brunehault resta cependant; elle resta dix-sept ans en Austrasie, après avoir été ainsi menacée; elle continua à gouverner ceux qui ne vouloient pas même la reconnoître pour égale; elle continua à employer les finances du royaume à élever les monumens qui attestèrent sa gloire; car on montra long-temps les chaussées de Brunehault, les tours de Brunehault, qu'on seroit plutôt disposé à prendre pour des ouvrages des Romains ; elle seconda puissamment le pape Grégoire-le-Grand dans ses missions pour la conversion de la Bretagne, alors partagée entre les Anglo-Saxons, et c'est à son zèle, aux secours constans qu'elle donnoit aux missionnaires, que, si nous en croyons les lettres de ce pape, l'Angleterre doit son christianisme. Le pays même qu'elle régissoit de sa main puissante montra bientôt les signes de cette prospérité qui est presque toujours l'ouvrage de l'énergie réunie au talent.

Mais les ducs d'Austrasie ne pouvoient consentir à se soumettre; ils trouvèrent moyen d'engager dans leur parti leur roi Théodebert II, qui étoit presque imbécille, aussi bien que l'esclave que Brunehault lui avoit donnée pour maîtresse, et dont il avoit fait sa femme avec le consentement de la reine-mère. Ils firent tout à coup, en 598, enlever Brunehault de son palais, et la firent déposer, seule, à pied, sans argent, sur les frontières de Bourgogne. La superbe Brunehault se rendit en suppliante auprès du plus jeune de ses petits-fils, Thierri II, qui régnoit à Châlons-sur-Saône. Dans cette nouvelle cour, son ambition se trouvoit excitée par un ardent désir de vengeance; elle vouloit gouverner la Bourgogne, mais c'étoit surtout pour tourner ses armes contre l'Austrasie et écraser son petit-fils. Il lui fallut plusieurs années avant d'être maîtresse de l'esprit de Thierri II et de celui du peuple ; il lui fallut plusieurs assassinats avant d'avoir écarté du pouvoir tous ceux qui étoient contraires à ses vues ; il lui fallut supporter en patience la résistance ouverte des Francs à la guerre civile, et donner les mains à des accommodemens qu'elle détestoit. Après quatorze ans, enfin, le moment de la vengeance arriva pour elle. Thierri II, en 612, déclara la guerre à son frère ; il défit l'armée des Austrasiens dans deux grandes batailles. Theudebert lui-même tomba entre ses mains. Il fut mis à mort par l'impitoyable Brunehault, avec son fils Mérovée, dont la tête enfantine fut brisée contre la pierre. Mais ce triomphe de cette aïeule barbare, remporté sur son propre sang, précédoit de bien près sa propre ruine. Le fils de sa mortelle ennemie, Clothaire II, avoit grandi en silence dans un district obscur de la Neustrie, où il avoit été repoussé par ses puissans cousins. Les grands seigneurs austrasiens, et parmi eux les aïeux de la maison de Charlemagne, que l'on commence à distinguer dans leur patrimoine sur les bords de la Meuse, indignés de retomber sous le joug de Brunehault, recoururent à Clothaire II pour obtenir leur délivrance. Thierri II mourut tout à coup au milieu de ses victoires, car la terrible science des poisons est la première entre les sciences chimiques qui soit cultivée avec succès parmi les peuples barbares. L'armée que Brunehault rassembla pour défendre ses quatre arrière-petits-fils, auxquels elle destinoit la couronne, avoit déjà conjuré pour sa perte. Les Austrasiens, secondés par les Bourguignons, rencontrèrent les Neustriens entre la Marne et l'Aisne, en 613. Mais au signal de la trompette qui devoit engager le combat, toute l'armée de Brunehault prit la fuite ou passa sous les drapeaux ennemis. La reine elle-même, avec sa petite-fille et ses arrière-petits-fils, fut présentée à Clothaire II, qui condamna aussitôt à la mort tout ce qui restoit du sang de Clovis, dont il demeura ainsi le seul survivant. Brunehault fut pendant trois jours livrée à des tourmens divers et promenée sur un chameau à la vue de toute l'armée. Ensuite Clothaire la fit lier par les cheveux, par un pied et par un bras à la queue d'un cheval indompté; il l'abandonna à ses ruades, et les champs furent souillés des chairs en lambeaux de cette malheureuse mère de tant de rois.

CHAPITRE XII.

L'Occident et l'Orient au VIIe siècle, et jusqu'aux attaques des musulmans.

Il y a des périodes dans l'histoire du monde où un voile ténébreux semble s'étendre sur toute la terre, et où tous les documens authentiques, tous les témoins impartiaux nous manquent, pour nous faire comprendre la suite des événemens. Nous sommes arrivés à une de ces périodes d'obscurité : c'est le VIIe siècle, où les historiens de l'Occident et de l'Orient se taisent en même temps, et où de grandes révolutions se préparent ou s'accomplissent sans que nous puissions en développer les circonstances ou en concevoir l'enchaînement. Ces ténèbres, qui couvrent en même temps l'histoire des Francs ou des Latins et celle des Grecs, durèrent jusqu'au moment où une lumière nouvelle et inattendue sortit de l'Arabie, et où un peuple de pasteurs et de voleurs recueillit tout à coup l'héritage des lettres que les nations dès longtemps civilisées laissoient échapper.

Le principal luminaire de l'histoire d'Occident après la chute de l'empire romain, Grégoire, évêque de Tours, qui mourut en 595, n'a conduit son histoire ecclésiastique des Francs que jusqu'à l'année 591. Malgré son ignorance, son intolérance, et le désordre de sa narration, il nous fait seul connoître des mœurs, des opinions, un système de gouvernement qui, sans lui, seroient enveloppés de l'obscurité la plus profonde. Après lui, un autre auteur, bien plus barbare, bien plus concis, qu'on croit s'être nommé Frédégaire, a continué l'histoire des Francs jusqu'à l'année 641, et il a, comme son prédécesseur, répandu une foible lumière, non seulement sur la Gaule, mais sur la Germanie, l'Italie et l'Espagne. Après Frédégaire on ne trouve plus rien qui puisse mériter le nom d'histoire, jusqu'au temps de Charlemagne. Il s'écoula un siècle et demi pour lequel on n'a presque, dans tout l'Occident, que des dates et des conjectures.

De même, dans l'Orient, après la grande lumière répandue sur l'histoire par les deux contemporains de Justinien, Procope et Agathias, on se trouve réduit, d'abord au récit toujours incomplet dans sa diffusion, toujours ampoulé, toujours chargé d'ornemens superficiels et vide de choses, de Théophylact Simocatta; et celui-ci s'arrêtant vers l'année 603, on est obligé de descendre aux chroniques et aux abrégés de Théophanes et de Nicéphore, tous deux morts après

Charlemagne, et tous deux occupés uniquement de la chronologie, non des causes ou des effets des événemens.

Cette longue période, si mal connue, ne fut pas cependant sans importance ou dans l'Occident ou dans l'Orient. L'Italie, sous la domination des Lombards, dont le premier historien, Paul Warnefrid, est aussi contemporain de Charlemagne, se rétablissoit lentement de ses calamités; les rois lombards, d'abord électifs, et plus tard héréditaires, montrèrent du respect pour la liberté de leurs sujets, aussi bien pour ceux d'origine romaine que pour ceux de la race teutonique; leurs lois furent égales et sages, du moins pour des lois de peuples barbares : leurs ducs ou gouverneurs de province acquirent de bonne heure un sentiment de fierté et d'indépendance qui leur fit chercher un appui dans l'affection de leurs sujets. Nous ne donnerons pas la chronologie des vingt-un rois lombards qui se succédèrent dans l'espace de deux cent six ans, depuis la conquête d'Alboin en 568, jusqu'au renversement de leur monarchie par Charlemagne en 774. Ces noms échapperoient bientôt à la mémoire, et leur histoire n'est point assez détaillée pour que nous puissions les graver dans le souvenir par des pensées qui se rattachent aux faits; nous savons seulement que pendant cette période la population de l'Italie recommença à faire des progrès; que la race des vainqueurs y prospéra, mais sans faire disparoître celle des vaincus, puisque ce fut la langue de ceux-ci qui l'emporta; que les campagnes furent de nouveau cultivées; que les villes se relevèrent, et surtout Pavie, capitale du royaume, et Bénévent, capitale du plus puissant des duchés lombards, qui s'étendoit sur presque tout le royaume de Naples; que les arts, qui rendent la vie douce, recommencèrent aussi à être pratiqués par les habitans de l'Italie; et que les Lombards, entrés plus tard que les Francs dans la carrière de la civilisation, les devancèrent cependant, et s'accoutumoient déjà à regarder leurs voisins comme des barbares.

Pour l'histoire des Francs, cette période seroit plus importante encore si elle étoit mieux connue. Clothaire II, le fils de Chilpéric et l'arrière-petit-fils de Clovis, avoit été proclamé roi en 613 par toute la monarchie. Son pouvoir ne s'étendoit pas seulement sur les Gaules jusqu'aux Pyrénées, il étoit reconnu également dans toute la Germanie, même par ces Saxons que Charlemagne eut plus tard tant de peine à conquérir. Le royaume des Francs étoit devenu limitrophe de l'empire nouveau que les Avares avoient fondé dans la Transylvanie et la Hongrie, et qui menaçoit à Constantinople les Grecs d'une ruine totale. Durant un règne de quinze ans sur ce vaste empire franc (613-628), Clothaire semble à peine avoir été troublé par aucune guerre étrangère : il se reposoit dans sa force, ses voisins le craignoient, et les Lombards eux-mêmes avoient consenti à lui payer un tribut. Les arts avoient fait dans les Gaules des progrès considérables, à en juger par la quantité de temples et de couvens dont la piété de Clothaire II et de son fils couvroit la France, et par les draps de soie, par les ornemens d'orfévrerie dont ils les décorèrent. Le commerce avoit aussi recouvré une activité nouvelle; le besoin des épiceries de l'Inde, celui des manufactures de la Grèce, étoient universellement sentis par ces magnats des Francs, qui ne trouvoient point leurs désirs satisfaits par les produits naturels de leurs immenses propriétés. Quelques uns de ces chefs entreprirent d'exercer le commerce à main armée, et d'établir une communication entre la France et la Grèce par la vallée du Danube. Les marchands partoient de la Bavière, où finissoit l'empire des Francs, et ils s'avançoient jusqu'au Pont-Euxin. Ils passoient entre les Avares et les Bulgares, sans cesse menacés du pillage, mais sans cesse prêts à défendre avec leur épée les convois qu'ils conduisoient au travers de ces pays sauvages. Un marchand franc, nommé Samo, se distingua, en conduisant ces caravanes, par sa valeur et par les services importans qu'il rendit aux Vénèdes; et ce peuple slave, qui habitoit la Bohême, l'en récompensa en lui déférant la royauté, que Samo conserva trente-cinq ans.

Mais malgré la vaste étendue de l'empire franc, l'autorité royale étoit à peine sentie hors de la présence du roi. Tous les peuples germaniques avoient des ducs héréditaires qui ne rendoient à Clothaire, ou à son successeur Dagobert, qu'une obéissance presque nominale. Les provinces méridionales des Gaules se gouvernoient de leur côté par l'autorité de leurs ducs, que le roi avoit bien le droit de changer, mais qu'il se hasardoit rarement à destituer. Il ne se sentoit complétement roi que dans les deux provinces d'Austrasie et de Neustrie: il résidoit dans la seconde, et généralement à Paris; et pour que la première n'échappât point à son autorité, il lui envoya l'aîné de ses fils, Dagobert, qu'il nomma roi en 622, lorsque ce jeune prince n'étoit encore âgé que de quinze ans. Dagobert fixa sa résidence à Metz, sous la tutelle d'Arnolphe et de Pépin, deux des plus puissans seigneurs de l'Austrasie en-deçà du Rhin, et deux ancêtres de la maison carlovingienne.

En 628, Clothaire II mourut, et Dagobert lui succéda. Un plus jeune frère, nommé Charibert, né d'une autre femme de Clothaire, ne conserva pas long-temps le royaume d'Aquitaine, que

Clothaire lui avoit assigné en partage, et Dagobert régna sur tout l'empire des Francs, de 628 à 638, avec un pouvoir qui égaloit presque celui qu'exerça plus tard Charlemagne. Mais Dagobert nous est peint sous des traits qu'il est presque impossible de faire accorder : on nous parle d'abord de son extrême modération, de sa douceur, de sa déférence à l'autorité de Pépin et de saint Arnolphe, évêque de Metz; et puis on nous le montre à cette époque même faisant assassiner Chrodoald, un des ducs de Bavière, qui lui étoit vivement recommandé par son père. On nous parle du voyage qu'il fit autour de son royaume pour en prendre possession, comme ayant manifesté combien étoit grand son amour pour la justice et son humanité. Mais écoutons Frédégaire lui-même : « De là il prit
« le chemin de Dijon et de Saint-Jean de Lône,
« où il résida quelques jours, avec une forte vo-
« lonté de juger le peuple de tout son royaume
« selon la justice. Plein de ce désir bienfaisant,
« il n'admettoit point le sommeil dans ses yeux,
« il ne se rassasioit point de nourriture, n'ayant
« d'autre pensée que de faire que tous pussent
« se retirer contens de sa présence après avoir
« obtenu justice. Le jour même où il comptoit
« se rendre de Saint-Jean de Lône à Châlons, il
« entra dans le bain avant qu'il fît tout-à-fait
« jour, et en même temps il fit tuer Brodulphe,

« oncle de son frère Charibert », que le même historien dit être l'un des hommes les plus estimables de son royaume.

De même on nous parle de sa sagesse, de la pureté de ses mœurs ; mais on nous dit aussi qu'il s'y fit une grande révolution dès la première année de son règne, lorsqu'il eut atteint vingt ans. « C'est alors, dit Frédégaire, que s'abandonnant « sans mesure à la luxure, il eut, à l'exemple de « Salomon, trois reines et un grand nombre de « concubines. Les reines étoient Nantechilde, « Wulfégonde et Berchilde ; quant aux noms « des maîtresses, comme il y en avoit beaucoup, « j'ai redouté la fatigue de les insérer dans cette « chronique. »

Deux actions cruelles de Dagobert souillent bien plus sa mémoire que le désordre de ses mœurs ; mais celles-là aussi ne nous sont point expliquées. Au moment de la mort de son frère, il fit massacrer son neveu encore enfant, de peur qu'il ne réclamât un jour son héritage. L'autre action est bien plus atroce encore : en une seule nuit il fit massacrer neuf mille Bulgares auxquels il avoit accordé l'hospitalité, et dont il se défit ensuite, de peur de causer quelque mécontentement aux Avares, au fer desquels ces Bulgares s'étoient dérobés par la fuite.

Dagobert fut le bienfaiteur de l'abbaye de Saint-Denis et le fondateur d'un grand nombre de riches couvens : aussi sa piété a surtout été célébrée par les moines. Mais c'étoit la piété telle qu'on l'entendoit au VIIe siècle ; elle ne se manifestoit par aucun autre symptôme que par les largesses faites aux couvens. Cette piété avoit lié Dagobert de la manière la plus intime avec deux saints que la France vénère encore sans les connoître : le premier étoit saint Éloi, orfèvre du roi, qui, sous ses yeux et par ses ordres, fit tous les ornemens de l'église de Saint-Denis, et qui se croyoit permis de voler saintement le trésor royal pour enrichir le couvent de Solignac, qu'il avoit fondé de son côté ; le second étoit saint Ouen, d'abord référendaire de la cour, et plus tard évêque de Rouen. Dagobert vivoit tour à tour avec ces deux saints, dont il suivoit aveuglément les conseils ; avec les moines de Saint-Denis, au milieu desquels il chantoit en chœur, et avec ses nombreuses maîtresses. Sa dévotion pour Saint-Denis étoit si exclusive qu'à plusieurs reprises il fit piller d'autres églises de ses États pour enrichir celle de son saint favori.

A la mort de Dagobert commence la succession des rois fainéans, période de cent quatorze ans (638-752), durant laquelle treize rois régnèrent successivement, ou sur la France entière, ou sur une partie de la monarchie, sans qu'il y en ait eu plus de deux qui soient arrivés à l'âge d'homme, sans qu'il y en ait eu un seul qui ait obtenu jamais le plein développement de ses facultés. Le grand-juge, le *mord-dom*, qu'on a nommé maire du palais, et qui avoit été institué presque dès les commencemens dans les trois monarchies, d'Austrasie, Neustrie et Bourgogne, étant élu par le peuple, ne pouvoit être, comme le roi, ou un mineur ou un imbécille. Son pouvoir s'accrut de l'incapacité de celui qui devoit être son supérieur : la minorité des deux fils de Dagobert donna au maire d'autant plus d'occasion de se faire connoître de la nation et d'attirer à lui toute l'autorité. L'oisiveté dans laquelle vivoit le roi, la corruption qui s'attache au pouvoir, et l'exemple de ses prédécesseurs, l'entraînèrent bientôt dans des déréglemens de tout genre. Il n'y eut pas un roi mérovingien qui ne fût père avant quinze ans, qui ne fût décrépit à trente. Ce grand pensionnaire de la nation, qui n'avoit d'autre part au gouvernement que la libre disposition des terres et des domaines royaux, vivoit dans une ivresse continuelle ; ses sujets ne connoissoient de lui que ses vices ; et la rapidité avec laquelle un enfant succédoit à un autre enfant ne paroît pas même avoir excité de soupçons chez les Francs sur tant de morts prématurées.

Un autre intérêt cependant divisoit alors la

nation des Francs : les petits propriétaires, désignés sous les noms d'arimans ou d'hommes libres, avoient long-temps laissé usurper leurs droits par les grands et les ducs; long-temps ils s'étoient laissés dépouiller isolément; ils avoient même prêté les mains à leur propre oppression en se faisant les leudes, les serviteurs des grands seigneurs, moyennant la promesse d'une assistance mutuelle. Quelque vexation plus ouverte des grands, quelque tentative plus audacieuse pour dépouiller les hommes libres de leur propriété ou de leurs droits, les réunit, au milieu du VIIe siècle, pour leur défense. Ils avoient presque renoncé au combat en Austrasie, où la famille des ancêtres de Charlemagne, que nous nommerons d'avance carlovingienne, puisqu'elle n'avoit pas d'autre nom, étoit à la tête de la haute noblesse. Cette famille avoit déjà acquis un pouvoir immense, et avoit engagé la plupart des hommes libres à suivre ses étendards, sous le nom de *leudes :* en Neustrie, au contraire, les hommes libres, ayant conservé plus d'indépendance, se rendirent aux assemblées nationales; ce furent eux qui élurent le *mord-dom* ou maire du palais, qui semble avoir été institué pour protéger cet ordre inférieur, et qui peut-être comme le *justiza* des Aragonais, devoit toujours être pris dans ses rangs. Ils réussirent en effet, en 656, à élever à cette première place Ebroin, homme plein de talens et d'énergie, mais ennemi acharné du pouvoir croissant de l'aristocratie, et qui, comme juge, comme général, comme administrateur du royaume, n'eut jamais d'objet plus constamment en vue que d'abaisser les ducs et de ruiner les grands.

Les deux factions sentirent bientôt qu'il leur convenoit d'étendre leurs alliances de l'un à l'autre royaume. Les hommes libres, opprimés en Austrasie par le maire Wulfoald, qui étoit d'une maison ducale, avoient recours à la protection d'Ebroin, et venoient souvent se ranger sous ses étendards. Les ducs de Neustrie et de Bourgogne, et le chef de leur parti, Léger, évêque d'Autun, intriguoient contre Ebroin, et correspondoient avec les grands d'Austrasie. Ils tournoient surtout leurs regards vers le jeune Pépin d'Héristal, petit-fils, par les femmes, de Pépin, ministre de Dagobert et grand-père de Pépin-le-Bref, roi de France. De fréquentes guerres civiles, dans l'un et l'autre royaume, signalèrent l'administration d'Ebroin (656-681). Plusieurs rois furent déposés de part et d'autre, quoique, étant à peine sortis de l'enfance, ils n'eussent guère eu d'autre part aux événemens que celle de les sanctionner par leurs noms. Le parti de la noblesse cependant ne se contenta pas d'écarter du trône le souverain qui lui déplaisoit. Ses victoires, en Austrasie et en Neustrie, fu-

rent signalées par des régicides. Dagobert II, en Austrasie, fut attaqué par les grands, en 678, condamné par un concile, et poignardé. Saint-Wilfrid, qui dans son enfance lui avoit donné l'hospitalité, fut arrêté par l'armée des Austrasiens, qui venoit d'accomplir cette révolution, et un évêque, l'ayant reconnu, lui adressa ces reproches : « Avec quelle téméraire confiance
« osez-vous traverser la région des Francs, vous
« qui seriez digne de mort pour avoir contribué
« à nous renvoyer ce roi de son exil, ce destruc-
« teur de nos villes, qui méprisoit les conseils
« des seigneurs, qui humilioit, comme Roboam,
« fils de Salomon, les peuples par des tributs,
« qui ne respectoit ni les églises de Dieu ni leurs
« évêques? Aujourd'hui il a payé la peine de tous
« ses crimes; il est tué, et son cadavre gît sur
« la terre. »

Le même parti des nobles et des évêques ne traita pas avec moins de rigueur Childéric II, au moment où ce roi de Neustrie, parvenu à l'âge de vingt-un ans, commença à donner l'essor à l'amour effréné du plaisir, amour héréditaire dans sa race. Ébroin et l'évêque d'Autun, Léger, les chefs des deux partis, étoient alors également arrêtés, et détenus dans un même couvent à Luxeuil, dont le supérieur les avoit forcés à se réconcilier. Mais dans les murs du cloître, le saint évêque d'Autun n'abandonnoit pas le soin de son parti. Il ourdit une conspiration, dont son frère Gaérin fut le principal chef. Childéric II fut surpris, en 673, comme il chassoit dans la forêt de Livry, et massacré avec sa femme et son fils en bas âge, et le pouvoir de l'aristocratie sembla raffermi. Ébroin cependant avoit été relâché au moment de la révolution; bientôt il trouva moyen de rassembler de nouveau l'armée des hommes libres; il surprit celle des grands au pont Saint-Maixence; il les défit à plusieurs reprises; il fit prisonniers presque tous ceux qui avoient eu part à la mort de Childéric II, et il vengea cette mort par des supplices. Saint Léger, exposé à des tourmens cruels, fut cependant réservé en vie; ses biographes assurent que toutes ses blessures se refermoient miraculeusement aussitôt qu'elles lui avoient été infligées, et qu'après qu'on lui eut coupé les lèvres et la langue, il n'en parloit qu'avec plus d'éloquence. Privé de ses yeux et mutilé de tous ses membres, saint Léger étoit déjà vénéré par les peuples comme un martyr. Ébroin sentoit sa colère s'accroître, lorsqu'il voyoit tout le mal qu'il avoit fait à son ennemi tourner à sa gloire. Il vouloit faire dégrader saint Léger par les évêques de France, qu'il assembla en concile en 678; et il somma le saint de confesser au milieu des prélats qu'il étoit complice du meurtre de Childéric II. Le bienheureux Léger ne voulut ni souiller la fin de sa vie par un parjure, en niant sa participation au régicide, ni cependant attirer de nouveaux malheurs sur lui-même en l'avouant. Il se contenta donc de répondre à toutes les questions qui lui furent faites que Dieu seul, et non les hommes, pouvoit lire dans le secret de son cœur. Les évêques, n'en pouvant tirer d'autre réponse, regardèrent ces paroles comme un aveu; ils déchirèrent sa tunique du haut jusqu'en bas en signe de dégradation, et le livrèrent au comte du palais, qui lui fit trancher la tête. La commémoration du martyre du saint régicide se célèbre le 2 octobre, et il y a peu de villes de France où quelque église n'ait été élevée en son honneur.

Après la mort d'Ébroin, en 681, les maires, nommés par le parti des hommes libres, qui lui succédèrent, n'eurent plus ou la même énergie ou le même talent. La guerre se ralluma entre l'Austrasie et la Neustrie : la première, depuis le meurtre ou le supplice de Dagobert II, n'avoit plus de roi; elle obéissoit alors à Pépin d'Héristal, qui prenoit le titre de duc, et qui gouvernoit avec l'aide du parti des nobles. Une grande bataille entre les deux peuples et les deux partis fut livrée, en 687, à Testry en Vermandois. Les nobles triomphèrent : le maire des hommes libres fut tué, leur roi Thierri III tomba au pouvoir des grands. Pépin, qui croyoit avoir encore besoin d'un fantôme de roi, au lieu de le destituer, l'attacha à son parti, et le fit reconnoître, tant en Austrasie qu'en Neustrie; mais en même temps il s'empara seul de toute l'administration. Il fit élever son fils à la dignité de maire de Neustrie, et il réduisit le roi à n'être plus que le captif de son sujet.

La grande révolution qui transmit la souveraineté des Francs, de la première à la seconde dynastie, date de la bataille de Testry en Vermandois : c'est en 687 que le pouvoir royal fut livré au second des Pépin, quoique la couronne ne fut placée sur la tête du troisième Pépin, son petit-fils, qu'en 752. On se fait une fausse idée de cette révolution quand on la considère comme l'usurpation des maires du palais : c'est au contraire leur défaite par leurs anciens adversaires, qui se décorèrent de leurs titres. Le *mord-dom* électif, chef des hommes libres, premier magistrat de la Neustrie et représentant d'un pays où les Francs avoient commencé à se confondre avec les Romains et à adopter leur langage, fit place au duc héréditaire d'Austrasie, capitaine de ses leudes, ou d'hommes qui s'étoient volontairement dévoués à un service également héréditaire, moyennant quelque concession de terres. Ce duc étoit secondé par tous les autres ducs, qui combattoient pour l'aristocratie, contre la royauté et contre le peuple ; sa victoire fut signalée par un second triomphe de la langue teutonique sur la latine, et par le rétablissement des diètes ou assemblées de la nation. Elles furent dès lors tenues d'une manière beaucoup plus régulière, et elles s'emparèrent de tous les droits souverains; mais les seuls grands seigneurs y représentèrent la nation. Bientôt s'ensuivit la dissolution presque absolue du lien social. Tous les ducs qui avoient secondé Pépin se proposoient, non de devenir ses sujets, mais de régner avec lui; en sorte que toutes les nations d'au-delà du Rhin renoncèrent à l'obéissance des Francs; que l'Aquitaine, la Provence et la Bourgogne, gouvernées de leur côté par des ducs, devinrent, en quelque sorte, des provinces étrangères, et que Pépin, se contentant de laisser ou son fils ou un de ses lieutenans à Paris, pour surveiller le roi, transporta le siége réel du gouvernement dans son duché d'Austrasie, et fixa sa résidence tour à tour à Cologne ou à Héristal, près de Liége.

Ce fut sur la fin de l'administration de Pépin d'Héristal que les musulmans commencèrent à menacer l'Europe occidentale. Ils conquirent l'Espagne de 711 à 714, et Pépin mourut le 16 décembre 714, après avoir gouverné la France vingt-sept ans et demi, depuis la bataille de Testry. Mais avant d'exposer quelle fut la naissance, quels furent les progrès de l'empire musulman, avant de voir comment Charles-Martel, fils de Pépin, sauva l'Occident de leurs conquêtes, nous devons suivre de même les obscures révolutions de l'empire d'Orient jusqu'au moment où il entra en lutte avec eux.

L'inconvénient de la période aride que nous parcourons n'est pas seulement de nous forcer à promener nos regards des extrémités de l'Occident à celles de l'Orient, et de passer successivement en revue des personnages qui n'avoient aucun rapport les uns avec les autres. La brièveté et le manque de critique et de jugement des chroniques auxquelles nous sommes réduits entassent devant nos yeux des événemens dont nous ne voyons point la connection; ils nous semblent s'exclure au lieu de découler les uns des autres, et ils peuvent d'autant moins se graver dans notre mémoire que nous les avons moins compris. L'histoire de l'Orient, pendant les cinq règnes de Justin II, Tibère II, Maurice, Phocas et Héraclius, de 567 à 642, nous présente plutôt les fantômes d'un mauvais rêve que des événemens réels; les trois premiers, il est vrai, nous offrent un contraste auquel nous devrions être accoutumés; ce sont des souverains très vertueux, ou qui nous sont peints comme tels, et des peuples très misérables : c'est en effet presque toujours ainsi que les historiens des monarchies ont fait l'histoire. Mais la tyrannie de Phocas, les défaites et ensuite les victoires d'Héraclius ne ressemblent point à l'enchaînement naturel des événemens, et ne sauroient s'expliquer par elles-mêmes. Dans une guerre dont tous les détails nous sont inconnus, les Persans, sous les ordres de Chosroès II, conquirent toutes les provinces de l'empire d'Orient, en Asie; Héraclius, à son tour, conquit toute la Perse jusqu'aux frontières de l'Inde, et après des expéditions presque fabuleuses, les deux empires, également épuisés, furent hors d'état de se défendre contre un ennemi nouveau dont ils ne soupçonnoient pas même l'existence. Réduits presque à des conjectures sur l'origine de ces révolutions subites, nous remarquons seulement qu'une grande cause de foiblesse s'étoit développée dans l'empire d'Orient, avec de nouveaux systèmes religieux et des persécutions acharnées. Les esprits s'étoient aigris, les sujets s'étoient aliénés du gouvernement. Les sectes opprimées non seulement se refusèrent à défendre leur patrie, elles appelèrent au contraire les ennemis; elles leur livrèrent volontairement les plus fortes et les plus riches provinces de l'empire; et c'est dans l'interprétation des mystères de la foi qu'il faut chercher le secret des conquêtes des Persans, puis des musulmans.

Ce ferment de nouvelles révolutions, qui se

développoit à la fin du vi^e siècle, datoit du règne de Justinien. Aux anciennes querelles entre les catholiques et les ariens, sur la divinité de Jésus-Christ, en avoient succédé d'autres bien plus oiseuses, bien plus inintelligibles, bien plus étrangères à toutes les actions humaines et à toute influence de la foi sur la conduite, celles sur l'union des deux natures et des deux volontés dans la personne du Sauveur.

On avoit pu regarder comme une question fondamentale dans la religion chrétienne, de décider si le Rédempteur étoit dieu ou s'il étoit une créature de la Divinité; car, selon qu'on expliquoit ce mystère, l'une des sectes reprochoit à l'autre de refuser, si ce n'est à la Divinité, du moins à l'une de ses manifestations, l'adoration qui lui étoit due, tandis que la secte contraire accusoit ses adversaires de violer le premier des commandemens, la base même de la religion, en adorant celui qui leur avoit enseigné de n'adorer que le roi des cieux. Mais le dogme de la divinité de Jésus-Christ ayant prévalu dans l'Église catholique, l'explication de l'union incompréhensible de la Divinité avec l'homme étoit absolument indifférente dans ses conséquences. On pouvoit la représenter par des mots; mais il étoit impossible que la raison humaine la comprît, plus impossible qu'elle dirigeât les actions de l'homme en conséquence.

Cependant deux explications de ce mystère avoient été présentées : l'une, qu'on nomma des *monophysites*, regardoit la Divinité comme ayant été l'âme qui animoit le corps humain de Jésus-Christ. Dans ce système, il n'y avoit qu'une seule nature, mais divine, dans l'âme du Sauveur; qu'une seule nature aussi, mais humaine, dans la matière dont son corps étoit formé. Ce système, qui a été déclaré hérétique, avoit été embrassé avec chaleur par Justinien et plus encore par sa femme Théodora, en qui la débauche ou la cruauté n'avoient point éteint le zèle théologique. Il donna lieu à de sanglantes persécutions contre les évêques, les moines, les laïques qui ne voulurent pas y souscrire.

Le système orthodoxe admit au contraire dans Jésus-Christ l'union des deux natures complètes, c'est-à-dire de l'âme et du corps d'un homme dans Jésus, fils de Marie, avec l'âme divine et le corps divin du Christ, l'une des trois personnes de la Divinité. Les deux êtres complets et distincts étoient cependant si intimement unis qu'on ne pouvoit rien attribuer à l'homme qu'on n'attribuât en même temps au dieu. De cette explication même naquit une nouvelle dispute de mots. On demanda si cet être double étoit animé par une seule volonté, l'âme divine prédominant tellement sur l'âme humaine qu'elle dirigeât seule les actions du

Christ : ce fut l'opinion des *monothélites*. Elle fut déclarée hérétique, et les orthodoxes établirent comme un dogme que l'âme humaine de Jésus avoit une volonté pleine et entière, mais qu'elle étoit toujours conforme à la volonté pleine et entière de l'âme divine du Christ.

Toute notre attention suffit à peine à saisir ces distinctions subtiles, qui prétendent mettre en opposition des causes inconnues, dont les effets sont toujours les mêmes. Leur examen fatigue la raison ; il semble même avoir quelque chose de blasphémateur contre l'être divin qu'on soumet ainsi à une sorte de dissection morale. Avec plus de peine encore suivrions-nous toutes les nuances de ces opinions et toutes les sectes diverses auxquelles elles donnèrent lieu. Mais l'influence de ces questions subtiles fut fatale pour l'empire. Chaque secte persécuta à son tour ; et les orthodoxes, ceux, c'est-à-dire, qui restèrent en possession de la victoire, abusèrent plus cruellement que les autres d'un pouvoir qui leur demeura plus long-temps. Les premiers dignitaires de l'Église furent chassés de leurs siéges, plusieurs périrent dans l'exil, plusieurs en prison, plusieurs même furent envoyés au supplice. Tout culte fut interdit aux opinions réprouvées, toutes les propriétés des églises condamnées furent saisies; des milliers de moines, combattant avec des bâtons et des pierres; dirigèrent des séditions dans lesquelles des flots de sang furent répandus ; de grandes villes furent abandonnées au pillage et à toutes les vexations de soldats barbares , pour les punir de leur attachement à des mots bien plus qu'à des idées. Et à la fin du VIe siècle, la plus grande partie de l'empire, tout l'Orient surtout, soupiroit après un libérateur étranger, après le joug même d'un païen ou d'un mage, pour échapper à l'intolérance des orthodoxes et des empereurs.

Les nestoriens, qui poussoient plus loin encore que les orthodoxes la séparation entre les deux natures , qui opposoient plus formellement que les catholiques le Jésus homme au Christ divin, furent les premiers persécutés; ils abandonnèrent complétement l'empire; plusieurs centaines de milliers de sujets de Justinien émigrèrent en Perse; ils y portèrent les arts, les manufactures et la connoissance de la tactique et des machines de guerre des Romains. Les conquêtes de Chosroès furent secondées par leurs armes et par les trahisons de leurs partisans secrets, qui livrèrent à l'ennemi plusieurs des forteresses de l'Asie.

Les eutychéens, les plus zélés parmi les monophysites, qui, pour maintenir l'unité de nature dans le Christ, nioient que son âme divine eût été revêtue d'un corps humain, furent écrasés par les persécutions. Ils ne se maintinrent qu'en Arménie, où leur Église fleurit jusqu'à ce jour. Mais cette hérésie fit succéder chez les Arméniens, les plus anciens alliés de l'empire, à l'ancienne partialité pour les Grecs, une haine acharnée qui n'est pas éteinte non plus. Une secte mitigée de monophysites, les jacobites, cherchèrent un refuge en Perse, en Arabie et dans la Haute-Égypte; ils s'unirent également avec les ennemis de leur pays. Dans les montagnes du Liban, les monothélites, ou ceux qui n'admettent dans le Christ qu'une seule volonté, levèrent l'étendard de la révolte; ils furent, et ils sont encore aujourd'hui, désignés par le nom de maronites. Les monophysites, écrasés dans le reste de l'empire, opposèrent en Égypte une résistance invincible, parce que la masse entière du peuple partageoit leurs opinions. Mais cette masse du peuple, persécutée, dépouillée de toutes les dignités de l'Église, de toutes ses richesses, de tout droit dans l'État, renonça, à son tour, à la langue des Grecs comme à l'union avec l'Église. Alors commença la secte des cophtes, et son Église indépendante, qui s'étendit aussi dans l'Abyssinie et dans la Nubie. Elle seconda de tout son pouvoir les armes de Chosroès, et quand celui-ci fut vaincu à son tour, elle implora l'aide des musulmans.

Tel étoit l'état de l'Orient, telles étoient les

seules passions que parut ressentir le peuple pendant les cinq règnes qui remplirent l'espace depuis la mort de Justinien, en 567, jusqu'aux conquêtes des musulmans, en 632. Nous tracerons à présent un précis succinct de ces cinq règnes ; et les matériaux auxquels nous sommes réduit ne nous permettroient guère de nous étendre davantage, lors même que nous le voudrions.

Le sceptre de Justinien avoit été transmis, en 567, à son neveu Justin II, prince d'un caractère doux et bienveillant, mais foible, qui reconnut les défauts de l'administration de son oncle, qui promit de les corriger, mais qu'un état constant d'infirmité retint prisonnier dans le palais, et entouré de femmes et d'eunuques. De tels conseillers donnèrent à son gouvernement tous les caractères de l'intrigue, de la foiblesse et de la défiance. Nous avons vu comment, pendant son règne, l'Italie fut perdue par la conquête des Lombards. En même temps les Avares, chassés par les anciens Turcs du voisinage du Thibet, étoient devenus conquérans en passant d'Asie en Europe ; ils avoient fondé leur empire dans la vallée du Danube, à peu près aux mêmes lieux qu'Attila regardoit comme le siége de sa puissance. De là, ils étendirent leurs dévastations sur toute la presqu'île Illyrique. Les Persans aussi, sur la fin du règne du grand Chosroès Nushirvan, poussèrent leurs ravages jusqu'au faubourg d'Antioche, et réduisirent en cendres la ville d'Apamée. A la fin de son règne, cependant, Justin II réalisa les espérances qu'il avoit fait naître à son commencement. Il choisit un successeur, non point dans sa famille, mais dans l'empire. Il démêla dans son capitaine des gardes, Tibère, le plus vertueux, le plus brave, le plus humain de ses sujets. Il l'associa à la couronne, en décembre 574, et lui résigna les rênes du gouvernement, sans essayer, pendant les quatre années qu'il vécut encore, de partager ou de ressaisir un pouvoir qu'il avoit abandonné.

On suppose que l'impératrice Sophie, femme de Justin II, avoit eu quelque influence sur le choix que fit son mari. Tibère n'étoit pas seulement le plus brave, il étoit aussi le plus beau de tous les courtisans ; on ignoroit qu'il fût marié ; et lorsque Justin, en le plaçant sur le trône, lui avoit dit : « Révérez toujours l'impératrice Sophie comme votre mère, » Sophie avoit compté se l'attacher bientôt par un autre titre, et donner sa main avec la couronne au nouvel empereur ; mais Tibère fit alors paroître sa vraie épouse, Anastasie, dont il avoit auparavant caché l'existence. Il prodigua sans cesse dès lors, à Sophie, les marques d'un respect et d'une affection toute filiale pour lui faire oublier cette mortification ; il excusa son ressentiment, il pardonna les conspirations dans lesquelles son dépit l'entraîna, et il accorda, ce qui étoit jusqu'alors sans exemple dans l'histoire impériale, une complète amnistie à ceux qui, les armes à la main, avoient proclamé un autre empereur, tout comme au rival lui-même qu'ils avoient décoré de la pourpre. Le règne de Tibère II fut le premier, depuis la conversion de Constantin, qui donnât l'idée des vertus chrétiennes sur le trône, de la douceur, de la modération, de la patience, de la charité. Malheureusement ce bon prince ne survécut que quatre ans à Justin; mais se sentant atteint d'une maladie mortelle, il choisit parmi les étrangers à sa famille, comme il avoit été choisi, celui qu'il jugea le plus digne de recevoir de lui le pouvoir suprême. Le successeur et le fils adoptif de Tibère II fut Maurice (582-602), général qui avoit commandé l'armée dans la guerre contre les Persans; il étoit alors âgé de quarante-trois ans, et, avec des vertus moins pures que son prédécesseur, avec quelque mélange de hauteur, de foiblesse, de cruauté et d'avarice, il étoit cependant digne de la préférence qui lui avoit été accordée.

Maurice, qui avoit dû son élévation à la carrière militaire, qui avoit fait de l'art de la guerre une étude assez approfondie pour écrire sur la tactique un traité qui s'est conservé jusqu'à nous, n'essaya point de conduire en personne ses armées ; tellement les mœurs efféminées de Constantinople avoient rendu incompatible la puissance souveraine avec le métier de soldat. Il n'opposa qu'une foible résistance aux Lombards, et il se contenta de renouveler en Italie les garnisons dans le petit nombre de villes qui lui étoient demeurées. Son plus redoutable ennemi fut donc Baian, le kanou-chagan des Avares, de 570 à 600, qui sembloit avoir pris pour modèle Attila, dont il occupoit la contrée et peut-être le palais. Dans les vastes plaines de la Bulgarie, de la Valachie et de la Pannonie, où il ne souffroit point de culture, il étoit presque impossible à une armée régulière d'atteindre ses troupes errantes et de les punir de leurs ravages ; tandis qu'elles pénétroient impunément dans les plus riches provinces de l'empire, qu'elles menaçoient presque chaque année les faubourgs de Constantinople, qu'elles enlevoient sur leur passage toutes les richesses des Grecs avec des milliers de captifs : aussi, après avoir avec insolence vendu la paix contre un tribut, après avoir insulté les ambassadeurs de l'empereur dans son pays, insulté Constantinople par ses propres ambassadeurs, Baian se faisoit un jeu de violer les traités qu'il avoit jurés.

Les relations de Maurice avec l'empire des Persans furent couronnées de plus de succès. Le grand Chosroès Nushirvan étoit mort en 579, âgé de plus de quatre-vingts ans. Son fils Hormouz, qui lui succéda (579-590), se rendit odieux par tous les vices qui pouvoient lasser enfin la longue patience des Orientaux. Son avarice aliéna les troupes, ses caprices dégradèrent les satrapes de Perse, et sa prétendue justice avoit envoyé au supplice, comme il s'en vantoit lui-même, treize mille victimes. Une insurrection éclata contre lui dans les principales provinces de Perse; Maurice la seconda en faisant pénétrer une armée romaine dans la Mésopotamie et l'Assyrie; les Turcs du Thibet en même temps s'avancèrent dans le Khorasan et la Bactriane, et la monarchie des Persans sembloit déjà sur le penchant de sa ruine. Un général, illustré sous Nushirvan par sa valeur et son habileté, Bahram ou Varanes, la sauva; mais en rejetant les ordres d'Hormouz, il se chargea seul de la guerre contre les Turcs et contre les Romains. Il vainquit les premiers; quoiqu'il fût moins heureux contre les seconds, il conserva cependant son crédit sur les Persans. Hormouz ayant voulu le destituer en lui envoyant un message insultant, Bahram leva l'étendard de la révolte, il fit prisonnier son souverain, et il donna à la Perse le spectacle nouveau d'un jugement public, dans lequel le fils captif de Nushirvan plaida lui-même sa cause devant les nobles de Perse, et fut par leurs ordres déposé, aveuglé et jeté dans un cachot où peu de mois après il fut étranglé par un ennemi personnel (590).

Un parti parmi les Persans avoit désiré transmettre la couronne à Chosroès II, fils d'Hormouz ; mais Bahram ne voulut pas le reconnoître ; et Chosroès, dont la vie étoit menacée, ne put trouver de salut qu'en se réfugiant chez les Romains. Maurice accueillit le fugitif avec une générosité qui se trouvoit d'accord avec la politique. Il lui épargna une visite fatigante et humiliante à Constantinople. Il fit assembler sur les frontières d'Arménie et de Syrie une armée considérable, dont il donna le commandement à un général Narsès, Persan d'origine, et qu'il ne faut pas confondre avec le conquérant de l'Italie. Les passions populaires des Persans étoient déjà prêtes pour une contre-révolution ; les mages s'étoient déclarés contre Bahram, une armée des partisans de Chosroès se joignit à celle des Romains ; celle-ci s'avança jusqu'au Zab, sur les frontières de Médie, et les drapeaux de l'empire sur son déclin pénétrèrent dans des contrées que les aigles romaines n'avoient jamais vues, ni aux temps de la république, ni sous le règne de Trajan. Bahram, vaincu dans deux batailles, périt dans les parties les plus orientales de la Perse. Chosroès s'assit de nouveau sur le trône, et il cimenta sa restauration, suivant l'usage des despotes orientaux, par le sang de nombreuses victimes. Cependant il conserva auprès de lui l'armée auxiliaire que lui avoit fournie Maurice. Il se déclara le fils adoptif de l'empereur romain, il lui rendit quelques forteresses long-temps disputées entre les deux États, il accorda aux chrétiens de Perse une liberté de conscience que les mages leur avoient toujours refusée, et les Grecs se réjouirent de la part qu'ils avoient eue à cette révolution, comme d'un des événemens les plus glorieux de leur histoire.

Bientôt, il est vrai, ils éprouvèrent qu'une alliance solide ne repose jamais que sur l'amitié des peuples, et non sur celle des souverains. Maurice voulut, au mois d'octobre 602, faire quelque réduction dans la paye des soldats; il voulut leur faire prendre leurs quartiers d'hiver dans le pays des Avares; une sédition éclata dans le camp; les soldats, furieux, décorèrent de la pourpre un de leurs centurions, nommé Phocas, qui ne s'étoit distingué entre eux que par la violence de ses imprécations contre l'empereur. Celui-ci espéroit encore se défendre à Constantinople; mais le peuple de cette ville détestoit autant que l'armée sa parcimonie, et l'accueillit avec une volée de pierres : un moine, l'épée à la main, parcourut les rues en le dénonçant comme ayant encouru la colère de Dieu. On n'accuse cependant Maurice d'aucune hérésie; et, dans un siècle où les affaires de l'Église se mêloient sans cesse avec celles de l'État, Maurice seul semble être demeuré étranger aux querelles ecclésiastiques. Il s'enfuit à Chalcédoine; mais les officiers de Phocas, qui venoient d'entrer en triomphe à Constantinople, l'y atteignirent: ses cinq fils furent égorgés sous ses yeux; il périt le dernier, et les six têtes furent exposées aux insultes du peuple dans l'hippodrome de Constantinople. Peu de mois après, la veuve de Maurice et ses trois filles furent égorgées de la même manière. C'étoit le prélude de l'effroyable tyrannie que Phocas devoit exercer huit ans sur l'empire (602-610). Son règne ne le cède point en atrocité à ceux de Néron ou de Caligula.

Chosroès pouvoit se croire obligé, même par un sentiment de reconnoissance, à venger celui qui l'avoit replacé sur le trône; mais sa politique saisit avidement ce prétexte pour déclarer la guerre aux Romains, et les plus opulentes cités de l'Asie furent livrées à l'épée des Persans pour les punir d'un crime auquel elles n'avoient participé en aucune manière. Chosroès II consacra plusieurs campagnes à se rendre maître des places des frontières; et tant que régna Phocas, il ne dépassa guère les limites de l'Euphrate. Mais Phocas fut renversé; le crime que Chosroès prétendoit venger fut puni; Héraclius, fils de l'exarque de Carthage, partit avec une flotte africaine, et fut reçu le 5 octobre 610 dans le port de Constantinople, où il fut salué du nom d'auguste. Phocas, après avoir été livré à des tourmens cruels, eut la tête tranchée, et le nouvel empereur fit demander vainement au monarque persan de rétablir entre les deux empires une paix que Chosroès n'avoit plus de motif pour troubler.

Ce fut précisément alors que Chosroès, laissant derrière lui les rives de l'Euphrate, entreprit la conquête de l'empire romain; tandis qu'Héraclius, dont le long règne (610-642) ne nous est raconté que dans des chroniques incomplètes, en passoit les douze premières années dans une langueur, dans un découragement qui font le plus étrange contraste avec les brillantes expéditions qui le signalèrent plus tard. En 611, Chosroès occupa les villes les plus importantes de Syrie, Hiéropolis, Chalcis, Berrhœe et Alepp. Bientôt il se rendit maître d'Antioche, la capitale de l'Orient, et sa prise fut suivie par celle de Césarée, capitale de la Cappadoce. Chosroès consacra plusieurs campagnes à la conquête de toute l'Asie romaine; mais on ne nous a conservé la mémoire d'aucune bataille livrée pour lui résister, d'aucun siége soutenu avec obstination, d'aucun général romain illustré même par ses revers. En 614, la Palestine fut envahie par les armes des Persans, Jérusalem ouvrit ses portes, les églises furent pillées, quatre-vingt-dix mille chrétiens furent massacrés, et le feu des mages remplaça dans le temple l'adoration du vrai Dieu. En 616, l'Égypte fut également conquise; les Persans s'avancèrent jusqu'aux déserts de Lybie, et détruisirent, dans le voisinage de Tripoli, les restes de l'ancienne colonie grecque de Cyrène. La même année, une autre armée s'avança au travers de l'Asie-Mineure jusqu'à Chalcédoine, qui se rendit après un long siége; et une armée persane se maintint dix ans, en vue de Constantinople, sur le Bosphore de Thrace.

L'empire presque entier sembloit réduit aux murs de la capitale; car, dans le même temps, les Avares, recommençant leurs ravages avec plus de férocité que jamais, avoient envahi ou détruit tout le continent européen jusqu'à la longue muraille qui, à trente milles de Constantinople, séparoit cette extrémité de la Thrace de la terre ferme. Des villes maritimes, semées à de grandes distances les unes des autres, sur toutes les côtes de l'Europe, de l'Asie et de l'Afrique, reconnoissoient encore l'autorité nominale des empereurs; mais elles étoient elles-mêmes tellement menacées, leur situation étoit tellement dangereuse, qu'on ne pouvoit en tirer ni argent, ni milices pour des expéditions lointaines. Le renversement du trône d'Héraclius ne sembloit plus devoir être différé que pour peu d'années.

C'est alors aussi que l'homme dont la mollesse efféminée, dont le découragement n'avoit inspiré que du mépris, déploya tout à coup la vigueur d'un jeune soldat, l'énergie d'un héros, et les talens d'un conquérant. Les chroniques décharnées qui nous représentent seules le règne d'Héraclius, ne nous expliquent ni ses succès ni ses revers; elles ne nous disent point pourquoi il dormit douze ans sur un trône qui tomboit en poussière; pourquoi son réveil fut celui d'un grand homme, pendant les six années qui lui suffirent pour dompter la Perse (622-627); pourquoi il retomba ensuite dans la même apathie, et reperdit, par les armes des musulmans, dans les quatorze dernières années de son règne (628-642), tout ce qu'il avoit gagné.

Réduits à de simples conjectures sur ce phénomène historique, nous avons lieu de croire que les revers de l'empire étoient dus au profond mécontentement des sujets, à ces haines religieuses, à ce ressentiment pour des persécutions injustes, qui faisoient désirer aux hérétiques de toutes les provinces un vengeur plutôt qu'un bon roi. Mais après qu'en haine du gouvernement et de l'Église, les monophysites, les monothélites, les eutychéens, les nestoriens, les jacobites, les maronites, eurent livré aux mages leurs forteresses et leur patrie, la ruine de leurs ennemis cessa bientôt de les consoler de leur propre oppression : ils regrettèrent l'indépendance nationale et la patrie qu'ils avoient perdue ; alors leurs vœux appelèrent Héraclius, qu'ils avoient trahi. Celui-ci, que la nature avoit destiné à être un grand homme, quoique les pompes royales, les courtisans, les eunuques, les femmes l'eussent endormi dans la mollesse, devina la foiblesse réelle d'un empire qui s'étoit épuisé par ses conquêtes. Il comprit que les armées du roi de Perse, disséminées sur l'immense étendue des provinces romaines, n'arriveroient jamais à temps pour se soutenir les unes les autres ; qu'elles craindroient à toute heure une rébellion, et qu'elles n'oseroient abandonner leurs quartiers éloignés pour se porter au secours du centre. Au lieu d'attaquer l'armée persane qu'il voyoit à Chalcédoine, aux portes mêmes de Constantinople, il embarqua sur une flotte tout ce qu'il avoit pu rassembler de soldats, et il vint prendre terre dans la Cilicie, à l'angle que forme l'Asie-Mineure avec la Syrie. Dix ans d'oppression sous les mages avoient fait regretter aux Orientaux le gouvernement de la nouvelle Rome. Héraclius renforça son armée de tous ceux qui avoient assez d'énergie pour tenter de secouer le joug. Au lieu de chercher les armées persanes, il s'efforça de se placer derrière elles, et avec un art et une audace qui mériteroient d'être mieux connus, il les évita long-temps en ravageant toujours le pays d'où elles étoient sorties. Pendant que tout l'empire d'Orient étoit occupé par les Persans, il porta les armes romaines dans le cœur de la Perse, il pénétra dans des régions dont l'existence avoit jusqu'alors été presque inconnue aux Grecs, et où jamais conquérant européen n'avoit porté ses pas. Après avoir ravagé les bords de la mer Caspienne, il attaqua successivement, il prit ou il incendia les différentes capitales de Chosroès jusqu'à Casbin ou Ispahan; il éteignit le feu perpétuel des mages, il chargea ses troupes d'un immense butin, et il fit éprouver à la Perse tous les désastres que depuis dix ans elle faisoit éprouver à l'empire.

Héraclius ne cessoit d'offrir la paix à Chosroès tout en ravageant ses États, et l'orgueilleux monarque la refusoit toujours au milieu de ses défaites; mais les Persans ne voulurent pas se soumettre plus long-temps aux souffrances qu'attiroit sur eux tant d'obstination et tant de foiblesse. Une insurrection éclata contre le roi persan le 25 février 628. Chosroès fut égorgé avec dix-huit de ses fils; un d'entre eux seulement, Siroès, fut réservé en vie et assis sur le trône à sa place. La paix fut rétablie entre Constantinople et la Perse : les anciennes limites des deux empires sur l'Euphrate furent réciproquement reconnues ; mais l'Asie entière étoit ruinée, elle étoit épuisée par cette double invasion ; et le conquérant qui, pendant ce temps, grandissoit ignoré en Arabie, n'éprouva plus qu'une foible résistance lorsque, dès l'année suivante, 629, il commença à verser sur l'Asie le torrent victorieux des armées musulmanes.

FIN DU TOME PREMIER.

TABLE ANALYTIQUE

DU TOME PREMIER.

Chapitre Ier. — *Introduction.* — *Grandeur et foiblesse de l'empire romain.*

Importance des études politiques, ou de la théorie des associations.......................... page   1
Division de ces sciences, qui ont pour but le plus grand bien social..................................   3
Doutes, incertitudes et systèmes opposés dans toutes ces sciences..................................   4
Ces doutes ne doivent point ralentir nos efforts; car nous sommes forcés chaque jour à choisir entre les systèmes..   7
C'est à l'expérience qu'il faut demander des lumières dans toutes les sciences.........................   9
Dans les sciences sociales, il faut attendre l'expérience, non la diriger; projet de l'empereur Gallien...... 10
L'histoire, recueil de toutes les expériences sociales; indulgence qu'elle doit nous enseigner.......... 11
Instructions à chercher dans l'histoire du monde du IVe au Xe siècle............................... 14
Relations toujours subsistantes entre les Romains, leurs vainqueurs, et nous.......................... 16
Grandeur attachée au souvenir de l'empire romain, même dans sa décadence...................... 18
Fixité des limites de l'empire; étendue du monde romain.. 19

Frontières de l'empire; peuples dont elles le séparent. 20
Division de l'empire en quatre préfectures, des Gaules, d'Illyrie, d'Italie et d'Orient.................... 22
Nombre des grandes cités; leurs monumens, tous destinés à l'utilité populaire...................... 24
Calamités de l'empire; son étendue avoit détruit le patriotisme.. 26
Plus de communauté de langage; le grec et le latin; les idiomes provinciaux....................... 28
Etat des personnes; grande cause de foiblesse; six conditions diverses.............................. 30
Oppression de la population rurale et des esclaves; dépopulation..................................... 31
Brigandage des esclaves fugitifs; disparition de la classe moyenne..................................... 34
Population des grandes villes; son insouciance; elle est nourrie et amusée aux dépens de l'Etat.......... 35

CHAPITRE II. — *Les trois premiers siècles de l'empire romain.*

Coup d'œil jeté sur l'empire romain avant l'époque où commence cette histoire...................... 38
Division en quatre périodes : les empereurs Juliens, les Flaviens, les parvenus, les collègues........... 40
30 A. C. 68 Nat. — Empereurs de la famille Julia pendant quatre-vingt-dix-huit ans; leur caractère..... 41
Organisation de l'armée et distribution des légions.... 43
Oppression dans Rome; prospérité dans les provinces; sénat républicain; fidélité de l'armée............. 44
69-192. — Empereurs de la famille Flavia; neuf princes en cent vingt-trois ans; leurs vertus............ 47
L'histoire est stérile dans cette période pacifique..... 49
Prospérité; progrès de la civilisation; funeste effet des *latifundia*.................................. 50

Les seules frontières conservent une population guerrière; largesses d'Hérodes Atticus............ page 51
192-284. — Parvenus, soldats usurpateurs de l'empire; trente-deux princes en quatre-vingt-douze ans..... 54
Toute légitimité étant détruite, les soldats seuls maîtres de l'État; leurs excès........................ 55
253-268. — Règne de Gallien; invasion des barbares par toutes les frontières....................... 56
Les soldats, sentant leur danger, nomment enfin de plus dignes chefs................................. 59
Dépopulation de l'empire; colonies barbares appelées dans son sein................................ 60
284-323. — Collègues; grand caractère et talens de Dioclétien................................... 63
Deux Augustes et deux Césars donnés pour chefs à l'empire..................................... 64
Dureté du gouvernement; persécutions............. 65
Abdication de Dioclétien; anarchie............... 68

Chapitre III. — *Les barbares avant le IVe siècle.*

Nous avons recueilli l'héritage des Romains et des barbares; il faut étudier les uns et les autres........ 70
Division des barbares sur les trois frontières, d'Afrique, d'Asie, d'Europe................................ 72
Les Bérébères, Gétules et Maures, soumis d'abord, rechassent ensuite les Romains vers les côtes...... 73
Les barbares qui entourent l'Égypte; les moines du désert de la Thébaïde........................ 75
Les Arabes commerçans et voleurs; grandeur de Palmyre; Zénobie................................. 77
256 A. C. 226 J.-C. — Empire des Parthes, de la mer Caspienne au golfe Persique................... 80

226. — Ardshir fait révolter les Persans; les Sassanides; civilisation imparfaite des Persans..... page 81
Les Arméniens; leur âge brillant sous Tiridates (297-342).. 83
Les Scythes ou Tartares; leurs mœurs; leur férocité à la guerre.. 85
Leur liberté; leur vie pastorale les préparoit aux conquêtes.. 87
Chute de la monarchie des Huns, qui chasse leurs émigrations vers l'Europe... 90
Barbares d'Europe; les races celtique, slave et germanique.. 92
Ancienne domination des Celtes; les druides; asservissement de la race celtique... 93
La race slave; étendue de sa domination; elle est aussi asservie... 94
Les Germains; ils s'arrêtent dans la civilisation pour sauver leur liberté.. 96
Gouvernement des Germains; pouvoir et condition périlleuse de leurs rois.. 98
Pouvoir des femmes et pouvoir des prêtres chez les Germains.. 100
Peuples divers et confédérations des Germains, Francs, Allemands, Saxons, Goths, etc................................. 101

CHAPITRE IV. — *Constantin, ses fils et son neveu.*

Partage du IVe siècle en trois périodes; règnes de Constantin, de sa famille, de celle de Valentinien...... 104
306. — 25 juillet. Constantin appelé par les soldats à succéder à son père Constance Chlore................... 106
Caractère de Constantin; il hésite entre les deux religions; ses cruautés contre les Francs..................... 107

310. — Six empereurs à la fois; Constantin fait périr Maximien, son beau-père.................... page 110
323. — Constantin réunit tout l'empire et fait périr tous ses rivaux.......................... 112
329. — Fondation de Constantinople; Constantin abjure le caractère romain..................... 113
Constantin fait périr presque tous ses parens; sa prodigalité aux églises; sa mort..................... 115
337. — Partage de l'empire entre les trois fils de Constantin; leurs guerres civiles; ils massacrent leurs cousins... 117
Constance demeure seul; il donne toute son attention aux querelles religieuses..................... 119
Les donatistes, les circoncellions; leurs suicides religieux.. 120
Les ariens et les trinitaires; l'Église également partagée entre eux.. 123
Faveur montrée par Constance aux ariens; résistance de saint Athanase................................. 125
Conquêtes de Sapor II dans l'Orient; des Francs et des Allemands dans l'Occident...................... 127
355. — Constance, sans enfans, confie à son neveu Julien la défense de l'Occident; caractère de Julien... 129
Victoires de Julien; il est rappelé en Orient; 3 novembre 361, il succède à Constance............... 131
Rétablissement du polythéisme; 363, campagne de Julien contre Sapor II......................... 132
363. — 26 juin. Julien blessé mortellement en repoussant les Persans.................................. 135
Ses dernières paroles rapportées par Ammien Marcellin.. 136

Chapitre V. — *Valentinien et Théodose.* — *Invasion de l'Europe orientale par les Goths.* — 364-395.

363. — Décadence de l'empire précipitée par chaque changement; Jovien; les païens disgraciés..... page 139
Élection de Valentinien; ses talens et sa dureté; il s'associe Valens son frère........................ 141
Poids accablant des impôts; oppression qu'éprouvent les magistrats curiales........................ 143
364-375. — Victoires de Valentinien; succès de Théodose l'ancien contre les Scots et les Maures....... 145
Foiblesse de Valens; il ménage les Persans et les Goths; grandeur d'Hermanric en Dacie................ 146
Mort de Valentinien; Gratien et Valentinien II lui succèdent; approche des Huns................... 148
Mort d'Hermanric; chute de l'empire des Goths; leur effroi à l'arrivée des Huns..................... 149
376. — Les Goths obtiennent de Valens la permission de passer le Danube et de s'établir dans l'empire.. 152
378. — Maltraités par les Romains, ils se soulèvent; Valens tué en les combattant à Adrianople....... 153
Ravage de l'Europe orientale par les Goths; massacre des ôtages goths en Asie..................... 155
Vengeances de Fritigern, roi des Goths; l'Orient sans empereur.................................. 158
379. — 19 janvier. Gratien donne l'empire d'Orient à Théodose; adresse et modération de celui-ci...... 159
382. — 3 octobre. Théodose engage les Goths à poser les armes; il leur abandonne la Mœsie.......... 161
Civilisation des Goths en Mœsie; influence des Francs à la cour de Gratien........................ 163
383. — Mort de Gratien; Maximus en Bretagne et en Gaule; vertus de Théodose; son orthodoxie...... 164

Persécutions des ariens; saint Grégoire de Nazianze, saint Ambroise et saint Martin............ page 166
Emportemens de Théodose; grâce accordée à Antioche; massacre de Thessalonique................ 169
Pénitence que saint Ambroise impose à Théodose.... 171
Défaite et mort de Maximus, de Valentinien II, d'Eugène; mort de Théodose................... 172

Chapitre VI. — *Arcadius et Honorius.* — *Invasion de l'Occident par les peuples germaniques.* — 395-423.

Théodose accusé injustement d'avoir amolli les Romains; progrès de la décadence............... 174
L'adversité acheva de les corrompre, en détruisant la classe moyenne........................ 176
La populace et les sénateurs cherchoient l'oubli des malheurs dans les plaisirs et le vice......... 178
Le massacre même de Thessalonique fournit un exemple de cette constante ivresse.............. 180
397. — 17 janvier. Division des deux empires; l'Orient à Arcadius, l'Occident à Honorius........... 181
Arcadius, âgé de dix-huit ans, confié aux soins de Rufin, le trompe et le fait tuer.............. 182
Honorius, âgé de onze ans, sous la tutelle de Stilichon; grandeur d'âme de celui-ci.............. 183
L'Afrique soumise aux enfans du Maure Nabal, propriétaire d'immenses domaines............... 185
396. — Alaric, roi des Visigoths, offensé par Arcadius; il envahit la Grèce................... 186
Campagne de Stilichon en Grèce contre Alaric; les arsenaux de l'Illyrie livrés à Alaric............ 189
402. — Incapacité d'Honorius; Alaric envahit l'Italie; résistance de Stilichon................. 191

Défaite d'Alaric; triomphe d'Honorius à Rome; il va s'enfermer à Ravenne.................... page 192
406. — Grande invasion des Germains; Rhadagaise en Italie; affamé à Fiesole par Stilichon. 194
406. — 31 décembre. Tous les peuples germaniques passent le Rhin et ravagent la Gaule............. 196
409. — 13 octobre. Invasion de l'Espagne par les Suèves, les Vandales et les Alains.............. 197
408. — Honorius se défie de Stilichon, et veut gouverner lui-même............................... 198
408. — 23 août. Stilichon tué à Ravenne par ordre d'Honorius................................. 200
Massacre des ôtages des fédérés; nouvelle guerre avec Alaric.................................. 201
Alaric devant Rome; imprudence d'Honorius, qui le provoque.................................. 202
410. — 24 août. Prise et pillage de Rome par Alaric. 205
Mort d'Alaric; paix avec les Visigoths, auxquels Honorius cède l'Aquitaine.................... 207
Ataulphe, beau-frère et successeur d'Alaric, épouse une sœur des empereurs..................... 208

CHAPITRE VII. — *Les barbares établis dans l'empire. — Invasion d'Attila.* — 412-453.

Étrange bigarrure que présente l'empire, où les barbares sont mêlés aux Romains............... 211
Les légions retirées de Bretagne; les cités appelées à se défendre elles-mêmes................ 212
L'Armorique, également abandonnée par les Romains, forme une ligue celtique................... 213
Les Francs toujours soldats de l'empire; les Bourguignons sur le Rhône, les Visigoths derrière la Loire. 214

Double gouvernement des préfets romains, des rois et des plaids barbares.................... page 217
Domination des prêtres à Tours; paganisme des campagnes; état de l'Espagne....................... 218
État de l'Italie, de la Pannonie et de l'Afrique; souffrance universelle........................ 220
Dernières années d'Arcadius et d'Honorius; minorités de Théodose II et de Valentinien III............ *ibid.*
Dynasties des rois barbares; fréquence des crimes, fratricides................................. 222
Ancêtres apocryphes des rois francs; succession des rois visigoths.............................. 224
Suèves, Alains et Vandales d'Espagne; Genséric, roi des Vandales............................... 225
429. — Genséric aborde en Afrique, appelé par le comte Boniface, rival d'Aétius................. 228
Conquête de l'Afrique par les Vandales; leur férocité; prise de Carthage, 9 octobre 439............. 230
433. — Attila, le fléau de Dieu, roi des Huns; formation de cette monarchie.......................... 234
Traité d'Attila avec Théodose II; tout le nord de l'Europe et de l'Asie soumis à Attila............. 235
441-446. — Guerre d'Attila contre l'empire d'Orient; soumission des Grecs; leur ambassade à son camp. 237
450. — Attila passe le Rhin et entre en Gaule; efforts d'Aétius pour l'arrêter..................... 240
Victoire d'Aétius sur Attila dans les plaines de Châlons-sur-Marne............................ 241
452. — Invasion d'Attila dans la Haute-Italie. Fondation de Venise par les fugitifs............... 243
453. — Mort d'Attila en Dacie; dissolution de son empire................................... 245

Chapitre VIII. — *Chute de l'empire d'Occident. — Les Francs dans les Gaules.* — 476-511.

Force vitale des corps politiques analogue à la force vitale des individus.................... page 247
Les vastes empires se conservent par leur masse, mais ils souffrent aussi en raison de leur masse........ 249
L'empire d'Occident pouvoit durer autant que celui d'Orient; il périt par la faute de ses chefs........ 250
455. — 12 juin. Prise et pillage de Rome par Genséric, appelé par Eudoxie, veuve de Valentinien III. 251
453-476. — Dix empereurs en vingt-trois ans; le patrice Ricimer; Odoacre. — 476. Suppression de l'empire d'Occident........................... 254
La révolution ne parut pas si importante qu'elle le fut en effet; l'Italie sous Odoacre.................. 255
Plusieurs provinces de l'Occident continuent de reconnoître les empereurs d'Orient................. 260
486. — Syagrius, comte de Soissons, vaincu par Clovis, roi des Francs saliens.................... 262
L'histoire des Francs doit se borner à ce que nous en apprend Grégoire de Tours................... 263
493. — Mariage de Clovis à Clotilde de Bourgogne, arrangé par les évêques orthodoxes............. 265
Clotilde convertit Clovis; bataille de Tolbiac. — 496. Baptême de Clovis................... 267
Joie du clergé; union des fédérés et des Armoriques avec les Francs........................... 269
500. — Guerre de Clovis contre les Bourguignons; trahison de Godegisile; fuite de Gondebaud...... 271
507. — Guerre de Clovis contre les Visigoths, qu'il trompe d'abord par un traité; bataille de Vouglé.. 273

509. — Clovis fait assassiner tous les rois chevelus de
sa famille.................................... page 274
Faveur que Clovis montre à l'Église; miracles qu'on lui
attribue.. 276
L'armée des Francs, toujours réunie, bien plus souveraine que le roi.................................. 277
511. — 27 novembre. Mort de Clovis................ 280

Chapitre IX. — *Les Goths et les Francs jusqu'au milieu du
VIe siècle.* — 493-561.

Les barbares avoient marché de l'Orient à l'Occident;
cependant Constantinople leur échappe............ 282
Succession des empereurs d'Orient, des Sassanides de
Perse et des rois des Ostrogoths.................. 283
Éducation de Théodoric dans l'empire grec; sa guerre
contre l'empereur Zénon......................... 286
489-493. — Théodoric, roi des Ostrogoths, conquiert
l'Italie sur Odoacre; sa modération............... 287
493-526. — L'Italie recouvre sa prospérité sous le
gouvernement de Théodoric...................... 289
Les monumens de Rome protégés; tolérance religieuse;
sévérité de Théodoric dans ses dernières années.... 291
Étendue de la domination de Théodoric; lettres de
Cassiodore, son secrétaire........................ 294
Théodoric protége son petit-fils, né d'une de ses filles;
Amalaric, roi des Visigoths....................... 296
526-554. — Athalaric, fils de l'autre fille, lui succède
en Italie; suite des rois ostrogoths................ 298
Monarchie des Francs; ils méprisent et oppriment les
peuples vaincus.................................. 299
Les Francs s'associoient aisément les barbares; toute la
Germanie se soumet à eux....................... 301

Les rois thuringiens; leurs fratricides; ils sont vaincus
par les Francs.......................... page 303
511-561. — Règne des quatre fils de Clovis : Thierry,
Clodomire, Childebert et Clothaire............. 304
Guerre des Francs en Italie; guerre contre les Bour-
guignons; fin de leur monarchie............... 306
Clothaire et Childebert tuent les fils de leur frère
Clodomire................................... 310
Partialité des prêtres pour les fils de Clovis; ils leur
permettent la polygamie...................... 311
Clothaire fait périr dans les flammes son fils Chramne
avec ses enfans.............................. 314
Mort de Clothaire; la couronne passe à ses quatre fils. 315

Chapitre X. — *Justinien.* — 527-565.

Le règne de Justinien éclairé d'une vive lumière par
deux historiens grecs......................... 316
Rapports d'éclat et de misère entre le règne de Justinien et celui de Louis XIV.................... 317
Intolérance; abolition des écoles d'Athènes, du consulat, du sénat de Rome......................... 319
Grandes calamités; invasions des barbares; tremblemens de terre; pestes......................... 321
Justinien, neveu d'un soldat, ne fut point militaire;
son ambition de conquêtes.................... 322
Guerres des Bulgares et des Slaves; guerre de Perse;
paix de 531 avec Chosroès II.................. 324
477-533. — Monarchie des Vandales d'Afrique depuis
la mort de Genséric.......................... 325
Bélisaire choisi par Justinien pour faire la guerre aux
Vandales.................................... 327
533. — Expédition de Bélisaire en Afrique; victoire
sur les Vandales; prise de Carthage............ 329

Conquête de l'Afrique; captivité du roi vandale; sa nation anéantie; rappel de Bélisaire.......... page 331
526-535. — Les Ostrogoths en Italie après la mort de Théodoric; Amalasonthe............................ 333
535. — Bélisaire, envoyé contre les Ostrogoths, débarque en Sicile; Vitigès succède à Théodat...... 335
536. — Calamités effroyables infligées à l'Italie par deux héros, Vitigès et Bélisaire.................. 337
536-540. — Prise et reprise de Rome; Bélisaire mal soutenu par Justinien; invasion des Francs....... 339
539. — Vitigès captif; rappel de Bélisaire; ruine de l'Afrique après qu'il l'eut quittée................ 341
541-544. — Ruine de l'Italie après sa retraite; Totila relève la monarchie des Ostrogoths............. 342
544-553. — Bélisaire renvoyé contre Totila; son second rappel; les Goths vaincus par Narsès........... 343
559-563. — Dernière victoire et dernière disgrâce de Bélisaire; sa mendicité........................ 346
Gloire de Justinien comme législateur............. 347
Factions des bleus et des verts qui déchirent l'empire; grande sédition de 532........................ 348

CHAPITRE XI. — *Les Lombards et les Francs.* — 561-613.

A dater de Justinien, l'intérêt se partage entre l'empire grec et les Francs........................ 351
Suite des empereurs grecs; naissance de Mahomet; règne de Chosroès II en Perse................. 352
Narsès, exarque d'Italie; les Gépides et les Lombards entre les Alpes et le Danube................. 354
Aventures romanesques d'Alboin; sa conquête du royaume des Gépides, qu'il cède aux Avares...... 356
568. — Alboin, avec les Lombards, envahit l'Italie; résistance des villes........................ 359

Les villes maritimes d'Italie gouvernées par leur curie, sous la protection des Grecs.............. page 360
Indépendance des villes maritimes d'Espagne, d'Afrique, d'Illyrie; libertés municipales.............. 362
Indépendance des Lombards; interrègne; leurs trente ducs en Italie............................ 363
561. — Les quatre rois francs, fils de Clothaire; aristocratie territoriale formée parmi les Francs...... 365
Le *mord-dom*, ou juge des Francs; les quatre royaumes de la Germanie............................ 368
Caractère des quatre frères; Gontran nommé bon; Chilpéric le Néron............................ 369
Frédégonde, femme de Chilpéric; Brunehault, femme de Sigebert................................ 371
Progrès de l'aristocratie en Austrasie; efforts de Gontran pour la réprimer...................... 373
584. — Tableau des plaids du royaume d'Austrasie d'après Grégoire de Tours...................... 375
Insultes mutuelles entre Gontran et les grands d'Austrasie.................................. 377
Childebert II arrive à l'âge d'homme; sa férocité; sa mort.................................... 379
596. — Trois rois mineurs sous la tutelle de Frédégonde et de Brunehault........................ 381
Grandeur de caractère et talens de Brunehault, qui égalent sa férocité........................ 383
Victoires de Brunehault; elle est à son tour vaincue par Clothaire II; son supplice en 613.......... 385

CHAPITRE XII. — *L'Occident et l'Orient au VIIe siècle, et jusqu'aux attaques des musulmans.*

Obscurité de l'histoire au VIIe siècle; silence des historiens de l'Occident et de l'Orient.................. 386

568-774. — Affermissement des Lombards en Italie, et leur civilisation rapide.................. page 388
613-638. — Étendue de l'empire franc sous Clothaire II et Dagobert; le roi-marchand Samo............. 389
Caractère de Dagobert, auquel on attribue des qualités contradictoires........................... 391
Cruautés de Dagobert; son amitié pour saint Éloi et saint Ouen; ses libéralités aux moines........... 393
638-752. — Suite des treize rois fainéans; ils meurent de débauche dans leur première jeunesse......... 394
Grande lutte entre les magnats et les hommes libres; Ébroin, chef des derniers..................... 395
Rivalité d'Ébroin et de Léger, évêque d'Autun; victoire d'Ébroin à Pont-Saint-Maxence............. 397
678. — Saint Léger mis à mort comme régicide. — 687. Victoire de Pépin d'Héristal à Testry........ 399
L'aristocratie, ayant triomphé à Testry, ramène les mœurs et la langue germaniques................ 401
567-642. — L'Orient pendant les cinq règnes de Justin II, Tibère II, Maurice, Phocas et Héraclius... 403
Leurs révolutions doivent s'expliquer par les querelles de l'Église sur les deux natures.................. 405
Les monophysites, monothélytes, etc., persécutés, se jettent dans les bras des ennemis de l'empire...... 407
567-574. — Guerres de Justin II contre Chosroès Nushirvan, roi des Persans, et contre les Avares...... 409
574-582-602. — Vertus de Tibère II, que Justin nomme son successeur; talens de Maurice, qui vint ensuite.. 411
Dangers de la guerre contre les Avares; guerre de Maurice contre Hormouz, roi des Persans........... 412
Maurice rétablit sur le trône Chosroès II, fils d'Hormouz; Maurice assassiné...................... 415

602-610. — Règne et férocité de Phocas; il est attaqué
par Chosroès II.................................... page 417
610-642. — Règne d'Héraclius; Chosroès conquiert sur
lui toute l'Asie et l'Égypte........................... 418
Les mécontens se repentent d'avoir appelé les Persans;
ils appellent Héraclius en Asie....................... 420
Héraclius conquiert ou ravage la Perse, tandis que les
Persans occupent toute l'Asie romaine................ 421

FIN DE LA TABLE DU TOME PREMIER.

DE L'IMPRIMERIE DE CRAPELET,
RUE DE VAUGIRARD, N° 9.

www.ingramcontent.com/pod-product-compliance
Lightning Source LLC
Chambersburg PA
CBHW051818230426
43671CB00008B/754